ClimatePartner °
klimaneutral

Verlag | ID: 128-50040-1010-1082

Dieses Buch wurde klimaneutral hergestellt. CO2-Emissionen vermeiden,
reduzieren, kompensieren – nach diesem Grundsatz handelt der oekom verlag.
Unvermeidbare Emissionen kompensiert der Verlag durch Investitionen in ein
Gold-Standard-Projekt. Mehr Informationen finden Sie unter www.oekom.de.

Bibliografische Information der Deutschen Nationalbibliothek:
Die Deutsche Nationalbibliothek verzeichnet diese Publikation in der
Deutschen Nationalbibliografie; detaillierte bibliografische Daten sind
im Internet unter http://dnb.d-nb.de abrufbar.

© 2013 oekom, München
oekom verlag, Gesellschaft für ökologische Kommunikation mbH,
Waltherstraße 29, 80337 München

Layout und Satz: Reihs Satzstudio, Lohmar
Umschlaggestaltung: Elisabeth Fürnstein, oekom
Umschlagabbildung: © Igor Yaruta – fotolia.com
Bilder (wenn nicht anders angegeben): die Autorin
Pinnwand: fotolia.com – © bofotolux
Druck: Digital Print Group, Nürnberg

Dieses Buch wurde auf 100%igem Recyclingpapier gedruckt.

RECYCLED
Papier aus
Recyclingmaterial
FSC® C100550

Ute Gebhardt-Eßer

Generation Globalisierung

**Nachhaltigkeit
im pädagogischen Alltag**

Now you young twerps want a new name for your generation? Probably not, you just want jobs, right? Well, the media do us all such tremendous favours when they call you generation X, right? Two clicks from the very end of the alphabet. I hereby declare you generation A, as much at the beginning of a series of astonishing triumphs and failures as Adam and Eve were so long ago.

(Kurt Vonnegut, Syracuse University commencement address, May 8, 1994, zitiert nach Dougles Coupland 2009)

Jetzt, Jungs und Mädels, wollt Ihr einen neuen Namen für Eure Generation? Wahrscheinlich nicht, Ihr wollt nur Jobs, korrekt? Die Medien tun uns allen so einen gigantischen Gefallen, indem sie Euch Generation X nennen, oder? Zwei Klicks vom äußersten Ende des Alphabets. Ich erkläre Euch hiermit zur Generation A. Ebenso am Anfang einer Folge von beeindruckenden Erfolgen und Fehlschlägen, wie das einst Adam und Eva waren.

(Eigene Übersetzung)

Inhalt

Mitwirkende

Aus der Generation Globalisierung
In der Schreibwerkstatt:
Charlotte, Matthias, Paula, Philipp, Sarah, Sonja;
Elvira Popp bei der Digitalisierung der Ergebnisse der Schreibwerkstatt

In den Projekten:
Debo, Giosué, Jannik, Matthias, Maximilian D., Maximilian P.
und alle, die außerdem aktiv waren;
Lukas Bornschlegl als Leiter der Homepage-Gruppe und Formatierer
des Manuskripts;
Mara Brunetti als spontane Unterstützerin am Computer

Aus der Generation Y
Lena Bornschlegl als Leiterin des NAWARO-Projekts;
Eva Haslbeck als Leiterin des Grafikprojekts und spontane Unterstützerin
für das Poster von Paula und Sonja

Aus der Generation X
Claudia Höhendinger als Leiterin der Schreibwerkstatt;
Karin Bulter als »Vorableserin« und Kritikerin

Aus der Generation der Babyboomer
Georg Beutlhauser als »Vorableser« und Kritiker

Aus der Nachkriegsgeneration
Marion Müller als nimmermüde Leserin und Korrektorin
Barbara Meder als »Vorableserin« und Kritikerin
Gerlinde Nagler als Korrektorin

Globalisierung

»Globalisierung ist eine politisch-ökonomische Bezeichnung für den fort-
schreitenden Prozess weltweiter Arbeitsteilung. Da die politisch gesetzten
Handelsschranken zwischen den Staaten zunehmend abgebaut werden
und der Produktionsfaktor Kapital weltweit mobil und einsetzbar ist und
weil ferner die neuen Kommunikationstechnologien grenzenlos angewen-
det werden können, wird zunehmend in solchen Staaten produziert,
die die höchsten Kostenvorteile bieten. Kennzeichnend für die G. ist,
dass diese Kostenvorteile nicht nur für jedes Endprodukt (zum Beispiel
Fotokameras aus Singapur) gesucht werden, sondern für (nahezu) jedes
Einzelteil, aus dem das Endprodukt besteht (bei einem Automobil zum
Beispiel von einzelnen Schrauben über einzelne Karosserieteile und
den Motor bis zu ganzen Baugruppen etc.). Der Prozess der G. erhöht
damit entscheidend den Wettbewerbsdruck zwischen den einzelnen
Unternehmen und hat darüber hinaus erhebliche Auswirkungen auf die
Stabilität und Sicherheit der Arbeitsplätze.« (Schubert & Klein 2013)

Globalisierung heute

»Das moderne Verständnis von Globalisierung geht jedoch weit über
die Marktverflechtung hinaus. Es gibt verschiedene Dimensionen der
Globalisierung, die alle Lebensbereiche der Menschen betreffen. So gibt
es neben der wirtschaftlichen Globalisierung vor allem eine politische und
eine kulturelle. Kulturelle Vielfalt ist ein Ausdruck der globalisierten Welt
ebenso wie die Zunahme von internationalen Entscheidungen in der
Politik. Die globalisierte Politik ist nötig, da heute insbesondere Probleme
wie Umweltschutz oder Terrorismus nicht mehr auf nationaler Ebene
bekämpft werden können. Nur durch internationale Kooperation und
multilaterale Prinzipien kann diesen Problemen begegnet werden.«
(Informationen zur Globalisierung 2005 bis 2012)

Einleitung

1991 erschien der Roman von Douglas Coupland: ▶»*Generation X*« (Coupland 1995). Obwohl Douglas den Begriff »Generation X« nicht erfunden hatte, wurde er durch sein Buch populär. Kurt Vonnegut spielte in seiner Begrüßungsansprache (Eingangszitat) darauf an. Douglas Coupland seinerseits stellte dann wiederum das Vonnegut-Zitat an den Beginn seines 2009 erschienenen Werks ▶»*Generation A*«. Der Roman schildert eine globalisierte Gesellschaft in naher Zukunft, die es nicht geschafft hat, ressourcenschonend zu leben und an den Folgen leidet. Die ausgestorbenen Honigbienen stehen im Buch für die biologische und soziale Umweltzerstörung. Die Menschen haben als Resultat ihrer hoch technisierten, schnellen Markenwelt und ihrer nicht nur sprachlich verkümmerten Kommunikation die Fähigkeit verloren, Geschichten zu erzählen. Der Ausblick liegt irgendwo zwischen Apokalypse und der Hoffnung, die Generation A des Buches könne wieder neue Geschichten erfinden – in der Logik des Buchs also die Phantasie, sie könne weltweit ohne Droge, authentisch und in Gemeinschaft leben.

Was die Generationen am Beginn des 21. Jahrhunderts in den industrialisierten Ländern tatsächlich von den Generationen seit Adam und Eva unterscheidet, ist die fast klinisch reine Trennung zwischen produzierender Arbeitswelt und privatem Leben. Dadurch sind die Kinder und Jugendlichen von jeder echten Teilhabe ausgeschlossen. Das verändert die Erziehungswirklichkeit grundlegend und hat kaum zu überschätzende Auswirkungen auf das Leben im Elternhaus, die Arbeit von Bildungsinstitutionen und den Zugang zu informellen Lernmöglichkeiten der Kinder und Jugendlichen. Ich verwende für die Kinder der Generation X und die Enkel der Babyboomer den Namen ▶»*Generation Globalisierung*«. Diese heutigen Kinder und Jugendlichen wachsen – zum ersten Mal in der Menschheitsgeschichte vorhersehbar – in eine Zukunft hinein, in der sie extremen Herausforderungen begegnen werden: Globalisierte, kaum zu steuernde Wirtschafts- und Finanzbeziehungen, weltweites Bevölkerungswachstum, demographischer Umbau, Schuldenberge, Klimawandel und alle daraus resultierenden Folgen. Diese Erkenntnis war der Beginn für alles, was den hier dargestellten Ansatz ausmacht. Dabei standen am Anfang die langjährigen Erfahrungen in der praktischen Arbeit mit Kindern und Jugendlichen und mit deren Eltern. Bereits Anfang der 1990er Jahre hatte ich als Leiterin von VHS-Kursen für Kinder und Jugendliche beobachtet, dass bei einigen der Teilnehmer und Teilnehmerinnen die Konzentrationsspannen ungewohnt kurz waren. Außerdem war es schwierig – wohl auch bedingt durch die damals sehr schlechten Aussichten auf dem Ausbildungs- und Arbeitsmarkt – Gründe oder Anreize zu finden, mit deren Hilfe sich Jugendliche zu höherem Arbeitseinsatz und damit besseren Leistungen in der Schule aufraffen

Generationen ab 1945 und ihr Alter im Jahr 2013

Nachkriegsgeneration, jetzt 73–61 Jahre, Jahrgang 1940–1952

Babyboomer, jetzt 60–48 Jahre, Jahrgang 1953–1965: Beatles, Jugendweihe, Sandmann, Studentenrevolte, Mauerbau, Flowerpower

Generation X, jetzt 47–33 Jahre, Jahrgang 1966–1980: Trabant, Kalter Krieg, Karat, autofreier Sonntag, Abba, Alfons Zitterbacke

Generation Y, jetzt 32–19 Jahre, Jahrgang 1981–1994: Facebook Punk, Doppelkappnahthose, Montagsdemonstrationen, NDW, Passat

Generation Z, jetzt 18–5 Jahre, Jahrgang 1995–2008: Golf (Sport), iPhone, weiterhin: Lego, Barbie, Simpsons, Krieg der Sterne, Uno

Generation A, jetzt 4–0 Jahre, Jahrgang 2009 ff.: Typische Merkmale siehe Kapitel »Modelle und praktische Handlungsfähigkeit«

Generation Golf

Eine weitere Beschreibung des Lebensgefühls der jungen Erwachsenen im Westen Deutschlands in den 1980er Jahren ist unter dem Begriff bekannt geworden – nach dem Titel des Romans von Florian Illies, der 2000 erschienen ist. Sie entspricht ungefähr der Generation X. (Illies 2001)

Generation Globalisierung

Unter »Generation Globalisierung« verstehe ich die heutigen Kinder und Jugendlichen, also die Generationen A und Z. Die Generation Globalisierung hat die einmalige Chance, mit der Energiewende eine neue Ära zu beginnen. Sie wird die erste Generation sein, die die Auswirkungen des durch Menschen verursachten Klimawandels an jedem Punkt auf der Erde spürt. Ihre Zukunftsaussichten sind von der global und national immer weiter auseinanderklaffenden Schere zwischen Arm und Reich beeinflusst. Der deutschen Generation Globalisierung geht die Familie über alles und sie traut der Politik kaum Lösungskompetenz hinsichtlich der großen Zukunftsfragen zu.

konnten. Hinzu kam die Beobachtung, dass einige Kinder in den Kursen eine eigenwillige Interpretation von Ursache und Wirkung an den Tag legten: Ein Achtjähriger knuffte den Zehnjährigen auf dem Stuhl neben ihm. Noch ehe der Größere den Angreifer mit seiner »Retourkutsche« erreicht hatte, brüllte der Kleine: »Der Maxi hat mich geschlagen.« Eltern signalisierten, dass sie sich eine Unterstützung in ihrem schwierigen Erziehungsalltag wünschten. Auch Erzieherinnen im Kindergarten und Lehrkräfte in den Schulen merkten immer wieder an, dass sie die Kinder dieser Generation vor neue Herausforderungen stellen.

So gründete ich 1998 im niederbayerischen Straubing das Unternehmen »Die Welt neu entdecken. Lern- und Lebenshilfen für Kinder und Jugendliche«. Zunächst war das ein Aufmerksamkeitstraining für Kinder. Wenig später kam das Motivationstraining für Jugendliche hinzu. Mit den Jahren zeigte sich, dass berufstätige Eltern sich Entlastung für die Hausaufgaben und das schulbezogene Lernen wünschten. Einerseits, um den nervenaufreibenden Kampf um die Lateinvokabeln oder ungelöste Matheaufgabe nicht mehr abends, nach einem kräftezehrenden Arbeitstag, führen zu müssen. Lieber wollten die »neuen« Eltern abends gemeinsam zum Sport gehen oder in Harmonie die Seele baumeln lassen. Andererseits hatten einige Familien die Großeltern zur Hausaufgabenbetreuung vorgesehen, aber diese stießen an ihre Grenzen. Einige nervlich, sodass die Lateinvokabeln doch für abends mit den Eltern blieben und also Stress statt Wohlbefinden den Feierabend bestimmte. Andere mussten fachlich passen, weil tüchtige Handwerker, die es zu einem gut gehenden Betrieb gebracht hatten, in ihrer eigenen Schulzeit und Ausbildung nie mit einer X-Gleichung behelligt worden waren, in ihrer Realschulzeit noch keine Analyse eines literarischen Textes hatten durchführen müssen und die wenigen Englischkenntnisse längst verblasst waren. Diese Kompetenzen werden heutzutage für einen qualifizierenden Hauptschulabschluss verlangt.

Und schließlich tauchte die neue Generation 50 plus auf, die es sehr genoss, Großeltern zu sein, aber selbstbewusst verlangte, dass die Kinder Rücksicht nahmen auf all die Reisen und sonstigen Aktivitäten, die ein Unruhestand mit sich bringt. Kurz: Die Großeltern wollten die Enkel genießen und ihre Kinder unterstützen – aber nicht andauernd. So mehrten sich die Anzeichen, dass sich grundlegende Veränderungen in der Lebenswelt der Familien auch im kleinstädtisch-ländlichen Raum vollzogen hatten, die eine neue Qualität der Erziehungswirklichkeit etablieren: Die Anforderungen in den Schularten wurden kontinuierlich erhöht und immer mehr Eltern wünschten, dass ihre Kinder in eine anspruchsvollere Schulart übertreten sollten (vgl. Küls 2012 & Statistisches Bundesamt 2012). Immer mehr Eltern und Großeltern waren berufstätig bzw. konnten die schulische Begleitung ihrer Kinder nicht mehr mit den Ressourcen der Familie gewährleisten. So erweiterte ich 2005 die bisherigen Angebote bei »Die Welt neu entdecken.

Millennials

Wird ungefähr synonym mit der Generation Y gebraucht, also die jetzt beginnende Elterngeneration, die im Ausland studiert oder dort einen Freiwilligenaufenthalt absolviert hat, der Familie wichtig ist, die lieber mal eine berufliche Auszeit nimmt (Sabbatical) statt einen Firmenwagen zu fahren (Buchhorn & Werle 2011). Und alle anderen, die in Ausbildung oder am Anfang ihrer Berufstätigkeit oder am Beginn ihrer Arbeitslosigkeit sind.

Nachhaltigkeit

»Von einem Prinzip der Forstwirtschaft hat sich Nachhaltigkeit zu einem Leitbild für das 21. Jahrhundert entwickelt. Der Kerngedanke: Zukünftige Generationen sollen dieselben Chancen auf ein erfülltes Leben haben wie wir. Gleichzeitig müssen Chancen für alle Menschen auf der Erde fairer verteilt werden. Nachhaltige Entwicklung verbindet wirtschaftlichen Fortschritt mit sozialer Gerechtigkeit und dem Schutz der natürlichen Umwelt.« (bne 2013)

Soziale Nachhaltigkeit

»1. Begriff: Soziale Nachhaltigkeit beschreibt die bewusste Organisation von sozialen und kulturellen Systemen.
2. Merkmale: Die soziale Nachhaltigkeit bezieht sich auf den Gesundheitszustand von Sozialsystemen. Das Aufrechterhalten des Gesundheitszustands (Vitalität, Organisation und Widerstandsfähigkeit) ist von bes. Bedeutung. Dies kann durch die Verbesserung des Humankapitals, bspw. durch Bildung, und der Stärkung sozialer Werte und Einrichtungen erreicht werden und verbessert damit die Widerstandsfähigkeit eines sozialen Systems entscheidend. Innerhalb von Unternehmen betrifft dies bspw. die Auswirkungen sozialen Handelns im Umgang mit Mitarbeitern, den Beziehungen zu Interessensgruppen oder der allgemeinen Verantwortung des Unternehmens gegenüber der Gesellschaft.« (Gabler Wirtschaftslexikon 2013)

Lern- und Lebenshilfen für Kinder und Jugendliche« durch eine Nachmittagsbetreuung.

Abgesehen von der Schulbildung und den Bildungszielen, die Eltern für ihre Kinder anstrebten, hatte der Strukturwandel in den kleinen und mittleren Städten und in den Dörfern dazu geführt, dass es immer weniger Mischgebiete gab (Wohngebäude, landwirtschaftliche Anwesen und Gewerbebetriebe Tür an Tür). Das bedeutet, dass nun fast alle Kinder in reinen Wohngebieten zu Hause sind. Der wirtschaftliche Umbau zur Dienstleistungsgesellschaft hat auch auf dem Land die Berufswahl und Arbeitsplätze der Eltern verändert (KMK & IAB). Die Lebensgewohnheiten und die Möglichkeiten, informelle Bildung zu genießen, haben sich bis zu einem gewissen Grad an großstädtische Bedingungen angeglichen. Außerdem erfahren wir seit einigen Jahren, unabhängig vom Wohnort, regelmäßig Umwälzungen durch die Innovationen der digitalen Medien, die in kurzen Zyklen immer neue Produkte und Anwendungen über den Globus und durch die Zimmer der Kinder und Jugendlichen schwemmen. Von Arbeitskräften wird Mobilität innerhalb Deutschlands und global erwartet, die Zahl der Einwanderer steigt wieder (Bundesamt für Migration und Flüchtlinge 2013) und die »Blaue Karte« (ebd.) hatte einen erfolgreichen Start. Und bei uns in der Provinz ist die ► *Globalisierung* auch angekommen: Fast jede/r dritte »unserer« Schüler/innen hat Eltern, die aus Osteuropa, Südamerika, Afrika oder Italien stammen.

Bereits im Aufmerksamkeitstraining hatte sich gezeigt, dass Konzentration, Reaktionsverzögerung und die Fähigkeit zusammenzuarbeiten für die Kinder sehr gut erlernbar waren, wenn sie zunächst praktische Tätigkeiten ausführen konnten. Dann waren sie hoch motiviert und ein Transfer in schulische Kontexte gelang meistens zeitnah. Zunächst wurden ausgediente Elektrogeräte auseinandergebaut und daraus wieder neue »Kunstwerke« geschaffen. Schließlich konnte ein Mentor (Lehrer im Ruhestand) gewonnen werden, der interessierte Kinder und Jugendliche anleitete, mit Holz zu arbeiten und Arbeiten im Garten durchzuführen. Ein Tutor (Schüler) strukturierte und begleitete künstlerisch-ästhetische Arbeiten mit Alltagsbezug. Die Resonanz war gut. Die alters- und schulartenübergreifende Arbeit, die wir von Anfang an praktiziert hatten, erwies sich als hilfreich für die Kinder und Jugendlichen: Die jungen Menschen übernehmen Verantwortung für sich und die Gemeinschaft und einige von ihnen auch für die Umwelt.

Im vergangenen Jahrzehnt haben sich Privatschulen stark vermehrt (Statistisches Bundesamt 2012). Manche Eltern bedauern, in ihrer Wohnnähe keine geeignete Privatschule zu haben, manche sind enttäuscht, wenn ihr Kind abgelehnt wird, da die Kapazitäten der jeweiligen Schule ausgeschöpft sind. Andere Familien nehmen Wege von bis zu fünfzig Kilometern in Kauf, um ihrem Kind den Besuch einer entsprechenden Schule zu ermöglichen. Manche Familien entschließen sich für ein Internat. Es gibt gute und es gibt ausgezeichnete öffentliche Schulen. Was macht die Faszination der freien Bildungsanbieter aus? Sind es die reformpädagogischen Ideen, die den jungen Menschen eher ganzheitlich und stärkenorientiert begegnen? Herrscht dort ein Schonraum, wo weniger Leistung gefordert wird? Eine – mit Sicherheit absolut nicht repräsentative – Befragung der Familien »unserer« Nachmittagsbetreuung spricht für die Suche nach Zuverlässigkeit, Werteorientierung, sowie flexibler und ganzheitlicher Unterstützung im Bildungs- und Erziehungsalltag (vergl. Gebhardt-Eßer 2012). Eine Pädagogik also, die Familien im Hier und Jetzt bei den vielfältigen Herausforderungen des Alltags unterstützt. Diese Herausforderungen haben viel mit dem Leistungsdruck in einer komplexen, globalisierten Arbeitswelt und mit dem Leistungsdruck im Bildungssystem zu tun. Und dieser Druck reicht in die Familien hinein. Eltern sind teilweise sehr fokussiert auf gute Schulnoten und individuelle Karrierevorteile für ihre Kinder. Das macht manchmal kurzatmig und kurzsichtig. Aber kann man (oder frau) überhaupt nachhaltig leben ohne zum »Energie-Märtyrer« zu werden, der keine Option auf die Leichtigkeit des Seins hat?

Nachhaltiges Lernen / nachhaltige Sozialisation

»Im lerntheoretischen Verwendungskontext bezieht sich Nachhaltigkeit auf den Prozess des dauerhaften Erwerbs und die Festigung von Kenntnissen, Fähigkeiten und Fertigkeiten, wobei dieser Vorgang meist neutral zu den Zwecken gesehen wird, auf die sich die zu erwerbenden Kompetenzen beziehen. Als Beschreibungs- und Bewertungskategorie kennzeichnet ›Nachhaltigkeit‹ die Wirkungen, die von einem Lern- und Entwicklungsprozess ausgehen. Das Adjektiv ›nachhaltig‹ bestimmt dann näher die Eigenschaft oder Qualität eines Lernprozesses und es wird danach gefragt, unter welchen Voraussetzungen nachhaltig gelernt werden kann. Dabei richtet sich dieses nachhaltige Lernen zum einen auf das Lernverhalten selbst, nämlich inwieweit dieses auch zukünftiges Lernen ermöglicht [...]. Zum anderen sind die Lernergebnisse von Bedeutung und es wird danach gefragt, unter welchen Umständen Lerntransfer zustande kommt und wie er gesichert werden kann [...].« (Schüßler 2001)

Die Buchidee und
die Schreibwerkstatt

2005 begann die Weltdekade der Vereinten Nationen »Bildung für nachhaltige Entwicklung«. Unsere Alltagsbeobachtung deutete gerade in dieser Zeit darauf hin, dass das Interesse der Kinder und Jugendlichen an ökologischen Themen nachließ. Der Fokus der Aufmerksamkeit wechselt auch in der Pädagogik und in den angrenzenden Gebieten immer rascher, das Wissen differenziert sich rasant aus und wächst exorbitant. Aus Sicht der Praxis stellte sich die Frage, ob es angesichts der Komplexität unserer Lebenswelten und der ständig wachsenden Halbwertszeit unseres Wissens möglich ist, Grundzüge einer nachhaltigen Pädagogik herauszufiltern. Da pädagogische ► *Nachhaltigkeit* niemals ohne Partizipation möglich ist, sollten Jugendliche bei der Entstehung dieses Buches mitwirken: Als Vertreterinnen und Vertreter der Generation Globalisierung. Hans-Peter Dürr hat in seinem Buch »Warum es ums Ganze geht« geschrieben:

> »*Ich glaube überhaupt nicht daran, dass man die globalen Probleme auch global lösen kann. Auch die Natur löst globale Probleme, indem sie lokal etwas verändert, auf eine solche Art und Weise, die allmählich in größere Dimensionen herein wächst. Ich würde persönlich ansetzen beim Energieproblem.*« (Hans-Peter Dürr)

Damit stand das Thema fest: Energie. Ich fragte etwa zwölf junge Menschen und eine Deutschlehrerin, einen Energieexperten und eine Studierende, ob sie eine Schreibwerkstatt für das Buch machen wollten. Nach zwei Schnuppertagen entschieden sich sechs Jugendliche und die Erwachsenen, längerfristig teilzunehmen. Es war geplant, »nebeneinander« zu arbeiten: Einerseits die Schreibwerkstatt unter der Leitung von sachkundigen Erwachsenen mit den Schwerpunkten »Schreiben« und »Energie – ein Thema, das mich betrifft?«, andererseits die Autorin an »ihren« pädagogischen Inhalten. Entsprechend war das Buch »nacheinander« konzipiert. Zuerst die Betrachtung des Alltags, dann die Beschreibung der Lösungsansätze, dann die fachliche Einordnung bzw. Hintergrundinformation. Danach die Perspektive der Kinder und Jugendlichen, was ihre energetische Zukunft angeht. Doch es kam anders.

Die Schreibwerkstatt startete in den Osterferien 2012 und dauerte bis zur ersten Augustwoche. Die Jugendlichen waren fast immer alle anwesend, an Samstagen und in den Ferien. Für die erwachsenen Begleitpersonen sah das deutlich schwieriger aus: Blockseminare beim Studium, beruflicher Umbruch, Weiterbildung und Ehrenamt waren Zeit- und Energiekonkurrenten. Andererseits hatten plötzlich andere Menschen Zeit, die ursprünglich im Juli und August überhaupt keine Termine hatten vereinbaren wollen. Spontan brachten sie vor allem ihre Kompetenzen am Computer, die plötzlich sehr dringend gebraucht wurden, in die Schreibwerkstatt ein. So wunderbar die Flexibilität aller Beteiligten war, so wohltuend ihr Engagement für das Thema und so willkommen ihre Fähigkeit, einen guten Kontakt mit den Jugendlichen zu halten, so wenig war die Kontinuität gewährleistet. So kam es zum »Miteinander« von den Jugendlichen und der Autorin als derjenigen Erwachsenen, die auf den roten Faden zwischen den Treffen achtete. Und schließlich fanden alle Beteiligten, es sei viel schöner, die Bestandteile aus dem pädagogischen Skript der Autorin und den Beiträgen der Schreibwerkstatt ineinanderzuschieben, statt sie als getrennte Blöcke zu setzen. Vor allem die ▶ »Elfchen« sollten quasi als Randnotizen das ganze Buch »bevölkern«.

Während die Jugendlichen der Schreibwerkstatt Informationen sammelten und erste Texte verfassten, bot es sich an, punktuell die Teilnehmerinnen und Teilneh-

Ökologische Nische

»Aufgrund des Ausbildens spezifischer Wechselbeziehungen zur Umwelt können viele Arten denselben Lebensraum unterschiedlich nutzen und nebeneinander in diesem existieren. Jede Organismenart bildet so eine ökologische Nische, in der sie ihre Lebensäußerungen realisiert.
Die ökologische Nische einer Art ist die Gesamtheit aller abiotischen und biotischen Umweltfaktoren im Lebensraum, die diese Organismenart zum Leben braucht, z. B. bezogen auf Nahrung, Braträume, Fangmethoden, Aktivitätszeiten. Außerdem gehört dazu die Wirkung der Art auf ihre Umwelt. Die ökologische Nische ist kein Raum, sondern ein Beziehungsgefüge.« (Schülerlexikon)

Ökologie, Wirtschaftslexikon

»Wissenschaft von den Wechselbeziehungen zwischen Lebewesen und natürlicher Umwelt bzw. von den Ökosystemen. Wachsende Bedeutung durch Folgen der Umweltbelastung, oft als Konsequenz eines verengten ökonomischen Denkens. Insofern enge Beziehungen zwischen Ökonomik und Ökologie, die man auch als ›Langzeitökonomie‹ interpretieren kann.« (Gabler 2013)

mer des Motivations- und Aufmerksamkeitstrainings und der Nachmittagsbetreu-ung einzubeziehen. So veranstaltete die Bioenergieregion Straubing-Bogen eine Tour für interessierte BürgerInnen, die unter anderem zur Pilotanlage ►»*Sludge-to-Energy*« im städtischen Klärwerk führte. Es gelang, eine speziell auf Jugend-liche abgestimmte Besichtigung zu organisieren, an der die Familien angebots-übergreifend teilnehmen konnten. Was in der Schreibwerkstatt erarbeitet worden war, blieb an den Moderationswänden hängen, so dass sich immer wieder die Gelegenheit ergab, sich über Nachhaltigkeit auszutauschen. So fiel die Aufmerk-samkeit auch auf Kunststoffe, die aus nachwachsenden Rohstoffen ► *(NAWARO)* hergestellt werden. Über ► *C.A.R.M.E.N.* wurde der Kontakt zu einer Firma er-möglicht, die solche Werkstoffe produziert. Schnell war klar: Eines der üblichen Projekte am Schuljahresende würde sich mit diesem Material befassen. Im Sommer begann in Zürich die Ausstellung »Endstation Meer?«, die sich künstlerisch mit dem Plastikmüll beschäftigt (vgl. Museum für Gestaltung Zürich). In Kombination mit »Sludge-to-Energy« und dem NAWARO-Werkstoff war damit das Projekt »Müll in der Zukunft« umrissen: Informationen der Zü-richer Ausstellung und die Gewinnung von Ener-gie durch die Nutzung des Abwassers stellten zwei entgegen gesetzte Pole des Themas »Abfall und Abwasser« dar. Die Kinder und Jugendlichen bearbeiteten es grafisch. Die Zeichnungen, die im Buch erscheinen, zeigen Betroffenheit – und wie bedrohlich teilweise die Müllberge empfunden werden. Im September gab eine Expertin von C.A.R.M.E.N. den jungen Menschen einen Überblick über Kunststoffe, die ohne Erdöl hergestellt werden und kompostierbar sind. Im letz-ten Kapitel sind die Aktivitäten beschrieben, die sich ab Herbst unter der Über-schrift »Nachhaltigkeit« entwickelt haben.

> Energie.
> Erneuerbare Energien.
> Besser für Natur.
> Immer genügend zur Verfügung.
> Umwelt.

Eine Frage am Ende der Schreibwerkstatt war, ob wir Erwachsenen die Ergeb-nisse, die die Kinder und Jugendlichen produziert hatten, überarbeiten sollten. Wir haben uns dagegen entschieden: Die Prozesse, die zu diesen geistigen und materiellen Produkten geführt haben, waren wichtig für die Beteiligten. Es sind ihre Ideen. Es sind ihre Produkte. Sie sind auf dem Weg.

Kinder- und Jugendgesundheitssurvey (KiGGS)

Studie des Robert Koch-Instituts zur Gesundheit von Kindern und Jugendlichen in Deutschland, die 2003 begann. Die Basiserhebung wurde 2006 abgeschlossen, die nächste Erhebungsphase, »Welle 1« lief 2009 – 2012. Weitere Folgestudien sind auf dem Weg. Erste Ergebnisse der ersten Welle sind für Ende 2013 angekündigt (Robert Koch Institut 2011).

Elfchen sind kleine Gedichte, die aus genau elf Wörtern bestehen:

1. Zeile: 1 Wort	4. Zeile: 4 Wörter
2. Zeile: 2 Wörter	5. Zeile: 1 Wort
3. Zeile: 3 Wörter	

Sludge-to-Energy ist ein Verfahren, bei dem Klärschlamm thermisch genutzt, also verbrannt und in elektrischen Strom umgewandelt wird. Eine der ersten Pilotanlagen mit diesem Verfahren wurde in Straubing errichtet (vgl. Huber Technology 2010).

C.A.R.M.E.N. e.V. ist das »Centrale Agrar-Rohstoff-Marketing- und Energie-Netzwerk e.V.«, das Wirtschaftsunternehmen und Privatleute über Produkte und Energiegewinnung aus nachwachsenden Rohstoffen informiert und deren Nutzung durch interdisziplinäre Zusammenarbeit fördert. Zunächst für Bayern gedacht, agiert der gemeinnützige Verein inzwischen bundesweit und bei der Umsetzung von EU-Projekten.

NAWARO

Nachwachsende Rohstoffe sind alle Stoffe, die direkt aus der Natur (Biomasse) gewonnen werden und deren Reste auch wieder dorthin gehen. Sie dienen der Energiegewinnung, der Herstellung von Kunst-, Schmier- und Baustoffen. Da diese Stoffe zum Teil sehr gute Materialeigenschaften haben (splittern nicht, dämpfen den Schall), werden sie zum Beispiel im Innenausbau von Autos schon häufig eingesetzt. Außerdem werden aus NAWARO traditionell Textilien (Wolle, Flachs) und viele andere Dinge des täglichen Bedarfs hergestellt. Windeln sind in der Entwicklung (FNR 2013).

Privates Selbsthilfepotenzial

Paula

» 12 Jahre alt
» habe eine Schwester, die ist 8 Jahre alt
» gehe auf ein Gymnasium in die 7. Klasse
» interessiere mich sehr für Klimaschutz
» engagiere mich zum Thema Energie
» gestalte ein Plakat über Tierschutz
» bin an der Zukunft unserer Erde interessiert
» liebe Pflanzen und Tiere
» spare Energie
» finde Reden langweilig, will lieber was machen

Die Energiefee

Maria schaltete den CD-Player auf Standby und wollte das Zimmer verlassen, in dem noch das Licht brannte. Doch im Türrahmen stand ein zierliches Wesen mit langem, braunem Haar, lindgrünen Augen und Flügeln. Maria starrte erschrocken auf das Wesen und stotterte:

»W-Wer b-bist du?« »Ich heiße Energiefee und komme, um dir zu sagen, dass du den Stecker ziehen und das Licht ausschalten sollst.« Maria rollte zwar mit den Augen, aber sie wollte das Wesen nicht verärgern, deshalb gehorchte sie. Die Fee beobachtete Maria und fragte: »Weißt du, warum du das machen musst?« »Jaja, wegen Geld und so.« »Nein, falsch«, korrigierte die Energiefee. »Strom ist Energie. Er wird in Atomkraftwerken hergestellt, aus Sonnen- oder Windenergie gewonnen oder in Wasserkraftwerken produziert. Wenn du aus einem Zimmer gehst, kannst du Strom sparen, indem du das Licht ausschaltest. Denn die Energiequellen Nummer fünf und sechs, Erdöl und Erdgas, werden immer knapper. Darum müssen wir aufpassen, dass wir nicht zu viel Strom verbrauchen. Auch wenn du noch ein Kind bist, kannst du Strom sparen. Wenn du zum Beispiel zu deiner Freundin Lina um die Ecke gehst.« »Woher kennst du Lina?«, erkundigte Maria sich verwirrt. »Ich bin eine Fee, ich weiß alles. So, also wenn du zu Lina gehst, anstatt dich mit dem Auto fahren zu lassen, kommst du an die frische Luft, sparst Benzin und kannst dich trotzdem mit Lina treffen. Und wenn du nach dem Musikhören oder Fernsehen den Stecker ziehst, sparst du Strom und musst nicht verzichten.« »Ah, ich soll Strom sparen, wo es geht, ohne zu verzichten!« »Genau.« Und damit löste sich die Energiefee in Luft auf.

Maria schaltete den CD-Player aus, zog den Stecker, schaltete das Licht aus und verließ das Zimmer.

Ökologie

Begriffserklärung aus Wikipedia:
... die biologischen Wechselbeziehungen zwischen Organismen und deren natürlicher Umwelt
Bezieht sich auf: Agrarökologie

Humanökologie = die Beziehungen zwischen Menschen und deren Umwelt
Kulturökologie = in der Ethnologie die Wechselwirkungen zwischen dem Menschen und seiner natürlichen Umwelt
Soziale Ökologie = die Wechselbeziehungen zwischen Menschen und ihren sozialen, biologischen und physischen Umwelten
Politische Ökologie = die Auswirkungen ökologischer Veränderungen auf menschliche Gemeinschaften
Verkehrsökologie = die Auswirkungen der Raumüberwindung auf die natürliche und anthropogene Raumqualität
Historische Ökologie = die historische Betrachtung von gesellschaftlichen Beziehungen zur Natur
Landschaftsökologie = das räumliche, zeitliche sowie funktionale Wirkungsgefüge zwischen Organismen und ihrer Umwelt
Geoökologie = natürliche Umweltsysteme und ihre Beeinflussung durch den Menschen
Sozialökologie = zur Erklärung der Wechselwirkungen von sozialen Segregationsprozessen städtischer Siedlungsstruktur

(nach Wikipedia 8.12.2012)

Beobachtungen aus dem (pädagogischen) Alltag

Ein Student bekocht zum ersten Mal seine Wohngemeinschaft. Er hatte sich vor gut einer Stunde mit einem Rezept aus dem Internet in die Küche zurückgezogen, als die Wohnungstür zuklappt. Ein Mitbewohner findet die Küche verwaist, ein Kochtopf dümpelt auf dem Herd. Zwanzig Minuten später erscheint der Koch etwas atem- und ratlos, eine Dose Tomaten in der Hand. Es gibt ein Problem: Im Rezept steht, man solle 250 Gramm Tomaten zufügen, aber vorrätig war nur eine Dose mit 660 Gramm. Nun hatte der Studiernde – geistesgegenwärtig – im Supermarkt nebenan versucht, eine passende Menge zu kaufen, konnte aber nur eine Packung mit 400 Gramm finden. Was tun?

Die gute Nachricht

Das Problem wurde gelöst, die jungen Leute wurden an diesem Tag satt und das Gericht schmeckte lecker.

Die weniger gute Nachricht

Die alten Witze müssen umgeschrieben werden. Vor Jahrzehnten erzählte man sich, dass ein Maurermeister aus Versehen in einer gut gefüllten Speisekammer eingeschlossen worden sei. Tage später wurde er befreit – halb verhungert. Befragt, warum er denn nichts gegessen habe, antwortet er erschöpft: »Ging nicht. Mein Handlanger war doch nicht da.« Morgen erzählt man sich das vielleicht so: Ein junger Mensch (♀, ♂) kommt vom Lebensmitteleinkauf nach Hause. Gerade in diesem Moment fällt der Strom aus und er kann sein Appartement im Hochhaus nicht mehr verlassen. Als die Rettungskräfte ihn nach einigen Tagen aus der misslichen Lage befreien, sitzt er Haare raufend vor dem gut gefüllten Kühlschrank. Hungrig wiederholt er gebetsmühlenhaft: »Internet weg, Mikrowelle tot, Internet weg, Mikrowelle tot, …«

Eltern und professionelle Pädagogen

Die Vorhersagen im Zusammenhang mit dem Klimawandel und die düsteren Prognosen hinsichtlich Versorgungsengpässen im Zusammenhang mit der angestrebten Energiewende, die überstandene Finanzkrise und die momentane Eurokrise sollten Eltern und professionelle Pädagogen motivieren, für Kinder und Jugendliche Betätigungsfelder zu öffnen, in denen sie Basiskompetenzen erwerben, mit denen sie ihre primären Bedürfnisse selbstständig befriedigen können, selbst wenn der Strom mal kurz wegbleibt.

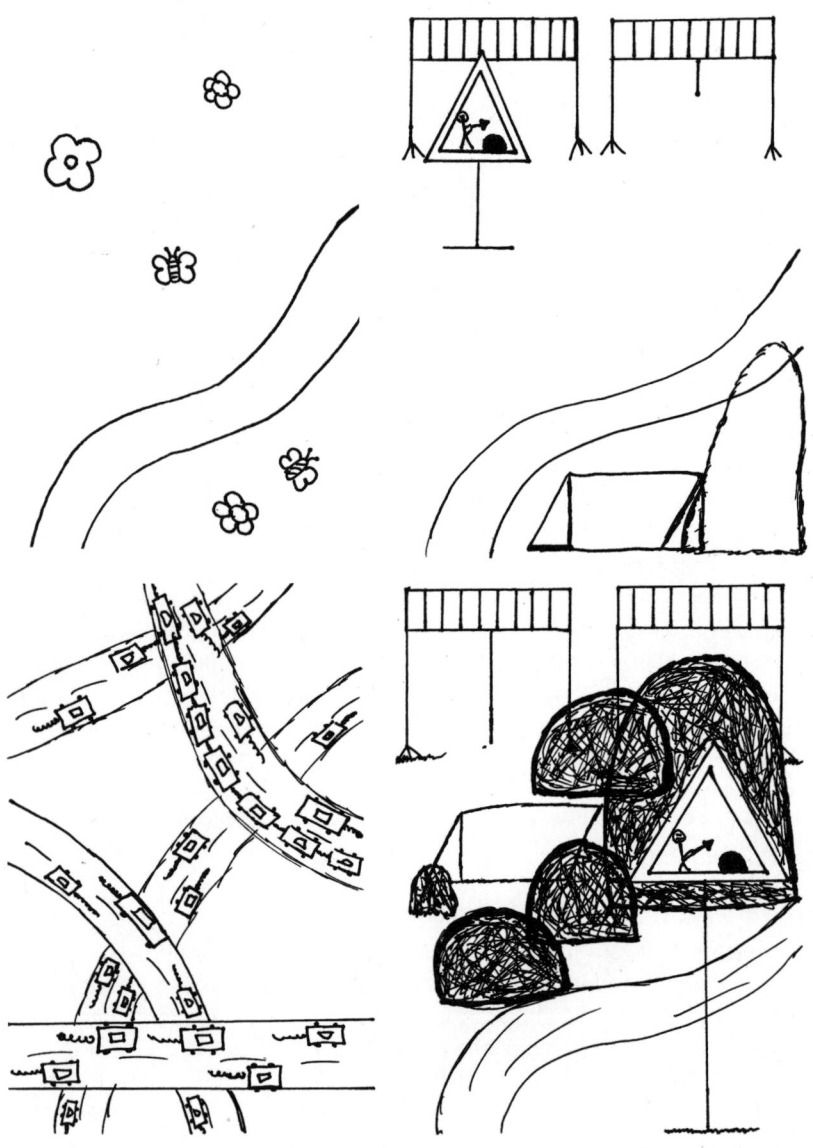

Debo: *Stau auf der Autobahn macht Luft schlecht*

Familie: Struktur und strukturelle Bedingungen – trautes Heim, Glück allein?

Die Einführung der Elternzeit bzw. des Elterngeldes mag bewirkt haben, dass immer mehr junge Väter zumindest für zwei Monate mit dem Kind (und der Mutter) zu Hause bleiben (Egeler 2012). So zeichnet sich im Südosten der Republik ein beeindruckendes Szenario der männlichen Emanzipation ab: Ein Drittel der neuen Väter nimmt Elternzeit (BMFSFJ 2012). Das überrascht, da ja insbesondere in Bayern die Ernährerfamilie traditionell einen sehr hohen Zustimmungsgrad erfahren hat und ein ausgesucht familienpolitisches Gut darstellt. »Der Bereich frühkindlicher institutioneller Betreuung wurde und wird in Deutschland anders als in anderen europäischen Ländern hoch emotional geführt. Eine Ursache mag darin liegen, dass in der Nachkriegszeit Aussagen von Pädiatern (Kinderärzte, Anmerkung der Autorin) über die hohe Bedeutung der Mutterbindung in der frühen Kindheit eine Integration der Kriegsheimkehrer in den Arbeitsmarkt deutlich problemloser möglich gemacht hat. Der Rückzug der Frauen aus dem Nachkriegsaufbau in die Mutterschaft hat sicherlich einige der ansonsten zu erwartenden Probleme gedämpft und war zu dieser Zeit wahrscheinlich für viele Beteiligte hilfreich.« (Rauschenbach 2012, S. 46)

Mit diesen aktuellen Tendenzen und Einschätzungen im Hinterkopf ist es sinnvoll, in einem Kurzdurchlauf »Familie« als Begriff und Institution zu betrachten. Der Begriff wird sehr schillernd verwendet: Im Alltag, um eine spezielle Zugehörigkeit auszudrücken; in der Literatur und anderen Künsten, wenn Erfahrungen aus diesem Beziehungsgefüge dargestellt oder stilisiert werden; im juristischen Sinn, um den rechtlichen Rahmen der Verwandtschafts- und Sozialbeziehungen abzustecken; in den Wissenschaften, um die basalen sozialen Einheiten unserer Gesellschaft zu beschreiben, zu bewerten und um sie statistisch erfassen zu können; in der Politik und den Hilfesystemen, um das Humanvermögen zu entwickeln und zu schützen und um ökonomische Weichen zu stellen (vgl. Blume 2010).

Wer bei dem Begriff »Familie« an die Variante mit erwerbstätigem Vater, Hausfrau und ein bis zwei Kindern denkt, dem sei in Erinnerung gerufen, dass Familien je nach historischer Epoche, Lebensraum, Umweltbedingungen, sozialer Zugehörigkeit, Kultur und Religion überaus unterschiedliche Gebilde mit höchst unterschiedlichen Funktionen waren und sind. Das heute immer noch oft hochgehaltene Ideal der Ernährerfamilie war ein recht kurzlebiges Exemplar, wie die Bundeszentrale für politische Bildung dem Bürger ins Bewusstsein schreiben lässt: »Zum Erfolgsmodell einer an die Erfordernisse der industriellen Gesellschaft besonders gut angepassten Familienform sollte die sogenannte bürgerliche Familie werden. Sie war anfangs auf die wirtschaftlich privilegierten Bevölkerungsschichten beschränkt, gewann aber seit dem späten 19. Jahrhundert in der Bevölkerung immer mehr an Bedeutung und bildete in den 1950er und 1960er Jahren das dominierende Familienmodell.« (Huinink 2009)

Die »bürgerliche Familie privilegierter Schichten« vom späten 18. bis zum beginnenden 20. Jahrhundert beherbergte und beschäftigte – auch das muss man sich bewusst machen – oft Hausangestellte, einschließlich Kinderfrau (Gouvernante), Hauslehrer und möglicherweise noch einer Amme. Hinzu kamen teilweise weitere Verwandte, insbesondere ledige oder verwitwete Frauen. Ab der Mitte des 19. Jahrhunderts eröffnete sich Single-Frauen durch die Emanzipationsbewegung und das Aufkommen »typisch weiblicher« Berufsbilder vermehrt die Möglichkeit, ein eigenständiges Leben zu führen. Die Rolle der Hausfrau und Mutter in der damaligen Ernährerfamilie war es, einem ganz anderen kleinen Familienunternehmen vorzustehen, als es uns vor wenigen Jahren in Werbespots dargeboten wurde: Zum Aufgabengebiet der bürgerlichen »Familienmanagerin« gehörte es, als Gastgeberin von Einladungen und »Salons« (Maurer 2001) den sozialen Status der Familie zu erhalten oder, besser noch, sozialen Aufstieg zu ermöglichen. »Haushaltsgeld« war für die Hausfrauen des gehobenen Bürgertums ein Etat, mit dem das familiäre Eventmanagement, die Gartenarbeit, die Nahrungsmittelproduktion und Konservierung von Lebensmitteln, das Herstellen von Kleidung und Haushaltstextilien, die Wäschepflege und viele andere haushaltsnahe Dienstleitungen, außerdem karitatives Engagement für das in der Nähe lebende Prekariat und Bildung für den eigenen Nachwuchs zu gewährleisten waren. Die belletristische Literatur jener Zeit gibt dazu reichlich Einblicke, zum Beispiel Klassiker wie die Werke von Jane Austin, außerdem »Effi Briest«, »Trotzkopf«, »Heidi«, »Die Buddenbrooks« oder die Romanverfilmung »Zimmer mit Aussicht«. Zur Illustration hier ein klassisches Stück Lyrik, das Rollenzuweisung und Arbeitsteilung in der bürgerlichen Familie (Handwerker eingeschlossen) beschreibt. Selbstverständlich in Verbindung mit einer Liebesheirat, denn auch sie taucht mit der bürgerlichen Familie auf und wird fest mit ihr verknüpft.

> **Tradition ist nicht das Bewahren der Asche, sondern das Weitertragen der Glut.**
>
> *Thomas Morus*

Denn wo das Strenge mit dem Zarten,
Wo Starkes sich und Mildes paarten,
Da gibt es einen guten Klang.
Drum prüfe, wer sich ewig bindet,
Ob sich das Herz zum Herzen findet!
Der Wahn ist kurz, die Reu' ist lang.
Lieblich in der Bräute Locken

Spielt der jungfräuliche Kranz,
Wenn die hellen Kirchenglocken
Laden zu des Festes Glanz.
Ach! des Lebens schönste Feier
Endigt auch den Lebensmai:
Mit dem Gürtel, mit dem Schleier
Reißt der schöne Wahn entzwei.
Die Leidenschaft flieht,
Die Liebe muß bleiben;
Die Blume verblüht,
Die Frucht muß treiben.
Der Mann muß hinaus
Ins feindliche Leben,
Muß wirken und streben
Und pflanzen und schaffen,
Erlisten, erraffen,
Muß wetten und wagen,
Das Glück zu erjagen.
Da strömet herbei die unendliche Gabe,
Es füllt sich der Speicher mit köstlicher Habe,
Die Räume wachsen, es dehnt sich das Haus.
Und drinnen waltet
Die züchtige Hausfrau,
Die Mutter der Kinder,
Und herrschet weise
Im häuslichen Kreise,
Und lehret die Mädchen
Und wehret den Knaben,
Und reget ohn' Ende
Die fleißigen Hände,
Und mehrt den Gewinn
Mit ordnendem Sinn,
Und füllet mit Schätzen die duftenden Laden,
Und dreht um die schnurrende Spindel den Faden,
Und sammelt im reinlich geglätteten Schrein
Die schimmernde Wolle, den schneeigen Lein,
Und füget zum Guten den Glanz und den Schimmer,
Und ruhet nimmer.

Friedrich Schiller, Die Glocke (Ausschnitt)

Energieverbrauch
stetig steigend
schneller, höher, weiter
wohin soll das führen?
Zukunft

In der Ballade stirbt die Hausfrau einige Reime später. Ein leider häufiger Lebenslauf für Mütter seit dem Mittelalter, der zu einer klassischen Märchenfigur führte: der Stiefmutter. Sie tauchte wegen der hohen Sterberate bei Frauen in allen Schichten auf (Paletschek 1994, S. 174). Dass die Mutter und ihre Nachfolgerin im »häuslichen Kreise« herrschte, meinte in Handwerksbetrieben und auf Bauernhöfen seit dem Mittelalter und bis in die Neuzeit, dass das Personal als Teil der Familie begriffen wurde (Gomilschak 1995).

Waren in einer bürgerlichen Familie – und auch das lässt sich aus der belletristischen Literatur herauslesen – die materiellen Ressourcen nicht ausreichend, um Pflege-, Erziehungs- und Bildungsdienstleister (Amme, Gouvernante, Hauslehrer) zu engagieren, so waren es in der Tat die Mütter, die ohne weitere Unterstützung durch dienstbare Geister für eine möglichst gute Bildung der Kinder zu sorgen hatten. Ansonsten war der Kontakt zwischen Kindern und Müttern im Allgemeinen auf einige wenige Zeitfenster des Tages beschränkt (Textor 2012). Die bürgerliche Bildung in der Familie wurde ergänzt durch – zunächst häufig konfessionell gebundene – Privatschulen, Internate und Pensionate. Der »Luxus« des Besuchs einer Schule, die zu einem Universitätsstudium führte, war für Mädchen erst ab dem Beginn des 20. Jahrhunderts möglich, obwohl die allgemeine Schulpflicht bereits bei ihrer Einführung keinen geschlechtsspezifischen Unterschied gemacht hatte (Buscher 1999/2006).

Bildung war auch für Mädchen ein wichtiger Karrierefaktor für das aufstrebende Bürgertum und eine Bedingung für die fortschreitende Entwicklung der Technik und Infrastruktur in den Nationalstaaten. Diese Entwicklung ging Hand in Hand mit der Industrialisierung und der Vorstellung, dass wirtschaftliches Wachstum Wohlstand erzeuge (Miegel 2012). Die bürgerlichen Familien investierten privat in die Bildung ihres Nachwuchses (Kutz-Bauer & Raloff 2012). Insbesondere auf Fremdsprachen, Literatur und Musikunterricht wurde auch bei Mädchen großer Wert gelegt. Handarbeiten und Haushaltsführung gehörten ebenfalls zum bürgerlichen Pflichtprogramm. Die Tradition, die jüngeren Kinder im privaten Haushalt pflegen, erziehen und bilden zu lassen, dauerte in Familien, die die notwendigen materiellen Ressourcen hatten, bis ins 20. Jahrhundert an. So erhielten zum Beispiel die ältesten Kinder der Familie Thomas Mann in München zunächst noch Privatunterricht, ehe sie eine Münchner Privatschule und später erst eine öffentliche Schule besuchten (Wunderlich 2008).

Wie oben bereits angedeutet, erforderte die Umwandlung der Adelsgesellschaften in bürgerliche Demokratien zunehmend nicht nur eine umfassend gebildete und ausgebildete Elite, sondern für Verwaltung, Militär, Handwerk und Produktion auch ein gebildetes Volk und alphabetisierte Staatsbürger. 1794 las sich das bei Einführung der allgemeinen Schulpflicht in Preußen so: »§ 43. Jeder Einwohner, welcher den nötigen Unterricht für seine Kinder in seinem Hause nicht besorgen kann oder will, ist schuldig, dieselben nach zurückgelegtem fünften Jahre zur Schule zu schicken.« (Buscher 1999/2006) Das heißt, die allgemeine Schulpflicht war eine kompensatorische Maßnahme für Familien, die die notwendigen Bildungsstandards mit eigenen Mitteln nicht erreichen konnten oder wollten. Die Bevölkerung lebte zum größten Teil auf dem Land. Das waren um 1850 noch ungefähr 80 Prozent.

Bis in die Mitte der 50er Jahre des letzten Jahrhunderts war noch ein Viertel der Bevölkerung in der Landwirtschaft tätig, was damals bedeutete, dass die Frau als mithelfende Familienangehörige eingebunden war. Da gab es also keine Ernährerfamilie und keine Mutter, die sich um die Bildung der Kinder hätte kümmern können. In den Familien der unteren Schichten war es außerdem notwendig, dass die Kinder schon früh als Arbeitskräfte eingesetzt oder »verdingt« wurden, sei es auf Gutshöfen noch quasi feudal, in der eigenen kleinen Landwirtschaft, im eigenen kleinen Handwerks- oder Industriebetrieb, als Heimarbeitskräfte, als Tagelöhner/innen oder – in den Städten – als Dienstpersonal und als Industriearbeiter/innen.

»Das Einkommen einer Weberfamilie ohne arbeitsfähige Kinder reicht gerade zur Deckung des Unterhalts aus, wenn der Mann webt und die Frau neben ihrer Hausarbeit durch Spulen Geld hinzuverdient. Statistischen Erhebungen zufolge beläuft sich das durchschnittliche Jahreseinkommen einer Leineweberfamilie in den 40er Jahren des 19. Jahrhunderts auf 60 Taler und 16 Groschen; dies galt als ausreichend für den Unterhalt einer fünfköpfigen Familie; wenn ein Kind so alt ist, dass es spulen kann – mit ca. vier Jahren – erhöht sich das Familieneinkommen um etwa 7 Taler pro Jahr. Kann ein Kind nach Beendigung der Schule – im Alter von 16 Jahren – bereits mitweben, erhöht sich das durchschnittliche Familieneinkommen auf bis zu 121 Taler. Das ist die Zeit, in der die Familie Schulden bezahlen und bescheidene Ersparnisse zurücklegen kann, weil die Kinder bald das Haus verlassen.« (Hodenberg 1997)

Das Zurücklegen solcher Ersparnisse war als Alterssicherung notwendig, da es damals ja noch kein Rentenwesen gab. Diese Familien waren demnach eher Produktions- und Überlebensgemeinschaften als ein trautes Heim, wo frau die Zeit mit Organisieren des Haushalts, filigranen Stickarbeiten, Lesen und mit nonchalantem Nichtstun verbrachte. Sie waren auch keine Horte bürgerlicher Bildung. Häufig konnte, auch und gerade in den Städten, nicht einmal die Kleinkinderbetreuung sichergestellt werden, so dass im 19. Jahrhundert erste Betreuungsformen im Elementarbereich (Schleißinger 2013), ein Fürsorgesystem und Formen des bürgerschaftlichen Engagements, der »Wohltätigkeit« (Paletschek 1994, S. 180/181) entstanden. Während also in den wohlhabenden Familien des Bürgertums und des Adels eher die Männer erwerbstätig und die Frauen für die häusliche Produktion, die Organisation von sozialen Begegnungen als Gastgeberinnen, die »höhere« Bildung der Kinder und die soziale Vernetzung der Familie zuständig waren, waren Frauen und Kinder in den übrigen sozialen Schichten traditionell in die Erwerbsarbeit eingebunden, wobei Wohnen und Arbeiten normalerweise räumlich nah beisammen lagen. Dabei wurden die Kinder nicht »nur« zur Erwerbsarbeit herangezogen, sondern auch zur Betreuung der kleineren Geschwister und zur Herstellung von allem, was im Rahmen einer sehr weitreichenden Selbstversorgung notwendig war (Weber 2010). Auch die Handwerker bewirtschafteten oft noch eine kleine Landwirtschaft zur Selbstversorgung (Lerche 2003). Die schulische Bildung spielte auch in wohlhabenderen Kreisen des Handwerks und der Bauern eine untergeordnete Rolle, lebenspraktische und eine frühe berufsorientierte Bildung und Ausbildung in der Familie oder in einem Lehrbetrieb standen im Vordergrund des Bildungskanons.

Ab der Mitte des 19. Jahrhunderts schritt die Urbanisierung der Gesellschaft rasant voran. Die Innenstädte mit ihren mittelalterlichen Strukturen waren durch das rasche Bevölkerungswachstum völlig überlastet, was in den Stadtzentren zu einer Slumbildung führte (Stahlpress 2010). So verließen insbesondere im wirtschaftlichen Boom der Gründerzeit (vergl. Deutsches Historisches Museum Berlin Gründerzeit) die Wohlhabenden das enge, unhygienische Zentrum und bauten sich am Stadtrand eine Villa (Funktionale Stadtgliederungen, S. 2). Die »Gründerkrise« (Deutsches Historisches Museum Berlin), die dem Aufschwung folgte, ließ große Teile der Bevölkerung verarmen. Entlastung sollten unter anderem Kleingärten am Stadtrand bieten, die der Selbstversorgung vorbehalten waren (Kreisverband Hochtaunus). Kleingärten spielten auch im 20. Jahrhundert eine Rolle, besonders nach den beiden Weltkriegen zur Selbstversorgung der städtischen Bevölkerung mit Nahrungsmitteln. In diesen schlechten Zeiten mussten auch die Kinder aus bürgerlichen Familien Pferdeäpfel von der Straße aufsammeln, damit der Gemüsegarten gedüngt werden konnte. Das berichtete meine Mutter, Tochter eines Zahnarztes, noch aus den letzten Jahren des Zweiten Weltkriegs.

Die menschenunwürdigen Wohnverhältnisse im 19. Jahrhundert (Deutsches Historisches Museum Berlin) führten bei Sozialreformern zur Idee der »Gartenstadt«, die als Genossenschaft auch ein Mitspracherecht für die Bewohnerinnen und Bewohner der mittleren und unteren Schichten gewährleisten sollte.

»Ein häufig vergessener Aspekt der Gartenstadt-Konzeption ist die Nutzungs-.
trennung: Die einzelnen Funktionen sollten konzentrisch angeordnet und durch

Atomkraft
ist schlecht,
hinterlässt radioaktiven Müll.
Ich mag das nicht.
Umweltverschmutzung.

breite Grünstreifen voneinander getrennt werden. Um einen gartenähnlich gestalteten zentralen Platz sollten die öffentlichen Gebäude angeordnet werden. Um diese sollte ein erster Parkring [...] angeordnet werden, der von einem etwa 600 Meter tiefen Ring mit Wohngebäuden umgeben wird. In der Mitte des Wohnringes sollte die »Grand Avenue« angelegt werden, die einen Grüngürtel besitzt, in dem Schulen, Kirchen und Spielplätze angeordnet werden sollten. Außerhalb des Wohnringes sollten die industriellen und gewerblichen Arbeitsplätze liegen.« (Wikipedia, Gartenstadt)

Hier zeichnet sich zum ersten Mal bereits in der Planung der Städte eine Funktionstrennung zwischen »öffentlich«, »privat« und »gewerblich« ab. Das bürgerliche Konzept von Familie als privatem, von der Arbeit abgeschirmtem Ort lässt grüßen. Mit der Planung von Schulen an zentraler Stelle rückt gleichzeitig die Bildung stärker in den öffentlichen Raum: Das Verbot von Kinderarbeit, emanzipatorische Bewegungen (Arbeiter, Frauen) und der Bedarf an qualifizierten Arbeitskräften führten schließlich zum dreigliedrigen Schulsystem und einer verstärkten Exzellenzförderung. Bereits seit der Aufklärung gab es damals vorwiegend kirchliche Stipendien für Potenzialträger, deren Familien nicht in Bildung investieren konnten. Dieses System wurde im Lauf des 20. Jahrhunderts ausgebaut (Wikipedia, Stipendium). Ab 1918 war das dreigliedrige staatliche Schulsystem verbindlich. Der »Bildungsträger« Familie wurde auf die Vorschulzeit begrenzt. Damit ging die Erwartung einher, dass die Familien vor allem die Betreuung und Erziehung gewährleisten sollten. Um die Jahrhundertwende wurden durch die Reformpädagogen die bisherigen Erziehungs- und Bildungsmaximen in Frage gestellt. Unter ihnen sollte Georg Kerschensteiner als »Erfinder« der dualen beruflichen Ausbildung bis heute eine wichtige Rolle im öffentlichen Bildungssystem unseres Landes spielen. Allerdings ging es Kerschensteiner nicht nur um die fachliche Ausbildung, sondern er wollte gleichzeitig – entsprechend seines ursprünglich ganzheitlichen Ansatzes – kompetente Staatsbürger erziehen (Kerschensteiner 1928).

Der Erste Weltkrieg ließ viele Familien vaterlos zurück. Die wirtschaftlichen Schwierigkeiten während der Weimarer Republik verursachten eine hohe Arbeitslosigkeit. Unter anderem bildeten sich in den Städten Kinderbanden, die auch einen Familienersatz darstellten. Die Kinder- und Jugendliteratur stilisiert daraus neue Figuren, wie sie etwa bei Erich Kästner (Görtz & Sarkowicz) vorkommen. Ein Bestseller aus den »Goldenen 20ern«, der das Leben der Straßenkinder romantisierend einfängt, ist »Kai aus der Kiste« (Durian 1972). Die psychosoziale Verfassung der »Söhne ohne Väter und Lehrer« (Thomalla 2010) hatte möglicherweise Auswirkungen auf die Empfänglichkeit dieser Generation für die nationalsozialistische Ideologie und ihre Organisationsformen. Während der Zeit des Nationalsozialismus wurde:

»[...] die Familie [...] in der starken Betonung des bevölkerungspolitischen Motivs zum Vehikel der ›Produktion von Menschen‹, die das auf extreme Expansion ausgerichtete ›Reich‹ zukünftig brauchen würde und die dabei seinen ›rasse-hygienischen‹ Vorstellungen entsprechen mussten. Die nationalsozialistischen Gesetze zu Ehe und Familie erfüllten zugleich aber auch arbeitsmarktpolitische Funktionen, indem sie die Frauen vom Arbeitsmarkt drängten. Dass sich der Staat hier steuerungspolitische Vorteile sowohl im Hinblick auf sein bevölke-rungspolitisches als auch sein arbeitsmarktpolitisches Motiv erhoffte, lässt sich daran ablesen, dass die entsprechenden Gesetze vergleichsweise früh verab-schiedet wurden.« (Bundeszentrale für politische Bildung 2009, S. 1)

Im Dokumentationszentrum Prora auf Rügen zeigt sich heute museal (Dokumen-tationszentrum Prora) die andere Seite der Ideologie, da die Anlage für Einzel-urlauber konzipiert war, was mit dem Familienidyll nicht zusammenpasst. Eher ahnt man, wie man sich »Rassezucht« vorstellen könnte. Sehr gut korrespondiert mit dieser Vorstellung die Lockerung des Scheidungsrechts. Durch den Aufbau der Jugendorganisationen und des »Hilfswerks für Mutter und Kind« griff das Regime direkt in das Familienleben ein.

In den Jahren nach dem Zweiten Weltkrieg wuchs ungefähr ein Viertel der Kin-der ohne Vater auf, da dieser gefallen, vermisst oder in lang andauernder Kriegs-gefangenschaft war (Franz 2010). Auch in dieser Epoche gab es also eine sehr große Gruppe an Familien, die der bürgerlichen Norm nicht entsprachen, da ihnen der Ernährer fehlte.

Als die Nachkriegszeit in der westlichen Republik ins Wirtschaftswunder mün-dete, setzte ein folgenschwerer Strukturwandel im urbanen und später auch im ländlichen Bereich ein: Durch die Citybildung wurden die Wohnungen in den Innenstädten für Geschäftszwecke umgenutzt. Es entstand der Begriff der »Grünen Witwe«. Mütter, die den Tag alleine mit ihren Kindern verbrachten, während der Ernährer seinem Beruf nachging. Die durchschnittliche Arbeitszeit betrug um 1960 für Männer 47,5 Stunden (Universität Düsseldorf). Erst Mitte der 60er Jahre wurde die Fünftagewoche eingeführt und die Arbeitszeit auf 44 Stunden verkürzt (Bundesarchiv). Während zu Beginn der 1970er Jahre Stu-dierende Wohngemeinschaften gründeten, entstanden parallel erste Projekte für gemeinschaftliches Wohnen von Familien. So berichtet der Spiegel 1970 über die »Familienfamilie«:

»Interesse an dem Häuserhaus in der City erwarten die Genossenschaftler vor allem bei grünen Witwen und Häusle-Bauern, die der Monotonie der Vorstädte entfliehen wollen, weil sie sich von der Eigenheimkrankheit, der Suburbia-Neu-rose, bedroht fühlen: Viele Vorstadt-Bewohner vermissen jenes ›Spannungs-

verhältnis‹ zwischen öffentlicher und privater Sphäre, das, so der Göttinger Soziologie-Professor Hans Paul Bahrdt, das ›Urbane‹ einer Ansiedlung kennzeichnet und das nun die ›Genossenschaft Urbanes Wohnen‹ mit ihrem City-Projekt wiederherstellen will.« (Der Spiegel 1970)

2012 sind gemeinschaftliche Wohnprojekte (Wohnprojekte Portal) und Mehrgenerationenhäuser (BMFSFJ 2011, S. XXIII bis XVI) im Trend, um jungen Familien, Paaren, jüngeren und betagteren Singles die Vernetzung des Privatlebens rund um die Wohnung zu ermöglichen, wobei die Mitglieder dieser Projekte die Grenze zwischen dem »trauten Heim« als innerhalb der eigenen vier Wände und »Öffentlichkeit« als Wohnumfeld neu definieren.

In der DDR wurden per Gesetz Mutter- und Kinderschutz mit den Rechten der Frauen zusammengebracht. »Es sollte Frauen die wirtschaftliche Selbstständigkeit garantieren und ihnen ermöglichen, ihre Aufgaben als Staatsbürgerin und Mutter zu vereinbaren. Darüber hinaus regelte das Gesetz die besondere Unterstützung kinderreicher Mütter, die Einrichtung von Kinderkrippen, Kindergärten, Wochenheimen und anderen helfenden Einrichtungen.« (Bundeszentrale für politische Bildung, S. 2) Die Infrastruktur, die trotz des Rückbaus nach der Wiedervereinigung teilweise erhalten blieb, bietet Familien in den östlichen Bundesländern heute eine deutlich bessere Betreuungssituation im Vergleich zu den »alten« Bundesländern.

Der Umbau der Industrie- zur Dienstleistungsgesellschaft (Bertram et al. 2012, S. 61 ff.) verlief parallel zur Veränderung der Familienstrukturen. Die Begriffe ▶ *Ein-eltern-, Patchwork-, Regenbogen- und Wochenendfamilie* signalisieren, dass diese Lebensformen einen Namen und damit heute allmählich eine echte Existenz zugebilligt bekommen, statt, wie bisher, vor allem eines zu sein: Gescheiterte des Ideals der bürgerlichen Bildungs- und Ernährerfamilie.

»So betrachtet erscheint Familie als historisch und kulturell wandelbares System persönlicher, fürsorgeorientierter Generationen- und Geschlechterbeziehungen, das sich im Familienverlauf bzw. im Lebensverlauf der Individuen immer wieder hinsichtlich Zusammensetzung, Leistungen, Zeitverwendung und Bedeutung für seine Mitglieder verändert und das, nach welchen Kriterien auch immer beurteilt, gelingen oder scheitern kann.« (BMFSFJ 2011, S. 8)

Nach der Wiedervereinigung kamen verstärkt Zweifel auf, ob das bisherige Bild der Ernährerfamilie mit umfassendem Sozialisationsauftrag und weitgehendem Bildungsauftrag bis zur Einschulung und darüber hinaus, das die Politik der Bundesrepublik stets als Standard impliziert hatte, realistisch, zukunfts- und mehrheitsfähig ist. Der fünfte Familienbericht (BMFSFJ 1994) sprach von »struktureller

Kernfamilie

Leiblicher Vater, leibliche Mutter, mindestens ein Kind – sagt nichts darüber aus, ob, und wenn ja welche, Elternteile erwerbstätig sind.

Wochenendfamilie

Familien, bei denen ein Elternteil aus beruflichen Gründen nicht am Wohnort der Familie ist, sei es, weil die Arbeitsplätze der Eltern in unterschiedlichen Städten liegen oder weil ein Elternteil eine Arbeit ausübt, die ständiges Reisen erfordert.

Ernährerfamilie

Ein (meistens männlicher) Erwerbstätiger, der den Unterhalt für die Familie verdient, ein (meist weiblicher) Partner, der Haushalt und Kinder versorgt.

Einelternfamlie

Ein Elternteil erzieht ein oder mehrere Kinder. Einelternfamilien können entstehen durch nicht eheliche Geburt bzw. Geburt ohne PartnerIn im gleichen Haushalt, durch Trennung oder Scheidung und durch Tod des zweiten Elternteils.

Patchworkfamilie

Altmodisch gesagt: Stieffamilie. Das heißt, dass mindestens eine Eltern-Kind-Beziehung nicht biologisch sondern sozial verwandt ist. Gilt also auch für Familien mit Pflegekindern.

Regenbogenfamilie

Zwei gleichgeschlechtliche Partnerinnen oder Partner mit mindestens einem Kind.

Rücksichtslosigkeit«, der Familien in unserer Gesellschaft begegnen. Im achten Familienbericht wird dieser Begriff aufgenommen und auf das Zeit-Thema des Berichts übertragen:

>»Mit der zunehmenden Erwerbstätigkeit der Frau und mit den steigenden Erfordernissen von Flexibilität, Mobilität und Verfügbarkeit im Erwerbsleben steigt die Notwendigkeit eines weiterentwickelten gesellschaftlichen Zeitregimes. Indem flexible zeitliche Puffer an der Schnittstelle von Erwerbsarbeit und Familie verschwinden und die erwerbsbezogene Zeitverwendung an Vorhersehbarkeit verliert, treten strukturell verursachte Zeitprobleme deutlicher zu Tage, für die keine systemimmanenten Lösungsoptionen vorhanden sind. Die ›strukturelle Rücksichtslosigkeit der Gesellschaft gegenüber der Familie‹ ist somit auch bei ihren Zeitstrukturen angelangt.« (BMFSFJ 2011, S.10)*

In der Praxis gibt es zur Lösung des Zeitproblems, dem der achte Familienbericht gewidmet ist, viel Hektik und reichlich Widersprüche zwischen den verschiedenen politisch Handelnden bzw. Fordernden. Auf der einen Seite hält sich hartnäckig das Ideal der Ernährerfamilie mit dem Glauben, ein Kind könne nur wirklich gut gebildet, erzogen und betreut werden, wenn die Mutter zu Hause bleibe. Also wird das Betreuungsgeld in den wahlpolitischen Ring geworfen, um zu bekräftigen, dass das Glück in einer Familie liege, wo das Kind 1:1 oder 1:2 von einer Mutter betreut, erzogen und gebildet werden müsse. Auf der anderen Seite stehen die Gleichstellungsbestrebungen, sowie die Annahme, dass der demografische Wandel Mütter erfordert, die dem Arbeitsmarkt möglichst durchgehend zur Verfügung stehen, auch weniger hoch qualifizierte Arbeitskräfte. Die Bundesoffensive, nach der die unter Dreijährigen ab 2013 einen Rechtsanspruch auf einen Betreuungsplatz besitzen, steht für die arbeitsmarktpolitische Entschlossenheit des Bundes und mittlerweile auch der Bundesländer, außerfamiliäre Betreuungsangebote für kleine Kinder anzubieten. Für die öffentlichen Angebote fehlt es nicht an umfangreichen, ausgezeichnet gemachten Papieren. Als Beispiel sei hier der Bayerische Bildungs- und Erziehungsplan genannt (IfP 2010). Die nicht weniger beeindruckenden Rahmen- und Umsetzungspläne der anderen Bundesländer sind über den Bildungsserver abzurufen (Deutsches Institut für Internationale Pädagogische Forschung). In der Praxis hat es manchmal den Anschein, als würden die Verantwortlichen vor Ort die real existierenden Familien – sowohl Eltern als auch Kinder und Jugendliche – mit ihren ganz konkreten Bedürfnissen aus dem Blick verlieren. Dadurch entsteht der Eindruck, dass bis hinein in die Schulen mit ihren Ganztagsangeboten die Orientierung an der bürgerlichen Idealfamilie und die tradierte Defizitorientierung in der Pädagogik das konkrete Handeln und die Entscheidungen dominieren. Hinzu kommen die unterschiedlichen Kompetenzen: Bund, Länder, Kommunen einerseits und andererseits Organe der Jugendhilfe, der Elementar- oder Frühpädagogik, der verschiedenen Schularten, zuständige Gremien und Institutionen der dualen Berufsausbildung, Hochschulen, die wiederum unterschiedlichen Ministerien zugeordnet sind. Wie soll ein Kind ganzheitlich und eine Familie stringent begleitet werden, wenn so viele Zuständigkeiten im System vorhanden sind, die – vielleicht aus alter Gewohnheit – einfach nicht über den Tellerrand schauen können oder wollen? Ungeachtet der daraus resultierenden Schwerfälligkeiten und Blockaden gibt es lokale Initiativen, die Innovation engagiert umsetzen.

Wenn im achten Familienbericht von Zeitungerechtigkeit gegenüber Familien und Maßnahmen zur Reduzierung der familienspezifischen Belastungen die Rede ist, dann ist zunächst anzunehmen, dass es darum geht, die betroffenen Bürgerinnen und Bürger zu schützen und ihnen Gerechtigkeit widerfahren zu lassen. Da spricht die Bundesregierung von »Lebensqualität« und »Zufriedenheit« (BMFSFJ 2011, S. VI), um ohne große Umschweife auf die gesellschaftliche Problemlösung zu kommen: Nämlich dadurch die ▶ *Fertilität* zu erhöhen (ebd., S.VII). Und im nächsten Kapitel geht es schon eigentlich nicht mehr um die Familien als solche, sondern um den Arbeitsmarkt und die Sozialsysteme: »Für die Bundesregierung ist der Ausbau der bedarfsgerechten Kinderbetreuung mit differenzierten Angeboten für Kinder unter drei Jahren in guter Qualität, zeitlich flexibel, bezahlbar und vielfältig ein vordringliches Ziel und eines der zentralen demografischen Erfordernisse.« (ebd., S. IX) Zur Lösung des demografischen Arbeitsmarktproblems sollen nun auch Mütter mit Migrationshintergrund beitragen. Der »Zukunftsrat Familie« stellt in seiner Studie »Familien mit Migrationshintergrund. Lebenssituationen, Erwerbsbeteiligung und Vereinbarkeit von Familien und Beruf« fest, dass der Anteil an Eltern mit einem akademischen Abschluss genau so hoch ist wie unter den Eltern ohne Migrationshintergrund (BMFSFJ 2011, S. 28). Einen extremen Unterschied gibt es bei den Eltern, die keinen anerkannten Berufsabschluss haben. Zu dieser Gruppe gehören mehr als ein Viertel der Zuwanderer, während es bei den Eltern ohne Migrationshintergrund nur sieben Prozent sind (ebd., S. 28).

Die Ernährerfamilie ist in Familien mit Migrationshintergrund das häufigste Familienmodell, während bei Familien ohne Migrationshintergrund das Zuverdienermodell am häufigsten vorkommt (ebd., S. 54). »Es lässt sich jedoch feststellen, dass Mütter und Väter mit Migrationshintergrund seltener als die Gesamtbevölkerung jemanden haben, dem sie ihre Kinder im Notfall anvertrauen können. Jede dritte Migrantin mit Kindern unter 14 Jahren gibt an, selten oder nie jemanden zu haben, der sich im Bedarfsfall um ihre Kinder kümmern kann. Die gleichen

> Die Zukunft bauen,
> heißt die Gegenwart bauen.
> Es heißt, ein Verlangen erzeugen,
> das dem Heute gilt.
>
> *Antoine de Saint-Exupéry*

Sorgen hat in der vergleichbaren Gesamtbevölkerung nur jede fünfte Mutter.« (ebd., S. 80) Jede fünfte Mutter unter Nichtmigranten? Zwanzig Prozent sind zwar deutlich weniger als über dreißig Prozent. Wenn man aber bedenkt, dass Eltern gerade dann einen Bedarfsfall haben, wenn sie selbst krank sind, mit einem Kind zum Orthopäden müssen und die anderen Kinder angesichts langer Wartezeiten gerne betreuen lassen würden, wirken beide Zahlen beunruhigend. Noch alarmierender erscheinen sie, wenn man sich vorstellt, diese Mütter wollten sich gerne um eine Arbeitsstelle bemühen.

Die Betreuungsquote für Kinder bis zu zwei Jahren aus Familien mit Migrationshintergrund stieg von 2009 bis 2011 um drei Prozent auf insgesamt 14 Prozent an (Statistisches Bundesamt 2012). Im früheren Bundesgebiet wurden zum gleichen Zeitpunkt insgesamt knapp 20 Prozent der unter Dreijährigen außerhalb der Familie betreut, während in den neuen Bundesländern die Betreuungsquote bei 49 Prozent lag (Statistische Ämter des Bundes und der Länder 2011, S. 7). Das heißt, der Unterschied zwischen Familien mit Migrationshintergrund und Familien aus dem früheren Bundesgebiet ist deutlich geringer als der Unterschied zu den Ländern der ehemaligen DDR: Zum Einen war dort die Infrastruktur zur Betreuung von Kindern traditionell vorhanden. Zum Anderen ist anzunehmen, dass das Mutterbild sich unterschiedlich entwickelt hat, da in den Jahren des Sozialismus nicht – wie im Westen – das Ideal der Ernährerfamilie gepflegt wurde. So ist das Thema »Rabenmutter« keine bundesdeutsche, sondern eine westdeutsche Spezialität. Ostdeutsche Frauen und Französinnen oder Skandinavierinnen einerseits unterscheiden sich demnach gleichermaßen von westdeutsch sozialisierten Frauen andererseits. Dass eine erwerbstätige Frau, die ihre Kinder betreuen lässt, eine »Rabenmutter« sei, ist typisch nachkriegsbundesrepublikanisch (DIPF 2012, S. 7).

Der Begriff »Familie«, die Funktion der Familien, die Wertschätzung der verschiedenen Familienformen und das Verhältnis der Familienmitglieder zueinander hat sich in den vergangenen 200 Jahren mehrmals und in den vergangenen 60 Jahren – im Osten und Westen Deutschlands unterschiedlich – grundlegend verändert. Genauso wie sich die Lebensweise, die Stellung in der Gesellschaft und der Rechtsrahmen je nach historischer Epoche immer wieder stark verändert

Fertilität

Kommt vom Lateinischen *fertilis* = fruchtbar.
In der Demographie, in der Soziologie und Psychologie bedeutet Fertilität die Anzahl von Kindern, die eine Frau in ihrem Leben bekommt.

haben (Kohler-Gehrig 2007). Weite Teile der Bevölkerung, der Politik und der Wirtschaft erkennen die Veränderungen der Familienstrukturen als Realität an. Es zeichnet sich eine tolerantere Haltung gegenüber Familienformen ab, die nicht der »klassischen« Ernährerfamilie entsprechen. Mit Blick auf Familien mit Migrationshintergrund wird die Ernährerfamilie kritisch hinterfragt, weil es Hinweise gibt, dass sie – je nach Schichtzugehörigkeit und kulturellem Hintergrund der Familien – für eine gelingende Integration weniger hilfreich ist (BMFFJ 2011, S. 34). Trotzdem hält sich das Idealbild der bildungsaffinen bürgerlichen Ernährerfamilie beharrlich. Das führt weiterhin zu Diskrepanzen: Einerseits wird die Familie als Hort der Privatheit betrachtet, als der sie im Grundgesetz geschützt ist. Damit einher geht die Erwartung, dass Familien ihre Leistungen für die Gesellschaft, insbesondere hinsichtlich Fertilität und Sozialisation des Nachwuchses als »Keimzelle der Gesellschaft« in der privaten Klausur erbringen sollen und können. Andererseits setzt die Politik Anreize, die zu mehr Gebärfreudigkeit und gleichzeitig angesichts des demografischen Umbaus zu einer höheren Erwerbstätigkeit von Frauen, sprich zur Erhaltung bzw. Vergrößerung des auf dem Arbeitsmarkt verfügbaren Humankapitals führen sollen. Nichtsdestotrotz nimmt die Anzahl der Menschen zu, die nicht in einer Familie leben. Singles machen 20 Prozent der Haushalte aus. Diese Zunahme der Gesamtzahl der Einpersonenhaushalte verläuft bei jungen Erwachsenen besonders steil, während die Anzahl der Haushalte der alleinlebenden Senioren seit den 1990er Jahren abgenommen hat (Statistisches Bundesamt 2012).

Die bürgerliche Ernährerfamilie war eine kurzlebige Erscheinung in der Geschichte. Aber trotz aller neuen Familienmodelle bestehen drei Viertel der Familien im Westen und mehr als die Hälfte der Familien im Osten Deutschlands aus verheirateten Paaren mit Kind/ern. Hinzu kommen sechs bzw. 19 Prozent »Lebensgemeinschaften«, also Paare mit Kindern, aber ohne Trauschein, und 18 bzw. 26 Prozent Alleinerziehende (BMFSFJ 2012, S. 23). Immer mehr Jugendliche wollen später eine eigene Familie gründen um glücklich zu sein – Höchststand 2010 bei den Jungs 71 Prozent, bei den Mädchen 81 Prozent. (Shell 2010, S. 57). Die Tatsache, dass junge Menschen in Deutschland ihrer derzeitigen Familie, aber auch der Familie, die sie in Zukunft gründen wollen, so große Bedeutung zumessen, mag damit zusammenhängen, dass sie eine gewisse Hilflosigkeit gegenüber den großen globalen Herausforderungen empfinden. Sicherheit in der familiären Primärgruppe bedeutet eine Zugehörigkeit, über die man nicht entscheiden und für die man zunächst keine Leistung erbringen muss, sondern die einfach da ist. Eine Primärgruppe, die sich nach einer Trennung und dem Trennungsstress manchmal vergrößert, weil die ursprünglichen Partner neue Partner und deren Kinder in die Gemeinschaft einbringen. Vereinzelt entsteht so eine ganz neue Form der Großfamilie.

Die »German Angst« schlägt Ende 2012 bei den Erwachsenen besonders mit Sorgen in Bezug auf die Entwicklungen im Inland zu. »Die fünf größten Ängste der Bürger sind danach: eine immens steigende Staatsverschuldung (65 Prozent), unsichere Renten (63 Prozent), überforderte Politiker (54 Prozent), steigende Preise (53 Prozent) sowie schlechtere Ausbildungschancen für die Kinder (50 Prozent). Am stärksten gewachsen ist die Sorge, dass die Arbeitslosigkeit in Deutschland wieder steigen könnte. 42 Prozent der Befragten fürchten eine solche Entwicklung. Das sind sieben Prozent mehr als noch vor vier Monaten.« (Schneyink 2012) Aus persönlich verallgemeinernder Sicht bestätigt Karen Krüger in ihrem Artikel »Kinder einer Generation« (Krüger 2012), dass die oben aufgelisteten Befürchtungen sich trotz prinzipieller Lust auf Kinder hemmend auf die Familiengründung auswirken. Allerdings erwähnt der diesjährige Bericht über die Geburtenentwicklung in Deutschland die Tendenz, dass die Generationen X und Y im gebärfähigen Alter – Vorurteile über Egotrip hin, Bedenken wegen der Karriereorientierung von gut qualifizierten Frauen her – wieder mehr Lust auf Kinder haben (Bundesamt für Bevölkerungsforschung S. 24).

Die Ambivalenz der momentanen (potenziellen) Elterngeneration drückt sich auch bei den Jugendlichen und jungen Erwachsenen zwischen 14 und 25 Jahren aus: So fanden in der Shell Jugendstudie 2010 nur 43 Prozent der Befragten, dass man eigene Kinder brauche, um glücklich zu sein (Shell 2010, S. 58), während gleichzeitig 69 Prozent angaben, später einmal eigene Kinder haben zu wollen (ebd. S. 60). Diesen Konflikt bestätigte ein Dreizehnjähriger in unserer Nachmittagsbetreuung: Er hatte eine Deutschhausaufgabe zu einer Glosse über Statussymbole, einschließlich der Funktionalisierung von Kindern als Accessoire im Lifestyle erfolgreicher Selbstdarsteller/innen. Befragt, wie er sich seine Zukunft vorstelle, meinte er, dass Karriere, ein schönes Haus mit Pool und ein tolles Auto schon erstrebenswert seien, dazu gehörten eigentlich ja auch Kinder. Aber das mit den Kindern wolle er doch noch überlegen – die seien so anstrengend. Und damit hat er einfach Recht: Wenn die Familie zum alleinigen Garanten für Sicherheit und Wohlbefinden wird und Eltern sich selbst den Auftrag geben, unter Ausschluss der Öffentlichkeit, einschließlich ihrer anspruchsvollen und von regelmäßigen wirtschaftlichen, finanzpolitischen und ökologischen Krisen gebeutelten Arbeitsplatzsituation, ihr Kind zu einem hochqualifizierten Erfolgsmodell für den globalen Arbeits- und Glücksmarkt zu entwickeln, dann können hohe Belastungen bei den Eltern, die ja schlussendlich für das Gelingen des Projekts Familie verantwortlich sind, gar nicht ausbleiben. Die Kernfamilie in ihrer Abgeschlossenheit erscheint hoffnungslos überfordert angesichts der hohen Erwartungen, die von innen und außen an sie gestellt werden (Dückers 2011). Da ist es nur konsequent, sich erst spät oder gar nicht für Kinder zu entscheiden. Nicht wirklich aus freien Stücken, sondern weil es nur wenige Angebote gibt, um diesem hohen

Druck zu entkommen. Angebote, die nicht als Hilfssystem im Versagensfall daherkommen, sondern die eine neue, bedürfnisorientierte und Ressourcen schonende Kultur des Zusammenlebens schaffen.

Neben Variationen gemeinschaftlicher Wohnprojekte, wie sie vorne bereits erwähnt wurden, neben einer ganz »altmodischen« Nachbarschaftlichkeit, wie man sie teilweise in Neubaugebieten mit jungen Familien oder in Hausgemeinschaften städtischer Wohnanlagen findet, neben der traditionellen Lösung mit unterstützenden Großeltern, weiteren Familienangehörigen und Freunden, könnten auch Überlegungen aus Japan (Maak 2012) Anregungen für eine Öffnung und damit für eine Entlastung der jungen Kleinfamilien geben. Unter dem Titel »Ungewohnte Nähe. Die heilige Kleinfamilie gibt es nicht

Es braucht ein ganzes Dorf, um ein Kind zu erziehen.
Afrikanisches Sprichwort

mehr: Japanische Architekten bauen Häuser für die Familie der Zukunft« berichtet Niklas Maak über den Abschied von der Wohn-Klausur der Kleinfamilie. Die architektonische Öffnung der Neubauten in Japan, aber auch in Deutschland (siehe oben), bietet der einzelnen Familie Schutz vor Überlastung und gleichzeitig den Kindern und Jugendlichen alltagspraktische und soziale Lernfelder. Eltern können eine Menge der Arbeiten zur täglichen Reproduktion gemeinschaftlich organisieren: angefangen beim Kochen und Spülmaschineeinräumen über die Bildungslogistik und das Einkaufen bis hin zum Babysitting, das Vorlesen und Lernen für die Schule. Dabei sind sie je nach den Fähigkeiten und persönlichen Ressourcen der Gemeinschaft, je nach Einkommenssituation, Grad der Berufs- bzw. Familientätigkeit usw. frei zu entscheiden, welche Tätigkeiten sie auf dem Arbeitsmarkt einkaufen und welche sie intern verrichten und in für die Gemeinschaft geleisteten Stunden materiell oder immateriell abrechnen. Dadurch sind moderne Eltern flexibler, so dass auch Veränderungen in der beruflichen Situation (Karrieresprung und damit längere Verweildauer am Arbeitsplatz/mehr Reisen, ein Sabbatical, Kurzarbeit oder Arbeitslosigkeit) gut abgepuffert werden können. Ausgerechnet das – teilweise zu Recht sehr kritisch diskutierte – Betreuungsgeld (Bundesrat 2012) könnte ab Sommer 2013 der Eigeninitiative mancher Eltern entgegenkommen, denn im Gesetz ist nicht festgelegt, dass ein Elternteil oder die Großeltern die Betreuung selbst übernehmen müssen, sondern nur, dass die Familie keinen öffentlichen Betreuungsplatz für ihr unter dreijähriges Kind in Anspruch nimmt. Wie viele Eltern der Generation Y ihr Bild von der schützenden Familie in dieser Weise verändern wollen und können und der Zweigenerationenfamilie damit zu mehr pädagogischer Nachhaltigkeit verhelfen werden, wird die Zukunft zeigen.

Gut vorstellbar sind außerdem kleine Betreuungseinheiten in Wohnnähe oder in der Nähe von Arbeitsplätzen, wo Kinder und Jugendliche altersübergreifend ihren Alltag leben. Statt der bürgerlichen Familie des 19. Jahrhunderts, die eine entsprechende Dienstleistung meist alleine einkaufte, können sich heutzutage Familien gemeinsam die Kosten einer professionellen oder semiprofessionellen Betreuung teilen. Der Vorteil ist, dass die Kinder und Jugendlichen bei entsprechender Organisation in alltagspraktische Tätigkeiten einbezogen wären – also die Vorteile jener Familien, die in historischen Zeiten Kindern »echte« Aufgaben im Alltag übertrugen. Auch die Institution der Tageseltern bietet formal Qualifikationswege, mit denen Eltern mit Eigeninitiative flexible, qualitativ hochwertige und altersübergreifende Betreuung gestalten können. Familienzentren – teilweise auch in Verbindung mit Mehrgenerationenhäusern – sind auf dem Weg, »von oben« institutionalisiert zu werden (Wikipedia 2012).

So deutet vieles darauf hin, dass das Verhältnis zwischen »privat« und »öffentlich« neu definiert wird. Das ist ein offener Prozess. Zum Beispiel könnte an die Stelle der Kochshow im Fernsehen, die man im trauten Heim anschaut und dazu ein Fertiggericht isst, eine Verabredung mit anderen Familien treten. Nicht eine Einladung, die gleich wieder Stress macht, sondern ein Treffen, bei dem Erwachsene und junge Leute reihum und gut organisiert Nahrung zubereiten, die alle gemeinsam essen. Befreundete Familien machen das im Urlaub in Ferienwohnungen ohnehin. – Warum nicht auch im Alltag? An so einem »Koch- und Esszirkel« können sich auch Menschen aus der Großelterngeneration beteiligen. Die Tradition, dass eine Familie zu den Großeltern zum Essen geht, gibt es hier und dort noch immer. – Warum nicht einfach eine solche Gewohnheit aufgreifen und modernisieren, indem mehr Menschen beteiligt sind? Und das gemeinsame Tun ließe sich ausdehnen auf die Gartenarbeit und viele andere Tätigkeiten rund um die private Reproduktion. Statt im Aktivurlaub gemeinsam zu »werkeln«, würden Familien und Singles »Aktiv-Alltag« gestalten und sich dadurch gegenseitig in ihrem Bemühen um die alltagspraktische Erziehung und Bildung unterstützen. Das hält auch Menschen im Ruhestand fit (Kring 2012). Und außerdem sind junge Leute oft motivierter mit anzupacken, wenn sie das in einem anderen Rahmen tun als in der Kleinfamilie. Das kennen viele Menschen, wenn man sich im Freundeskreis oder in der Nachbarschaft hilft. – Warum nicht viel mehr Regelmäßigkeit und Alltäglichkeit in solche Netzwerke bringen, um sich dadurch jeden Tag ein bisschen gegenseitig zu unterstützen? Und weshalb nicht zwei Funktionen von Familie verbinden: Die Betreuung ganz junger Menschen und die Betreuung älterer Menschen? In nachbarschaftlicher Nähe ist es denkbar, dass sich Tagespflege für die Kleinen und Senioren-Wohngemeinschaften (Bundesministerium für Gesundheit 2013) privat organisieren und Synergien entwickeln. Dies besonders mit Blick auf flexible Betreuungszeiten in den Abendstunden, über Nacht, an Wochenenden und in den Ferien.

Eltern, die Kinder als bereichernd empfinden, stehen heutzutage Skeptikern gegenüber (Weber 2011). Wer berichtet, wie nett das sein kann, ein Kinderbuch vorzulesen, nicht weil das Kind gebildet werden muss, sondern weil es da kuschelig ist und ein gutes Kinderbuch auch ein intellektuelles Vergnügen für Erwachsene sein kann, der kann nicht damit rechnen, auf Verständnis zu stoßen. Wer darüber hinaus das gemeinsame Werkeln in der Küche als sinnstiftend einstuft, kann nur von einer schweren romantisierenden Infektion befallen sein. Da müssen selbstbetrügerische Absichten oder sonstige emotionale Abnormitäten dahinter stecken, denn Kinder müssen anstrengend sein, so die verbreitete Grundannahme:

> »Während in Agrargesellschaften eine hohe Kinderzahl als Statussymbol galt und noch bis in die Mitte des 20. Jahrhunderts hinein auch in Europa war, scheinen diese Zeiten nun vorbei zu sein. Auf die Frage, ob sich ›die Meinung der anderen Leute über sie verbessern würde, wenn sie in den nächsten drei Jahren ein Kind bekämen‹, antworteten in Deutschland nur 17 Prozent der Kinderlosen mit ›Ja‹. Von denjenigen Befragten, die bereits Kinder hatten, nahmen nur fünf Prozent an, dass ihre gesellschaftliche Anerkennung steigen würde. 13 Prozent der Eltern von mindestens zwei Kindern dachten sogar umgekehrt, dass ihre gesellschaftliche Anerkennung mit einem weiteren Kind sinken würde. In Frankreich hingegen dachten 33 Prozent der Kinderlosen und neun Prozent der Eltern, dass sie in der Achtung ihrer Mitmenschen steigen würden.« (Rasche 2012)

So gehört es heute zum Elternsein in unserer Gesellschaft dazu, verunsichert zu sein. Zur Kinderlosigkeit übrigens auch. Diese Ambivalenz fühlen Einzelne und Paare ganz privat und sie zieht sich durch Gesellschaft und Politik. Die Ambivalenz spiegelt sich in der Gastronomie und Urlaubswelt durch die Trennung zwischen Tabuzonen, wo Kinder und Jugendliche gar nicht willkommen sind (Nold 2012) und anderen, wo sie von einer gigantischen Freizeit-Konsummaschine heiß umworben werden. Diese Ambivalenz spiegelt sich in der niedrigeren Honorierung des pädagogischen Fachpersonals im Vergleich zu gleich qualifizierten Berufsgruppen, die sich vom Erzieher (Szarek) bis zum Kinderarzt (Statistisches Bundesamt 2007) durchzieht.

Und was hat diese Ambivalenz gegenüber Familien, was haben Wohnformen und das Festhalten an der Vorstellung, dass die Ernährerfamilie, das Private schlechthin, in malerischer Einsamkeit der Hort des Glücks für Kinder, Jugendliche und deren Eltern sein müsse, mit Nachhaltigkeit und dem privaten Selbsthilfepotenzial zu tun? Es ist ein Teufelskreis: Da Kinder ein ambitioniertes Projekt sind, das vor allem durch Bildung gelingen und nach außen glänzen soll, werden alltagspraktische Fähigkeiten und Fertigkeiten unterbewertet. Sie gehören nicht zum bürgerlichen Bildungskanon, dafür hatte »man« Dienstboten. Damit können Mädchen und Jungen später keine Karriere machen. Heute erledigen häufig die Eltern diese Dienstbotenaufgaben für ihre Kinder. In manchen Familien gibt es auch ein

Au-pair oder eine Haushaltshilfe und in der Kita und der Ganztagesschule kommen der Lieferservice mit dem Essen und der Reinigungsdienst für die Hygiene. Dadurch haben Kinder und Jugendliche viel seltener Gelegenheit, sich prozedurales Wissen (Merkel 2005, S. 28) anzueignen. Prozedurales Wissen sind jene Routinen (Max-Planck-Institut 2013), die ganz unbewusst ablaufen, wenn sie einmal erlernt sind, wie Fahrradfahren, Zähneputzen, Nägeleinschlagen, Raumorientierung, Lichtanknipsen, Äpfelschälen, Einkaufszettelschreiben, Holzhacken, Kuchenbacken usw. Das Erlernen einfacher Handlungsabläufe ist eng verknüpft mit dem sozialen Kontext und der Bewertung, die diese erfahren (Thier 2012). Da viele praktische Tätigkeiten sozial gering bewertet werden, ist es für Eltern schwer, die hohe Bedeutung dieser Tätigkeiten zu kommunizieren. Wenn – siehe das Beispiel am Beginn des Kapitels – in der Dose mehr Tomaten drin sind als gebraucht werden, steuert die Routine die Handlungsschritte: Der Rest kommt in ein geeignetes Gefäß und wird morgen verwendet. Wenn keine Routine zur Verfügung steht, muss eine innovative Lösung konstruiert werden. Wie das Eingangsbeispiel zeigt, bieten solche Lernprozesse interessante Handlungsoptionen, sind aber mitunter zeitaufwändig. Da hilft dann oft nur der Griff zu Fertigprodukten mit all ihren ökologischen Nebenwirkungen: Verpackungsmüll, lange Transportwege, Gesundheitsrisiken durch kontaminierte Massenware, Betrugsrisiken, wie zuletzt beim Pferdefleisch (Klöckner 2013).

Ein Studierender, der sein Studium vor dem Bologna-Prozess aufgenommen hatte, als das erste Semester noch als Eingewöhnungszeit in die Universität galt, sagte einmal rückblickend, er sei froh gewesen, dass er als Schüler im Elternhaus viel im Haushalt hatte helfen müssen. Anders als bei manchen Kommilitoninnen und Kommilitonen habe sein praktisches Leben ganz nebenbei funktioniert. Er habe dadurch sehr viel Zeit gehabt für Partys, um Freundschaften zu knüpfen und um sich in der Fachschaft zu engagieren. Und außerdem: Nicht während der Verbrauchsspitzen Wäsche zu waschen, das lasse sich ja nun sehr gut mit dem »Studi-Rhythmus« synchronisieren, solange Smart Grids (intelligente Stromnetze) die Energieströme noch nicht europaweit steuern.

Motive und Motivation

Charlotte

» 14 Jahre alt
» gehe aufs
   Veit-Höser-Gymnasium Bogen
» arbeite gern im Team
» finde Klimaschutz wichtig
» will die Zukunft mitgestalten

Gegenwart? Jetzt. Zukunft? Bald.

Wenn man an die Zukunft der Energie denkt, denkt man oft an Atomkraft, die abgeschafft werden soll. Aber man denkt auch an erneuerbare Energien wie Windräder, Wasserkraftanlagen und Sonnenkollektoren, die besonders zukunftsweisend sein sollen. Sind sie das wirklich? Um das zu werden und zum Beispiel die Atomkraft wirklich abschaffen zu können, kaputte Solarzellen gut entsorgen zu können oder Ökostrom zu fördern, müssen die erneuerbaren Energien effizienter werden. Zum Beispiel sollte durch Speicherung und Transport nicht so viel Energie verlorengehen. Dazu braucht man Forschung, die eigentlich nur vom Staat gefördert und bezahlt werden kann. Ich finde, dass es Sinn macht, Wissenschaftler, die besonders zukunftsweisende Energiegewinnung entwickeln, zu unterstützen. Der Staat und damit die Politiker sollten sich mehr um die Zukunft kümmern. Klar sollten sie die jetzigen Probleme nicht vergessen, aber auch die Zukunft ist irgendwann Gegenwart.

Beobachtungen aus dem (pädagogischen) Alltag

Vor 10 oder 15 Jahren stürzten sich Kinder auf technische Geräte, wenn sie diese auseinanderbauen durften. Die Generation Y wählte im Grundschulalter getreu der Ansage »auseinanderbauen« als Werkzeug noch überwiegend einen Schraubenzieher aus. Sie wollte wissen, wie es da drinnen aussieht und strengte sich mächtig an, alles fachgerecht zu zerlegen. Manche hatten sogar den Ehrgeiz, das Teil nach dem Zerlegen wieder zusammenzubauen. Heute ist ein Kind, das zunächst nach dem Schraubenzieher greift, die Ausnahme. Fast alle schwingen sofort den Hammer. »Draufschlagen« ist die Devise und dann lieber wieder Musik tauschen übers Smartphone. Ärgerlich nur, wenn dann einer, der das Innere der Maschine doch genauer abgesucht hat, einen Magneten findet. Magneten sind geil, so einen könnte man brauchen. Jetzt wollen die Kinder weitere CD-Player haben, damit sich jedes einen Magneten sichern kann.

In einem Sommer hatten wir eine Slackline gespannt und diese in den Wintermonaten abgenommen. Im Frühjahr wollten die Kinder und Jugendlichen die Slackline wieder benutzen. Da sie im Vorjahr stark in den Stamm der Bäume eingeschnitten hatte, sollte dieses Jahr ein Schutz eingebaut werden. Nun war ein alter Reifen besorgt worden, Werkzeug stand zur Verfügung und es ging darum, die ► *Slackline* zu befestigen. Plötzlich waren alle hoch engagiert. Als es jedoch Schwierigkeiten beim Spannen der Gurte gab, verschwand der Großteil der Gruppe zum Fußballspielen, die Mädchen wandten sich dem Socializing mit dem

Slackline

Das »Schlackerband« spannt man im Garten oder im Park zwischen Bäume, um darauf zu balancieren. Extremsportler nehmen als Befestigungspunkte auch gerne Haken auf Berggipfeln, um den modernen Seiltanz über eine Schlucht zu wagen oder sie spannen die Leine über ein reißendes Gewässer.

Flow

Beschreibt die Höchststufe der motivationsgeleiteten Konzentration, wenn man alles um sich herum vergisst, weil man völlig vertieft ist. (Csikszentmihalyi 2000)

Smartphone zu. Nur zwei Jungs blieben entschlossen dabei. Sie wollten das technische Problem lösen. Stolz nahmen sie den Beifall der ganzen Gruppe entgegen, als sie es geschafft hatten und die Leine sicher befestigt war.

Während die Kinder am Ende des Schuljahres das Fahrgestell fürs Projekt bauen, hat einer der Jungs die Idee, dass man daraus auch einen Wagen für seine Schwester bauen könne. Die sitze nämlich im Rollstuhl und wenn man nur mal kurz wegfahren wolle, schimpfe sein Vater immer, dass das Teil so sperrig sei. Gesagt, getan: Es fand sich im neuen Schuljahr eine Gruppe, die weiter mit dem Öko-Werkstoff experimentieren und auch gerne einen Wagen für die Schwester entwerfen wollte. Es fand sich auch ein Schreiner als Experte, der bereit war, die Gruppe anzuleiten. Der erste Projekttag war bereits herbstlich kalt und man beschloss, einen Arbeitsplatz herzurichten, um die nächsten Male nicht nur in der kalten Garagenwerkstatt arbeiten zu müssen, sondern für manche Arbeiten im Haus bleiben zu können. Dazu musste ein Tisch repariert werden. Am Ende des ersten Treffens sagt ein Junge aus der vierten Klasse, er habe sich das ganz anders vorgestellt: Vielmehr planen und viel weniger machen, aber jetzt sei es noch viel schöner, als er sich das vorgestellt habe. Voller Stolz berichtet er seinem Vater, dass er mit dem Freund zusammen ganz alleine einen Tisch hergerichtet habe.

Die gute Nachricht

Die kindliche Neugier hat nicht abgenommen, denn es ist total spannend, wer welchen neuen Clip zu bieten hat oder herauszufinden, ob der eigene, den man beim großen Bruder aufgestöbert hat, cool genug ist, total ankommt und zelebriert wird. Und: Gibt es ein Objekt, das die Kinder gerne haben wollen und von dem sie wissen, dass es erreichbar ist, machen sie sich die Mühe, Dinge genauer zu inspizieren und »arbeiten« dafür. Kinder und Jugendliche, die annehmen, dass sie ein praktisches Problem lösen können, erhalten ihre Motivation aufrecht und überwinden« momentane Rückschläge. Sie sind durchaus fähig, ihr ► »Flow« in der dreidimensionalen Umwelt durch sinnliches und körperliches Tun zu erleben, statt es ausschließlich aus digitalen Medien zu beziehen. Außerdem zeigt das dritte Beispiel, dass der Appetit mit dem Essen kommt: Wenn junge Menschen in einer nicht perfekt vorbereiteten und durchgestylten Umwelt die Gelegenheit haben, tätig zu werden, um etwas für sich und ihre weitergehenden Ziele zu gestalten, bekommen sie einen »Kick«, weil sie Freude mit einer Beschäftigung haben, die sie ganz neu kennenlernen.

Die weniger gute Nachricht

Das Interesse daran, wie die dingliche Welt funktioniert, hat deutlich nachgelassen. Man geht davon aus, dass das Leben und die Technik sowieso funktionieren. Das gibt Sicherheit. Das genügt.

Eltern und professionelle Pädagogen

Die Botschaft an Eltern und professionelle Pädagogen ist, dass sich das Neugier-verhalten der Kinder wandelt. Konzepte, die stillschweigend oder explizit davon ausgehen, dass Kinder begeistert sind über Angebote, in denen sie entdeckend natürliche und technische Vorgänge nachvollziehen »dürfen«, werden in der Altersgruppe der unter 16-Jährigen womöglich weniger Anhänger finden. Es lohnt sich allerdings, »Mangelsituationen« so zu kommunizieren, dass die jungen Menschen Lust bekommen, ihre Situation selbst zu verbessern.

Wie verhalten sich Humanvermögen und Bildung zueinander?

2004 war »Humankapital« das Unwort des Jahres, und inspirierte zu einer Glosse in der *Zeit*:

> *»›Humankapital‹ ist also ein utopischer Begriff, er übersetzt nur die marxistische Hoffnung auf Befreiung des Arbeiters in eine Sprache, die auch der Kapitalist versteht. Sei nicht dumm, sagt der Begriff zum Kapitalisten, lass den Menschen nicht verwahrlosen, wenn Du ihn so gut behandelst wie deine Fabriken und Aktiendepots, dann werdet ihr beide etwas davon haben. Dieser pädagogische Appell hat vielleicht etwas Illusorisches, aber zur Utopie gehört nun einmal die Illusion ihrer Umsetzbarkeit.« (Jessen 2005)*

Und die *Welt* zog ebenfalls die ironische Karte für das Outing durch die Jury:

> *»Wenn es allerdings stimmt, daß in jüngster Zeit häufig von ›Humankapital‹ die Rede ist, dann könnte das auch ein Zeichen dafür sein, daß das ökonomische Denken sich wieder der sozialen Wirklichkeit zuwendet, also den Menschen als den Schöpfern aller Werte. Ihre Kreativität, Bildung und Ausbildung, das Humankapital mithin ist der lange Atem der Ökonomie, dem man zu seinem Recht verhelfen muß im Gehechel um Quartalsbilanzen.« (Fuhr 2005)*

Auf jeden Fall hat das übersetzte deutsche Wort als »Vermögen« schon verschiedene Deutungen in sich: Für ein Unternehmen ist es die Fähigkeit und Bereitschaft der Arbeitskräfte, Marktwerte für die Firma zu schaffen. Damit ist es eine Ressource, um Kapitalwerte zu schaffen (Wirtschaftslexikon 24). Für die Gesellschaft ist es das Vermögen aller Erwerbstätigen, Werte zu schaffen – auch Beamte, Freiberufler und Unternehmer sind Teil des Humankapitals der nationalen Wirtschaft. Und als dritte Seite der Medaille kommt das »Vermögen« als »in der Lage sein« dazu. In diesem Fall braucht eine Person nicht erwerbsmäßig aktiv zu sein. Wenn sie sich bürgerschaftlich engagiert, dem Nachbarn mit der Bohrmaschine aushilft, ein Kind die Spülmaschine ausräumt oder die Großeltern mit diesem Kind Latein lernen und anschließend noch zusammen zum Joggen gehen, setzen sie ihre Ressourcen, also ihr »Humanvermögen«, außerhalb der Erwerbsarbeit ein und leisten damit einen jeweils spezifischen Beitrag zum gesellschaftlichen Wohlergehen.

Wie im letzten Kapitel festgestellt, waren Familien, in welcher Form sie sich auch immer historisch präsentierten und präsentieren, stets Orte der Betreuung,

Erziehung und Bildung. Also eine Institution, in der Humankapital gebildet wurde und wird. Der fünfte Familienbericht von 1994 befasst sich unter dem Titel »Familien und Familienpolitik im geeinten Deutschland – Zukunft des Humanvermögens« mit dem Aufwachsen der nationalen Jugend.

»Die Bundesregierung teilt die Auffassung des Berichts, daß nur mit den Sozialisationserfolgen der Familien einerseits und des Bildungs- und Ausbildungssystems andererseits effizientes Wirtschaften möglich wird. Zwar wird heute schon weitgehend anerkannt, daß die Produktivität einer Wirtschaft in hohem Maß von der Qualifikation der Arbeitskräfte abhängt. Die Kommission vertritt in dem Bericht die Ansicht, es sei zu verkürzt, diese Qualifikation nur über die Aufwendungen für die Bildung zu erfassen. Die Bundesregierung teilt die Auffassung der Kommission, daß Arbeitsmotivation, Verantwortungsbereitschaft oder Zuverlässigkeit – und damit auch für die Bildung und für das Berufsleben wesentliche ›soziale Qualifikationen‹ – vor allem von der Verlässlichkeit der familiären Zuwendung und Erziehung abhängen, auf die dann eine gute allgemeine und berufliche Bildung aufbauen kann.« (BMFSFJ 1994, S. V)

1994 schreibt die damalige Bundesregierung den Familien also zu, dass sie bei der Schaffung von Humankapital insbesondere für die ▶ »Soft Skills« zuständig sind. Der zwölfte Kinder- und Jugendbericht (BMFSFJ 2005) erweitert 2005 den Auftrag:

»Im Rahmen des gelebten Alltags hat die Familie eine grundlegende Bildungsbedeutsamkeit, denn Bildung ist mehr als Schule und fängt in der Familie an (…). Bildung ist somit nicht mit schulischer Bildung, d. h. mit einer unterrichtlich vermittelten Aneignung von Wissen und Fähigkeiten gleichzusetzen. Vielmehr meint Bildung die lebenslange aktive Aneignung der Welt, der Kultur (einschließlich deren Symbolsysteme, wie z. B. der Sprache) sowie der Natur, die mit der Geburt beginnt.« (a. a. O. S. 140)

Im zwölften Kinder- und Jugendbericht wurde zum ersten Mal politisch offiziell formuliert, dass Betreuung, Erziehung und Bildung einen einzigen, interaktiven Prozess beschreiben – mit unterschiedlichen Gewichtungen und in unterschiedlichen Lebenswelten. Eine weitere Perspektive öffnet die im August 2012 erschienene Studie im Auftrag der Robert Bosch Stiftung »Starke Kinder – starke Familien. Wohlbefinden von Kindern in Städten und Gemeinden«:

»… kann sich die aktive Gestaltung der Lebensumwelt nicht darin erschöpfen, dass ihnen Schulen und andere Betreuungsangebote für ihre intellektuelle Ent-

wicklung zur Verfügung stehen. Auch wenn das sehr wichtig ist, kommt es darüber hinaus wesentlich darauf an, wie die verschiedenen Menschen in der Lebenswelt der Kinder mit den Kindern umgehen und wie sie sie fördern. Denn die Entwicklung von Kindern, ihr Wohlergehen und auch ihre Entfaltungsmöglichkeiten hängen entscheidend davon ab, wie sich ihnen diese konkrete Lebensumwelt darstellt. [...] In den USA wie in Deutschland haben sich inzwischen eine Vielzahl von bürgerschaftlich organisierten Initiativen, häufig unterstützt durch Reformer in der öffentlichen Verwaltung, daran gemacht, die Lebensumwelt von Kindern und Jugendlichen durch persönliches Engagement und die individuelle Förderung von Kindern und Jugendlichen mitzugestalten. Durch diese Initiativen sollen das Wohlergehen der Kinder und ihre Teilhabechancen nicht mehr vornehmlich davon abhängen, dass ihre Eltern sich dies alles leisten können, sondern davon, dass entsprechende ergänzende Angebote vorhanden sind.« (Bertram et al. 2012, S. 15/16)

Um einige dieser ergänzenden Maßnahmen zu nennen: »Familienzentren« (Wikipedia 2013) sind von Länderseite vorgesehen und werden von Kommunen zur Vernetzung und Ergänzung der lokalen Angebote realisiert. Auf Initiative der Bundesregierung entstanden schon vor mehreren Jahren (vergl. BMFSFJ 2011) der Ausbau der Ganztagsschulen, der gesetzlich verankerte Anspruch auf einen Betreuungsplatz für unter Dreijährige, die »lokalen Bündnisse für Familie« und die »Mehrgenerationenhäuser«.

Im April 2012 bestätigt das Bundesministerium für Senioren, Familie, Frauen und Jugend durch die Publikation »Elternchance ist Kinderchance – Bildungsbegleitung in der Eltern- und Familienbegleitung« die umfassenden Bildungsleistungen, die Familien erbringen. »Die historisch bedingte Trennung der Bildungseinrichtung Schule und des erziehenden Elternhauses haben in Deutschland dazu geführt, dass frühkindliche Bildung lange nicht als eigenständige Bildungsleistung anerkannt war. Der Bildungsauftrag des Elternhauses wurde vorwiegend als individuelle Aufgabe verstanden, die demgemäß unterschiedlich stark akzentuiert werden konnte. Nach wie vor lässt sich beobachten, dass Eltern, deren Kinder ein Gymnasium besuchen, deutlich mehr Engagement bei der Bildungsbegleitung abgefordert wird, als es in den anderen Schulformen üblich ist.« (BMFSFJ April 2012, S. 5). Ein Qualifizierungsprogramm für Bildungsbegleiter läuft (BMFSFJ 21.02.2013).

Das große Schreckgespenst heißt »Fachkräftemangel«. Werner Hoyer, Präsident der Europäischen Investitionsbank – und nicht nur er – sagt, dass Europa mehr in Köpfe investieren müsse (Hoyer, 03.06.2012). Damit waren in diesem Fall »fertige Köpfe«, also Spitzenkräfte für die Wirtschaft und für die Wissenschaften gemeint. Manch ein deutscher Wissenschaftler hat, unterstützt durch die Investitionen in die Exzellenzoffensive und flankierende, privatwirtschaftliche Maßnahmen (German Scholars Organization e. V. 2012), vielleicht auch durch die schlechteren Arbeitsbedingungen in den USA, nun Lust zurückzukehren (Mattauch März 2012). Die Investitionen in Hochschulen (Bundesrat, Dezember 2012) wurden deutlich angehoben, für Jugendliche ohne Hauptschulabschluss und junge Er-

Soft Skills

»Soziale Kompetenz (englisch *social skills*), häufig auch *Soft Skills* genannt, ist die Gesamtheit individueller Einstellungen und Fähigkeiten, die dazu dienlich sind, eigene Handlungsziele mit den Einstellungen und Werten einer Gruppe zu verknüpfen und in diesem Sinne auch das Verhalten und die Einstellungen dieser Gruppe zu beeinflussen. *Soziale Kompetenz* umfasst eine Vielzahl von Fertigkeiten, die für die soziale Interaktion nützlich bzw. notwendig sind.« (Wikipedia 19. 01. 2013) Oft werden »Soft Skills« reduziert auf die »Sekundärtugenden«, also Pünktlichkeit, Zuverlässigkeit, Höflichkeit usw. Diese Verengung ist hier nicht gemeint, sondern auch Empathie, Offenheit, Reflexionsfähigkeit usw. sind eingeschlossen, wenn in diesem Buch von »soft skills« die Rede ist.

Motivation

Motivation ist ein innerer Antrieb, der das Verhalten auf ein bestimmtes Ziel hin steuert. Man unterscheidet zwischen intrinsischer (innerer) Motivation, die der persönlichen Bedürfnislage und den persönlichen Einstellungen bzw. Werteorientierungen entspringt. Sätze, die auf eine intrinsische Motivation schließen lassen: »Ich mache das, weil es mir Spaß macht.« »Weil das spannend ist.« »Weil das wie von alleine geht.« »Weil das so kniffelig ist.« »Weil mir das total wichtig ist.« Die extrinsische (äußere) Motivation ist auf das Erreichen von Zielen gerichtet, die zunächst außerhalb der Person liegen. Sätze, die auf eine extrinsische Motivation schließen lassen: »Ich mache das, weil ich dann ein neues Spiel für die X-Box bekomme.« »Weil ich gutes Geld verdiene.« »Weil die Eltern dann stolz auf mich sind.« »Weil ich gute Noten möchte.« »Weil der Applaus so schön ist.« (Vergleiche auch: Roth 2011, S. 73–91)

wachsene ohne Berufsabschluss laufen Qualifizierungsprogramme, im Ausland erworbene Berufsabschlüsse sollen rascher und großzügiger anerkannt werden. Junge Menschen aus dem europäischen Ausland werden zur Berufsausbildung angeworben. Müttern und Vätern werden mehr Betreuungsangebote für ihre kleinen Kinder angeboten.

Die Jugendarbeitslosigkeit in Deutschland ist im europäischen und im globalen Vergleich auf ein Minimum zurückgegangen. Arbeitskräfte werden knapper und angesichts einer extrem niedrigen Geburtenrate macht sich das Land Nachwuchssorgen. Im Moment gibt es eine Gleichsetzung, die so lange zutrifft, wie die Wirtschaft floriert: Humankapital = Fachkräfte.

Bei den öffentlichen Bildungszielen – zunehmend auch schon für unter Dreijährige – nehmen die ▶ *MINT-Fächer* einen hohen Stellenwert ein. Hinzu kommt eine große Menge von Ansätzen, um Bildungsdefizite zu kompensieren, so die bereits erwähnten Sprachprogramme im Elementarbereich und die Stützungsversuche beim Übergang von der Schule in den Beruf (vergl. Stiftung Haus der kleinen Forscher 2013; Adami 2012). Man neigt dazu, Curricula zu erstellen. Frau neigt dazu, den Kindern entsprechend der curricularen Ziele Bildung zu erschließen. Das wäre eigentlich nicht falsch, wenn alle anderen »Fächer« bzw. Entwicklungsbereiche dabei gleichberechtigt einbezogen würden. Dann würden

> **Das große Ziel der Bildung ist nicht Wissen, sondern Handeln.**
> *Herbert Spencer*

die Ökonomie und die Geistes- und Sozialwissenschaften die MINT-Themen unterfüttern, und als Teil der Werteorientierung hätten der Umwelt- und Naturschutz ebenfalls ihren Platz. So ließe sich über die Brücke der Nachhaltigkeit wieder alles auf die MINT-Themen und die Ökonomie rückbeziehen. Alles gut.

Alles gut? Eigentlich nicht. Denn dadurch entstünde eine Vorverlagerung des Systems »Schule«. Kinder würden (und werden es bereits) früher unterrichtet. »Unterrichtet« bedeutet, dass die Angebote zum Teil didaktisch ausgezeichnet aufgebaut und die Methoden sehr gut an die jeweilige Altersstufe angepasst sind. Was fehlt, ist Platz für Eigeninitiative und intrinsische ▶ *Motivation*. Neugiergeleitetes Lernen, Bildung um die Welt zu erobern, kindliches Philosophieren aus dem Augenblick heraus? – Dafür bleibt selten Zeit. Das Deutsche Institut für Wirtschaftsforschung warnt ausdrücklich vor der beschriebenen Reduktion von Bildung auf die technischen Berufe.

> *»Abgesehen vom Pflege- und Gesundheitssektor dürfte auch im weiteren Verlauf dieses Jahrzehnts in Deutschland kein Mangel an Fachkräften, insbesondere bei solchen mit Hochschulabschluss, eintreten. Dafür spricht nicht nur die steigende Erwerbsbeteiligung, sondern auch der expandierende akademisch ausgebildete Nachwuchs. Derzeit gibt es hierzulande so viele Studenten wie*

nie zuvor. Vor allem kam es zu einem Run auf die ingenieurwissenschaftlichen Fächer. Beispielsweise hat im Zeitraum von 2006 bis 2010 laut amtlicher Statistik die Zahl der bestandenen Abschlussprüfungen in den ingenieurwissenschaftlichen Fächern um mehr als 50 % zugelegt.« (Brenke 2012)

Brenke erwähnt hier die pädagogischen Berufe nicht ausdrücklich. Auch in diesem Feld zeichnen sich Engpässe ab. Politik, Medien und Bildungsinstitutionen scheinen von solchen Analysen wenig beeindruckt. Eltern und deren Kinder folgen dem Mainstream, wenn sie ihre Berufs- oder Studienwahl treffen. Noch weiß niemand, welchen Kurs die Eurokrise nehmen wird und wie sich das Wirtschaftswachstum in Brasilien, Russland, Indien, China und Südafrika, den BRICS-Staaten, entwickeln wird.

Bei der Energiewende gehen der Netzausbau und die Infrastrukturmaßnahmen zur Speicherung schleppend voran. Deutsche Großprojekte floppen, zuletzt der Bau des neuen Flughafens in Berlin, aber auch schon davor gab es mit Toll Collect und Magnetschwebebahn Beispiele, dass »German Pünktlichkeit« und »German Ingenieurskunst« vor allem ein positives Label sind, an das Ausländer noch genauso beharrlich glauben wie an »German Gemütlichkeit«, Sauerkraut und Knödel oder »German Angst« und Dirndl. So lässt sich kaum abschätzen, wofür die Investitionen in die menschlichen Ressourcen in näherer oder ferner Zukunft gebraucht werden: Für eine boomende Wirtschaft oder fürs Überleben in (Jugend-) Arbeitslosigkeit.

Würde sich die Weltwirtschaft stabil zeigen und weiter wachsen, würden außerdem deutsche Wirtschaftsgüter – und das besonders auf dem Sektor der erneuerbaren Energien bzw. der Energieeffizienz – weltweit ein Erfolgsmodell, dann wären viele sehr gut qualifizierte Arbeitskräfte notwendig. Die Gleichung Humankapital = Fachkräfte würde zumindest rechnerisch stimmen. Würde die (Welt-)Wirtschaft deutlich langsamer wachsen oder gar in eine längere Rezession gehen, dann wäre eine hohe Arbeitslosigkeit zu befürchten – mit eventuell schlechten Aussichten für unsere sozialen Systeme. Für beide Extremwerte und für alle Schwankungen dazwischen sollte unsere Jugend gut vorbereitet sein. Das ist ein Aspekt von nachhaltiger Erziehung. Aber mehr noch: Wachstumskritiker entkoppeln das Wohlbefinden der Gesellschaft und ihrer Mitglieder, zumindest gedanklich, vom Wirtschaftswachstum und sind der Überzeugung, dass globale Nachhaltigkeit nur erreichbar sei, wenn die Wachstumsspirale unterbrochen wird (Miegel 2010). Für einen solchen Prozess würde »Humankapital« noch eine ganz andere Bedeutung gewinnen. Wird die Generation Globalisierung bereit und fähig sein, eine solche Wende zu bewirken bzw. werden sie diese mittragen wollen? Und wie sollten sie sich vorbereiten auf eine Zukunft mit weniger Konsum? Wie sollen Eltern und Pädagogen sie unterstützen?

Unter dem Primat der bestmöglichen beruflichen Chancen für ihre Kinder strengen sich Eltern an:

»Grundsätzlich wollen Eltern aller Einkommensgruppen Geld zum Wohle ihrer Kinder verwenden. Gute Entwicklungsperspektiven der Kinder hinsichtlich Bildung und sozialer Teilhabe, eine bedarfsgerechte Kinderbetreuung mit verlässlicher Nachmittagsbetreuung sowie gesunde Ernährung sind dabei Themen, die Mütter aus allen Einkommensgruppen gleichermaßen beschäftigen. Familien mit kleinen Einkommen oder im SGB II-Bezug stehen darüber hinaus vor spezifischen Herausforderungen: Für sie stellt die Finanzierung von Bildungsbedarfen (Schulausstattung, Gruppenkassen, Ausflügen) eine erhebliche Belastung dar. Sie benennen außerdem eingeschränkte Möglichkeiten zur Pflege sozialer Kontakte und der Talentförderung ihrer Kinder. Kinder aus diesen Familien sind in Förderkursen und im Sportverein unterrepräsentiert. Häufig fehlen neben den finanziellen Mitteln auch Kenntnisse über die Angebote.« (BMFSFJ 2011, S. 106)

Die »Teilhabepakete« bieten seit 2011 Unterstützung für bedürftige Kinder an (BMFSFJ Juli 2011). Wer die materiellen Ressourcen hat, investiert, wie im letzten Kapitel bereits gesehen, in Betreuungsangebote, vor allem aber auch in Nachhilfe (DIPF 2012, S. 87). Der Bildungsbericht belegt außerdem die Tendenz zur Privatisierung von Bildungseinrichtungen:

»Seit 1998 ist ein Zuwachs von Bildungseinrichtungen freier Träger um ein Viertel festzustellen. Während ein großer Teil der Einrichtungen frühkindlicher Bildung seit jeher in freier (gemeinnütziger oder auch gewerblicher) Trägerschaft betrieben wird, ist die Erhöhung der Zahl allgemeinbildender Schulen in freier Trägerschaft um fast 1.200 (um 53 Prozent des Bestands von 1998) im letzten Jahrzehnt beachtlich. Besonders beachtenswert ist die Zunahme von Grundschulen in freier Trägerschaft von 314 auf 791 (um 152 Prozent des Bestands von 1998). Auch die Teilnehmerzahlen an diesen Einrichtungen sind stark angestiegen, im Hochschulbereich haben sie sich – auf niedrigem Niveau – mehr als verdreifacht.« (ebd., S. 6)

Welche Motive haben Eltern, die ihre Kinder in solche privaten Bildungseinrichtungen schicken? Wie bereits eingangs beschrieben, leben Kinder und Jugendliche heutzutage in einer Umwelt, in der alles schon fertig ist: Das Mittagessen, die Kleidung, die Wohnung, das Fahrrad, der Experimentierkasten – alles gekauft, glatt und sicher. Selbst die Wiese ist ein Rasen und man geht wie auf dem Wohnzimmerteppich darauf. Nichts gegen einen so gepflegten Rasen, es ist nicht nur für Kinder ein Genuss – womöglich barfuß – darauf zu gehen und ihn anzuschauen. Wenn eine Blumenwiese, ein Schotterweg und ein Kieselbeet in der Nähe sind, ist für natürliche Diversität und für vielfältige Erfahrungen der Kinder gut gesorgt!

Auch in den außerfamiliären Betreuungs- und Bildungsangeboten stehen Sicherheit und Hygiene an oberster Stelle, was dazu führt, dass die Spiellandschaften »arm« sind an natürlichen Materialien und an Werkzeugen zu deren Bearbeitung. Und trotz bunter Farben und ausgewählt ästhetischer Formen ist das Angebot seltsam »glatt« und eintönig. Wenn man zum Beispiel an die Vielfalt der Grüntöne und den Formenreichtum von Blättern denkt – da ist Sinneswahrnehmung wirklich gefordert. Wer eine Pflanze von der anderen unterscheiden kann, der hat viele Grünabstufungen und sehr viele geometrische Grundbegriffe in unterschiedlichen Kombinationen in seinem Gehirn gespeichert und kann sie zur Bestimmung sinnvoll aus seinem eigenen »Wahrnehmungs-Lexikon« abrufen. Und ein Kind, das Farben und geometrische Bezüge zum Beispiel an Hand von selbst gesammelten Pflanzen gelernt hat, hat sich gleichzeitig an der frischen Luft und auf unebenem Untergrund bewegt. So hat es »nebenbei« seinen Haltungsapparat trainiert und sein Gleichgewichtssystem geschult. Es hat Pflanzenteile fachgerecht gesammelt. Das ist gut für die Augen-Hand-Koordination und für die Handgeschicklichkeit. Darüber hinaus gibt das Sammeln Erfahrungen im Umgang mit Messer und Schere, also der Beginn von technischem Wissen und handwerklichen Fähigkeiten. Und das Kind wird erfahren, welche von den Pflanzen giftig sind, wie sie riechen und welche vielleicht einen ausgezeichneten Tee abgeben. Um die giftigen oder geschützten Pflanzen stehen zu lassen und nicht alles wahllos »niederzumähen«, muss das Kind bereits eine gute Selbststeuerung entwickelt haben. Wald- und Naturkindergärten, durch Elterninitiative entstanden, verfolgen diesen Bildungsansatz. Kindlicher Entdeckerdrang trifft auf eine komplexe und auch durch ihre Größe immer wieder neu erscheinende Umwelt. Das heißt, anstatt Komplexität zunächst zu reduzieren, wird Wahrnehmung in der komplexen Umwelt fokussiert. In gewisser Weise ist diese Umgebung auch gefährlich. Sie gibt einerseits viel Anregung, lehrt aber andererseits auch, Zusammenhänge zu erkennen, Risiken realistisch einzuschätzen und die Handlungen entsprechend darauf einzustellen. Wer Nachhaltigkeit global denken möchte, ist mit solchen Grunderfahrungen gut vorbereitet. Neben dem Sachwissen und fachlichen Kompetenzen lernen die Kinder auch, dass sie sich bei interessanten Neuentdeckungen aufeinander verlassen können – und auf die Erwachsenen als Experten für Gefahren. Das ist eine gute Basis für eine Generation, die starke klimatische, ökologische, wirtschaftliche und soziale Veränderungen erleben wird.

Die Schulen in freier Trägerschaft haben häufig ähnliche reformpädagogische und/oder umweltpädagogische Ansätze wie die Waldkindergärten (AGFS 2013). Oft entstehen diese Schulen durch das Engagement von Eltern. Manche Grün-

> **Strom aus Steckdosen. Woher kommt er? Ich sollte es herausfinden! Wissen.**

dungen gehen auf die Initiative von (mittelständischen) Wirtschaftsunternehmen zurück (Würth 2005), andere sind in konfessioneller Trägerschaft (Ursulinenschule 2013). Eltern, die ihre Kinder in freie Schulen geben, haben häufig neben dem Ziel, ihnen einen guten Abschluss und einen freudvollen Weg dahin zu ermöglichen, die Absicht, sie »vermögend« zu machen für ihr ganz persönliches Leben – unabhängig (losgelöst) vom derzeitigen Arbeitsmarkt. Eventuell zeichnet sich in dieser Haltung eine besondere Sensibilität dafür ab, dass Zukunft eine ausgesprochen ergebnisoffene Veranstaltung ist. Kinder und Jugendliche, die sich in der Schule mit ihrer intrinsischen Motivation einbringen und weiterentwickeln können, werden Herausforderungen der Globalisierung besser bewältigen und Nachhaltigkeit engagierter verfolgen können (vergl. mit englischem Humor: Stafford 2012). Wissenschaftlicher formuliert es Gerhard Roth:

»..., dass ein besonders willensstarker Mensch ein besonders stark von inneren Motiven geleiteter Mensch ist. Um den Mount Everest ohne Sauerstoffmaske besteigen zu wollen, muss man schon einen starken Leistungszwang haben, und wenn man an einem kühlen und regnerischen Herbsttag morgens um sieben Uhr aufsteht, um einen Dauerlauf zu machen, dann braucht man dazu ein gehöriges Maß an Erwartung der Belohnung über die endogenen Opiate! Gerade solche ›willensstarken‹ Menschen sagen einem ganz ehrlich: ›Ich brauche das einfach!‹« (Roth 2009, S. 195/196)*

Im Zuge des Ausbaus der Ganztagsschulen gibt es auch bei den öffentlichen Schulen vielfältige Ansätze, Unterricht partizipativer zu gestalten und den Bildungsbegriff zu weiten, damit er die Erziehung beinhaltet, ohne die Betreuung auszuschließen. Unter anderem werden Schulgärten wiederbelebt, Kooperationen zwischen Gartenbauvereinen, Schulen und Kitas realisiert, Technikworkshops in Schulhorten und Industriebetrieben angeboten. Ja, es gibt sogar »Klimaschulen« (Klima – wir handeln 2013). Einen systematischen Überblick zu Veränderungsprozessen in Schulen bietet eine Expertise des DJI (Deutsches Jugendinstitut) mit der Frage, ob die Ganztagsschule Hoffnungsträger für die Zukunft sein kann (Bertelsmann Stiftung 2012). Fazit: Die Umsetzung eines erweiterten Bildungsbegriffs ist diffus, aber sie ist auf dem Weg.

> Energie –
> wichtiges Thema.
> Viele offene Fragen.
> Wir müssen etwas tun.
> Zukunftsaufgabe.

Initiativen, die eine ganzheitliche, lebenspraktische Bildung und Erziehung fördern, gibt es also auf schulischer Ebene und in der Freizeit. Dazu muss eine Bewegung wie ►»Urban Gardening« nicht explizit zur Erziehung und Bildung von Kindern und Jugendlichen angelegt sein. Es genügt, wenn es ein Betätigungsfeld gibt, das junge Menschen begeistert, und wenn Modelle zur Verfügung stehen,

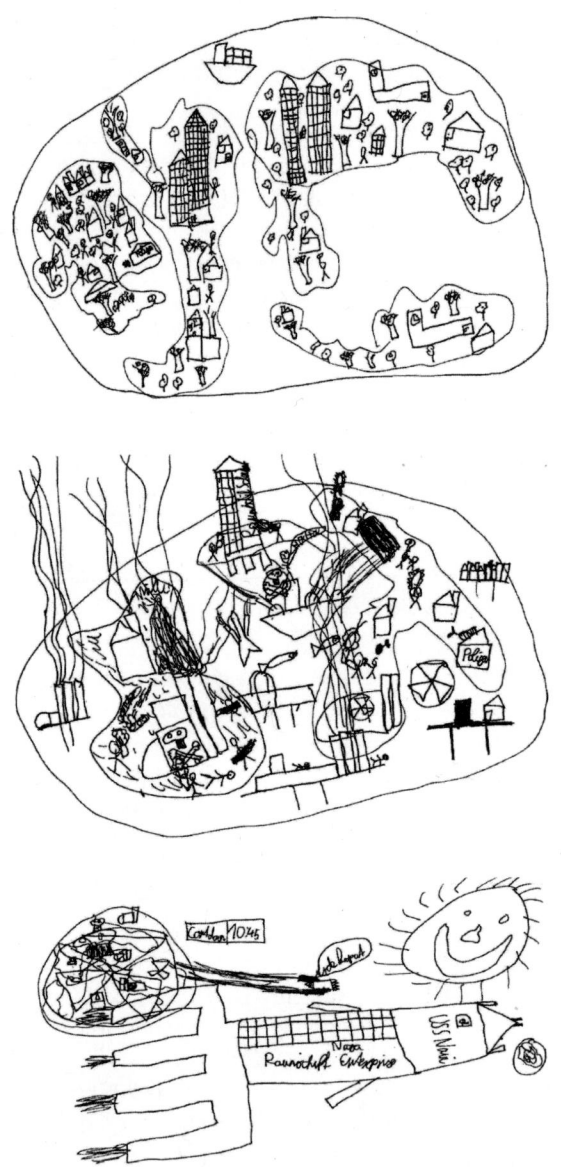

Jannik: Schöne Gegend – total vermüllt – Aufbruch zu einem neuen Planeten

Urban Gardening

Gemeinsam gärtnern in der Stadt ist eine weltweite Bewegung, die inzwischen sehr viele Nuancen und Varianten hat. Eng verwandt mit dem Guerilla Gardening wurden zunächst in Großstädten in Amerika brach liegende Flächen zur Selbstversorgung bepflanzt (Müller 2011). Inzwischen hat die städtische Gartenbegeisterung in Deutschland auch kleinere Städte erreicht – das Internet gibt Auskunft über den aktuellen und lokalen Stand des globalen Trends (Zeit Online 2013).

von denen sie durch Beobachtung und Nachahmung lernen können (Klüber 2010). Darüber hinaus entstehen in den letzten Jahren vielfältige Konzepte, Anregungen und Aktivitäten, um Kinder und Jugendliche explizit auf das Thema Nachhaltigkeit aufmerksam zu machen. Die jungen Menschen sollen ihre eigenen Gedanken über die Zukunft entwickeln, sie sollen lernen, sich als Verbraucherinnen und Verbraucher bewusst ökologisch zu verhalten – in Bezug auf die Umwelt (zum Beispiel Green Music Initiative) und in Bezug auf ihre eigene Gesundheit (Stoltenberg & Thielebein-Pohl).

Wie unsere Schreibwerkstatt, die bisherigen und die geplanten Projekte zeigen, sind einige Jugendliche hoch motiviert, nicht nur ihr Leben gemeinsam mit ihren Familien nachhaltig zu gestalten, indem sie ihre Konsumgewohnheiten entsprechend ausrichten, sondern sie wollen darüber hinaus andere Menschen erreichen, damit deren Motivation wächst, Ressourcen zu schonen, über Wirtschaftsbeziehungen nachzudenken und sich an nachhaltiger Forschung zu beteiligen. Für manche von ihnen ist es wichtig, etwas Praktisches zu gestalten, ihr handwerkliches Geschick weiterzuentwickeln. Für andere bedeutet das Erstellen der Homepage, dass sie ihren Spaß am Schreiben und an den digitalen Medien mit dem Wunsch verbinden können, andere Jugendliche zu erreichen. Für alle ist es wichtig, diese Aktivitäten in Gemeinschaft zu erleben: Mit gleichaltrigen Freunden, mit etwas älteren Tutoren, mit Erwachsenen verschiedener Altersgruppen. Welch ein »Vermögen« diese jungen Menschen haben und für die Gesellschaft sind! Um dieses Vermögen weiterzuentwickeln, brauchen sie und ihre Eltern eine Großelterngeneration, die mutig und altruistisch ist: Menschen im Ruhestand – auch und besonders Männer, die in das Leben junger Menschen Orientierung, alltagspraktische Handlungsfähigkeit und fachspezifisches Können hineintragen. Die Generation der Babyboomer ist weiterhin gefragt, sich nachhaltig ins öffentliche und private Bildungssystem einzubringen.

Inklusion und Diversität

Matthias
» 15 Jahre alt
» besucht am Ludwigsgymnasium die 10. Klasse
» findet Klimaschutz und Umweltschutz wichtig
» ist überzeugt, dass sich für eine gute und
sichere Zukunft etwas ändern muss
und will helfen, diese möglich zu machen

Das kleinere Übel ist das bessere Übel

Die erneuerbaren Energien sind wichtig, um uns und unseren Nachfahren eine lebenswerte Zukunft zu schaffen, da andere Formen der Energiegewinnung durch CO_2 oder radioaktive Abfälle unseren Planeten langfristig beeinflussen. Daran gibt es nichts zu rütteln, und es macht mich wütend, dass es immer noch Menschen gibt, die sich nicht für den Schutz der Zukunft interessieren, oder sogar behaupten, dass diese Maßnahmen nicht nötig seien. Es ist aber nicht einfach, erneuerbare Energien zu etablieren, da sie auch Nachteile mit sich bringen. An ihnen wurde noch nicht so viel geforscht, wodurch sie oft nicht sehr effizient sind; außerdem wirken sich ihre Nachteile oft sehr viel direkter auf die Umwelt aus, als CO_2, das einen langsamen globalen Anstieg von extremen Wetterereignissen erzeugt und radioaktiver Abfall, der meistens nur eine potenzielle Gefahr darstellt. Allerdings schreitet der Fortschritt schnell voran und die Effizienz und Umweltverträglichkeit steigen ständig. Aber es gibt (noch) ein paar Nachteile, die sich nicht leugnen lassen. Biomassekraftwerke setzen zwar auf »erneuerbare Energien«, aber dafür werden Wälder abgeholzt, Ackerflächen können nicht für die Lebensmittelproduktion genutzt werden, was nicht gerade zukunftsweisend ist. Andere Arten von erneuerbarer Energie sind sicherlich besser. Solarzellen sind zwar schwer zu entsorgen, Windräder erzeugen Schwingungen im Boden und sind gefährlich für Vögel, für Wasserkraftwerke werden große Gebiete überflutet und Geothermalkraftwerke könnten eventuell Erdbeben verursachen, das weiß man aber noch nicht genau. Aber das sind keine dauerhaften Folgen und sie lassen sich beheben. Die Folgen der Nutzung von fossilen Brennstoffen sind wesentlich schwerwiegender und die Folgen können ewig dauern, selbst lange nach Aufgabe der Nutzung. Vielleicht ist es zu spät, wenn das Zeug alle ist.

Beobachtungen aus dem (pädagogischen) Alltag

Zu einem Planungstreffen für anstehende Projekte sind Jugendliche mit ihren Eltern eingeladen. Einer der Schüler hat eine kleinere Schwester mit einer Mehrfachbehinderung. Sie sitzt im Rollstuhl und kommt gemeinsam mit Vater und Bruder zum Treffen. Sie werden mit dem Rollstuhl bis zu einem geeigneten Platz durchgelassen, die anderen Eltern unterhalten sich freundlich und völlig ungezwungen mit dem Vater. Das Kind seinerseits wird nicht begrüßt, auch sonst wird kein Kontakt hergestellt. Zwar hat die achtjährige Schülerin keine Wortsprache, aber sie akzeptiert einen Händedruck auch von fremden Personen und begegnet Menschen, die sie ansprechen, mit einem strahlenden Lächeln, manchmal auch mit Tönen. Am Ende der Veranstaltung spielt sich die Verabschiedung analog zur Begrüßung ab. Die anderen Eltern loben gegenüber dem Vater, dass seine Tochter sich zwei Stunden lang ruhig verhalten hat. Das Kind da unten im Rollstuhl ist einfach kein Kommunikationspartner – weder für die jungen Menschen noch für deren Eltern.

Ein neuer Schüler in der Nachmittagsbetreuung, von dem schnell bekannt ist, dass er »nur« auf die Hauptschule geht, weil er sich gerade auf seinen »Quali« vorbereitet, versprüht mit seinen urigen Sprüchen und seiner markigen Persönlichkeit viel Heiterkeit in der Gruppe. Aber als ernst zu nehmendes Mitglied auf Augenhöhe ist er in seiner Kleingruppe nicht anerkannt. Immer wieder fallen abwertende Randbemerkungen bezüglich schulischer Themen. Es ergibt sich, dass ein Gymnasiast der siebten Klasse eine Frage zur Prozentrechnung hat. Ich bitte den Hauptschüler, dem Jüngeren zu helfen. Zwei Achtklässler von der Realschule und dem Gymnasium greifen sofort ein, weil sie meinen, das besser erklären zu können. Rasch stellen sie jedoch fest, dass sie in diesem Stoffgebiet lange nicht so sicher sind wie ihr älterer Kollege aus der »minderwertigen« Schule. Dieser schafft es perfekt, dem Gymnasiasten die Lösungsstrategie so zu erklären, dass er seine Hausaufgaben richtig erledigen kann. Seither wird der Hauptschüler nicht nur wegen seiner ausgezeichneten Comedian-Qualitäten geschätzt, sondern als insgesamt vollwertig respektiert.

Bereits in den 1980er Jahren waren wir mit unseren beiden Kindern im Grundschulalter zu Besuch bei einer befreundeten Familie auf dem Land, gemeinsam mit zwei weiteren Familien. Einige der Kinder hatten Lust, den nahegelegenen Vogelpark zu besichtigen, die Eltern allerdings waren nicht unternehmungslustig. So brach ich als einzige Erwachsene mit vier Kindern auf. Es waren am späten Nachmittag nicht viele Besucher da und nur zwei Tierpfleger im Gehege. Von den wenigen Menschen, die anwesend waren, empfing ich eigenartige Signale. Der übliche Blickkontakt mit dem Personal kam nicht zustande, kein Lächeln, die interessierten Fragen »meiner« Kinder wurden dürftig und eher ruppig beantwortet. Eine unangenehme Atmosphäre, die ich nicht zu deuten wusste. Zum Abschluss des Ausflugs sollte es noch ein Eis am Kiosk geben, an dem sich die wenigen MitarbeiterInnen und einige der letzten Besucher eingefunden hatten. Während die Kinder an ihrem Eis leckten, bedauerte mich die Eigentümerin des Parks angesichts dieses »Kindersegens«. Dass dieser Begriff ironische Kritik vermitteln sollte, erfasste ich erst, als ich meinen Sohn als »eigenes« Kind vorstellte und erwähnte, dass ich noch eine Tochter habe, die aber beim Papa und bei den befreundeten Familien geblieben sei. Ab diesem Moment drehte sich die Stimmung: Die anderen Menschen am Kiosk schalteten sich ins Gespräch ein, die Kinder wurden freundlich einbezogen. Es hätte bestimmt ein netter Smalltalk werden können – wäre ich nicht sprachlos gewesen angesichts dieser unverhofften, aber nützlichen Erfahrung: Auf eine Mutter mit vier Kindern reagiert die Umwelt unter Umständen mit Ausgrenzung.

Die gute Nachricht

Auf Menschen, deren Behinderung direkt sichtbar ist, wird nur noch selten gestarrt oder über sie getuschelt, das heißt, sie werden zunächst nicht aktiv ausgegrenzt. Seit den gelungenen Paralympics mit großer medialer Präsenz in London im Sommer 2012 möchte man meinen, Behinderung werde ab und zu sogar als tolerabel angesehen und den Menschen mit Behinderungen – sofern sie körperlich und mental fit sind und am sportlichen Wettkampf teilnehmen können – Respekt entgegengebracht. Das ist keine Inklusion, aber ein großer Fortschritt auf dem Weg, Behinderung als eine »normale« Ausdrucks- und Erscheinungsform des menschlichen Lebens wahrzunehmen. Schülerinnen und Schüler nehmen die Gelegenheit wahr, ihr defizitorientiertes Bild von Kolleginnen und Kollegen, die einen weniger hoch bewerteten Bildungsabschluss anstreben zu korrigieren, wenn sie im direkten Kontakt Gelegenheit dazu haben.

Die weniger gute Nachricht

Offensichtlich hatte in der oben geschilderten Situation niemand die Lust verspürt oder die spontanen Verhaltensweisen zur Verfügung, um einen direkten Kontakt zu der Schülerin mit Behinderung herzustellen, also sie ganz einfach durch die üblichen Gesten und Worte zu begrüßen und zu verabschieden. Sei es aus Unsicherheit, Gedankenlosigkeit oder Ablehnung – das Kind im Rollstuhl wurde ausgeschlossen, wobei zwar sein Rollstuhl gesehen und in die Runde integriert wurde, aber nicht indem der Mensch im Rollstuhl in die gängigen Rituale des sozialen Miteinander eingebunden wurde. Die Ablehnung bzw. Benachteiligung von Familien mit mehr als zwei Kindern hat seit dem letzten Jahrhundert nicht abgenommen. Vielleicht hat sie sich sogar verstärkt.

Eltern und professionelle Pädagogen

Professionelle Pädagogen und Eltern sollten sich mehr noch als die Politik bewusst sein, dass Inklusion eine Grundhaltung ist, die gelebt werden muss, um mehr zu sein als ein Lippenbekenntnis oder eine Illusion. Und Erwachsene sollten sich klar werden über den Unterschied zwischen Gleichmacherei und ▸ *Diversität*. Um mit der Vielfalt, die Menschen als Menschen mit sich bringen, umgehen zu können, braucht es aber nicht nur eine tolerante und offene Grundhaltung, sondern es braucht ganz konkrete, erlernbare Fähigkeiten. Wenn es um Menschen mit Behinderung, Großeltern mit Demenz, Sterbende, Kinder mit Hochbegabung, Mehrkindfamilien oder alle anderen Personengruppen, die Ausgrenzung erfahren, geht, ist auch ein großes Wissen notwendig. Analoges lässt sich hinsichtlich der biologischen Diversität feststellen: Wer die Honigbienen schützen möchte, sollte auch an alle anderen Insekten denken, und wer an alle anderen Insekten denkt, wird nicht darum herum kommen, an ihre Lebensbedingungen zu denken. Und wer an die Lebensräume der Insekten denkt, der wird schnell bei den Mikroorganismen (Helmholtz Zentrum für Umweltforschung 2010), den Grünflächen in der Stadt, den landwirtschaftlichen Nutzflächen, dem weltweiten Handel und beim Klimawandel sein – kurz: Eltern und professionelle Pädagogen, die sich für Inklusion und Diversität einsetzen und jene, die sich dagegenstemmen, werden sich selbst ein differenziertes Verständnis für Systeme aneignen müssen und sich bewusst sein, dass eine Veränderung in den sozialen Systemen nichts damit zu tun hat, ob man Menschen irgendwie in einem Raum zusammenbringt. Ganz im Gegenteil: Gelingende Inklusion hängt von dem »Wie« des Zusammenbringens ab. Und auch für ein ökologisches Verständnis der Natur, das helfen könnte, die Vernichtung und Verschwendung von Ressourcen einzudämmen, ist durch das Mitleid mit dem verzweifelten Eisbärenbaby auf seiner Scholle oder durch das ängstliche Starren auf die gefühlte Bedrohung der Nahrungsmittelversorgung durch dahinsterbende Honigbienen nicht viel getan. Kinder und Jugendliche lernen schnell – daran werden weder die Inklusion noch der Erhalt der Biodiversität scheitern. Eher an der Unfähigkeit der Erwachsenenwelt, (globale) Komplexität zu denken und konsequent werteorientiert zu handeln.

Diversität

»›Diversität‹ und der englische Begriff ›Diversity‹ bedeuten ›Verschiedenheit, Vielfältigkeit‹. Dies lässt sich unter anderem auf die wirtschaftliche, kulturelle und soziale Vielfalt in menschlichen Gesellschaften beziehen. [...]
Mit dem Begriff werden in bestimmten Gebieten unterschiedliche Perspektiven entwickelt:

In der Pädagogik: Kinder und Jugendliche sind vielfältig: Sie sind Mädchen und Jungen mit und ohne Migrationshintergrund, eventuell sogar mit und ohne Behinderung usw. Diversität wird in der Pädagogik z. B. im Zusammenhang mit demokratischen Bildungsprinzipien diskutiert: Bei aller Vielfalt der Voraussetzungen geht es darum, dem Individuum die bestmögliche Bildung mitzugeben und Modelle des Zusammenlebens zu entwickeln, wie sie für eine vielfältige, demokratische Gesellschaft nötig sind. Unterschiede werden dabei nicht als Defizit oder Bedrohung, sondern als Bereicherung wahrgenommen. [...]

In der Wirtschaft: ›Diversity management‹ bezeichnet eine Personalpolitik, die auf Erfolgssteigerung über bewusst divers zusammengestellte Teams setzt [...]. Dies wird aufgrund der durch Migration und Globalisierung zunehmenden Vielfalt in Gesellschaften immer wichtiger, denn ArbeitnehmerInnen sind immer öfter verschiedener ethnischer oder kultureller Herkunft. [...]

In der Politik: Diversität wird mit einem Fokus auf Minderheitenrechte und Antidiskriminierungsmaßnahmen diskutiert. Gerade in den USA wird z. B. eine gezielte Förderung von Minderheiten bzw. marginalisierten Gruppen betrieben. [...]

Auf die Medien bezogen geht es darum, die Unterschiede zwischen Menschen zunächst einmal wertfrei anzuerkennen und sichtbar zu machen, ohne das, was alle Menschen verbindet, zu vernachlässigen. Medien spielen eine zentrale Rolle, indem sie Unterschiede in den oben genannten Dimensionen zeigen oder nicht zeigen, abschwächen, betonen.« (Schlote & Götz 2012)

Sozialräume und ökologische Nischen: Globales Leben zwischen Selbstbegrenzung und Normverlust?

Die Idee der Zugehörigkeit und der Verringerung von Benachteiligung durch ▶ *Inklusion* bedingt, dass definiert werden muss, wo die Grenzen des sozialen bzw. ökologischen Raums liegen, zu dem jemand gehört oder von dem er ausgeschlossen wird.

Nehmen wir zunächst an, der soziale Raum im Zeitalter der Globalisierung sei die Welt. Inklusion begänne dann damit, dass jeder Mensch partizipierend zur Menschheit dazugehört:

»Der Entwicklungsdiskurs geht in der Regel von nationalstaatlich abgegrenzten Gesellschaften aus [...], die sich in ›entwickelte‹ und ›unterentwickelte‹ einteilen lassen [...]. Diese Zweiteilung geht von einer universellen Entwicklungsskala aus und begreift die historischen Prozesse sozialen Wandels in Westeuropa und Nordamerika (und Japan) als menschheitsgeschichtlichen Fortschritt. ›Entwicklung‹ ist hierbei normativ positiv konnotiert. Diese Denkfigur konzipiert andere Gesellschaften als rückständige Vorstufen der eigenen und impliziert eine Fortsetzung kolonialen Überlegenheitsdenkens. Henning Melber spricht hierbei von einer ›Verzeitlichung des räumlichen Nebeneinander‹, Ashis Nandy analog von einer ›Umwandlung geokultureller Differenzen in historische Stadien‹. [...] Die eigene Gesellschaft dient als ideale historische Norm, andere Gesellschaften werden anhand dieser Norm als defizitär identifiziert. Gleichzeitig mit dieser Diagnose wird die Therapie impliziert: diese Gesellschaften müssen moderner, produktiver, säkularer, demokratischer werden – mit anderen Worten: so wie unsere eigene Gesellschaft. Hier sind deutliche Kontinuitäten zum kolonialen Diskurs erkennbar: Das Projekt der ›Zivilisierung der Unzivilisierten‹ wurde in der Nachkriegszeit abgelöst durch das der ›Entwicklung der Unterentwickelten‹. [...] Stuart Hall macht darauf aufmerksam, dass die Herausbildung einer westlichen, modernen Identität auf die Abgrenzung von einem rückständigen Anderen angewiesen war. [...] Das aus der Denkfigur im Entwicklungsdiskurs abgeleitete Grundmuster lässt sich vereinfacht auf den folgenden Nenner bringen: Der Süden hat Probleme (›Unterentwicklung‹: Mangel an Kapital, Technologie usw.), der Norden die Lösung (›Entwicklung‹: Investitionen, Experten usw.).

Aber, so mag man einwenden, steckt in dieser Denkfigur nicht ein wahrer Kern? Sind nicht in einigen Ländern Ostasiens die Prozesse sozialen Wandels, die historisch in Westeuropa und Nordamerika stattfanden, erfolgreich nach-

geahmt worden? Und kann man nicht mit Fug und Recht den Standpunkt vertreten, dass die Menschen in diesen Ländern einen höheren Lebensstandard genießen als in Subsahara-Afrika, und dass daher das Vorantreiben dieser Prozesse – auch im Sinne einer Orientierung am westlichen Vorbild – z. B. im Rahmen der Entwicklungszusammenarbeit ein ethisch durchaus hochwertiges Unterfangen ist? [...]

Dem sind folgende Punkte entgegenzuhalten: Erstens sind die erwähnten Prozesse sozialen Wandels unter spezifischen historischen Umständen zustande gekommen, die sich nicht ohne weiteres auf andere Länder mit anderen Voraussetzungen und in einer anderen weltwirtschaftlichen Konstellation verallgemeinern lassen. (Ein plausibler Grundgedanke der Weltsystemtheorie ist, dass,

Inklusion

1. in der Mathematik »die Beziehung des Enthaltenseins«
2. in der Mineralogie »Einschluss von Fremdsubstanzen in Kristallen«
3. in der Soziologie: »Miteinbezogensein«, gleichberechtigte Teilhabe an etwas
4. in der Pädagogik: »gemeinsame Erziehung behinderter und nicht behinderter Kinder« (nach Duden Online)

»Sie ist Ausdruck einer Philosophie der Gleichwertigkeit jedes Menschen, der Anerkennung von Verschiedenheit, der Solidarität der Gemeinschaft und der Vielfalt von Lebensformen.« (definitiv-inklusiv 2013)

Anfang des 21. Jahrhunderts wurde »Inklusion« in der Pädagogik oft verknüpft mit dem Begriff des »Empowerments«, das heißt Menschen mit Behinderung und schließlich auch andere benachteiligte Gruppen der Gesellschaft zu befähigen, sich und ihre Interessen selbstbewusst und ressourcenreich ins (gesellschaftliche) Leben einzubringen (Wikipedia 18.02.2013).

Kohärenzprinzip

»... die Verknüpfung von sozialen, ökonomischen, politischen und ökologischen Zielen« in der globalen Entwicklung (Bundesministerium für wirtschaftliche Zusammenarbeit und Entwicklung 2007, S. 24) *auch wenn manche Länder aus der Peripherie in die Semi-Peripherie oder ins Zentrum aufsteigen, dies jedoch niemals für alle Länder möglich sein wird.) Davon abgesehen lässt die ökologische Bilanz der Industriegesellschaften ihren angenommenen Vorbildcharakter als überaus fragwürdig erscheinen: Das westliche Gesellschaftsmodell ist aus dieser Perspektive nicht verallgemeinerbar. Doch nicht nur die Frage der Möglichkeit einer solchen Universalisierung, auch die der Wünschbarkeit steht zur Debatte. Die Annahme, dass die »entwickelten« Industriegesellschaften anderen überlegen sind, beruht auf bestimmten Indikatoren wie Bruttoinlandsprodukt und Pro-Kopf-Einkommen (PKE) (die hinsichtlich eines ›guten Lebens‹ nur sehr begrenzt aussagefähig sind), seit einiger Zeit (im Rahmen des Human-Development-Index) auch auf Lebenserwartung und Schulbildung. Nun sind aber durchaus andere Kriterien einer ›guten Gesellschaft‹ denkbar: Wie steht es mit sozialer Gleichheit, sozialem Zusammenhalt und Selbstmordraten, Gastfreundschaft und Rassismus, Sexismus, dem Umgang mit Alten oder Behinderten? Wie mit dem Ressourcenverbrauch und dem Verhältnis zur Natur? Ist für die vorherrschende Lebensweise die Instrumentalisierung anderer Gesellschaften im Rahmen einer neokolonialen Arbeitsteilung notwendig? Auf der Grundlage dieser Indikatoren fiele eine Aufrechterhaltung des Überlegenheitsanspruchs ›entwickelter‹ Gesellschaften schwerer. Entscheiden sollten jedoch generell die Betroffenen.« (Holtz 2010, S. 24/25)*

»Eine weniger rückwärts gewandte Neuerung findet sich im Konzept der nachhaltigen Entwicklung. Wenn man die ihm zugrunde liegende Erkenntnis ernst nimmt, nämlich die, dass das Gesellschaftsmodell der Industrieländer aus ökologischen Gründen weder dauerhaft aufrechtzuerhalten noch verallgemeinerbar ist, muss man sich verabschieden von der Vorstellung eines wie auch immer gearteten Vorbildcharakters dieser Länder. Dann sind die ›entwickelten‹ Staaten keinesfalls die vollendeten, erstrebenswerten Endstadien eines Prozesses der wünschenswerten Gesellschaftsveränderung, sondern eher bedauerliche ›Fehlentwicklungen‹. In diesem Zusammenhang wird der im Entwicklungsdiskurs grundlegende Dualismus zwischen ›entwickelten‹ und ›noch zu entwickelnden‹ Ländern aufgehoben, und auch die ersteren geraten in den Fokus von gesellschaftlichen Problemanalysen und damit zusammen-

Zukunft:
Verhalten verbessern.
CO_2-Ausstoß verringern.
Ich finde: Atomkraftwerke abschalten.
Nachhaltigkeit!

menhängenden notwendigen Interventionen. Oftmals werden jedoch auch hier die Problemlösungskompetenz im Norden verortet und der Fokus auf technische und marktorientierte statt auf politische und in den Markt eingreifende Lösungen gerichtet. Gleichermaßen geraten bei einer konsequenten Auslegung

Konzepte, wie Partizipation, ownership und empowerment, die ihren Ursprung in einer Kritik der ›topdown‹ geprägten Entscheidungsprozesse in der Entwicklungszusammenarbeit haben, in Widerspruch zu grundlegenden Formationsregeln des Entwicklungsdiskurses. Wenn sie nämlich tatsächlich auf die Selbstbestimmung und Problemlösungskompetenz der Betroffenen sowie auf eine Veränderung von Machtverhältnissen abzielen, negieren sie sowohl das mit dem Prinzip der Treuhandschaft verbundene Expertenwissen als auch den Fokus auf technokratische Lösungen. Konzepte wie Partizipation und Nachhaltigkeit haben zwar Eingang in das entwicklungspolitische Establishment gefunden, doch selbst in dieser vermeintlich harmlosen Gestalt sorgen sie für eklatante Inkohärenzen und Widersprüche.« (ebd., S. 28)

Wenn der Bundespräsident den alljährlichen Wettbewerb für Schulen zum Thema »Alle für Eine Welt – Eine Welt für Alle« (Der Bundespräsident 2013) auf der Grundlage des »Orientierungsrahmen(s) für den Lernbereich Globale Entwicklung« (Bundesministerium für wirtschaftliche Zusammenarbeit und Entwicklung 2007) der Kultusministerkonferenz und des Bundesministeriums für wirtschaftliche Entwicklung und Zusammenarbeit auslobt, wird man finden, dass hier tatsächlich auf die Problemlösungskompetenz und Souveränität der »armen« Länder hingewiesen wird. Entwicklungsbedarf wird allerdings letztendlich bei eben diesen »Entwicklungsländern« diagnostiziert:

»Die globale Strukturpolitik und die direkte Unterstützung der Entwicklungsländer hängen eng miteinander zusammen. Ohne angemessene internationale Rahmenbedingungen, die den besonderen Verhältnissen in den Entwicklungsländern Rechnung tragen, wird es den ärmsten Ländern nicht gelingen können, im internationalen Wettbewerb zu bestehen, negative Auswirkungen der Globalisierung auf ihre Länder zu vermeiden und eigene Institutionen aufzubauen, welche die Politik auf nationaler Ebene im Sinne der Nachhaltigkeit steuern können.

Auf der anderen Seite werden internationale Vereinbarungen und Regeln insbesondere in den ärmsten Ländern nicht ausreichen, um eine nachhaltige Entwicklung zu ermöglichen. Insbesondere die wirtschaftliche Entwicklung und die damit verbundene Reduzierung der absoluten Armut erfordern umfangreiche Unterstützungsmaßnahmen aus den Industrieländern. Oft müssen die Entwicklungsländer durch ausländische Hilfe beim Aufbau von Institutionen in die Lage versetzt werden, die zahlreichen internationalen Vereinbarungen, z. B. in Bezug auf Umweltstandards, umzusetzen. Aus der Erkenntnis, dass dies kein einseitiger Prozess ist, dass man ›Menschen nicht entwickeln kann‹, sondern diese sich nur auf den Grundlagen ihrer eigenen Kultur und sonstigen Rahmen-

bedingungen selbst entwickeln können, fällt heute der Kompetenz der Partner im Süden, deren Verantwortungsbereitschaft und Eigeninitiative die Schlüsselrolle zu.« (ebd., S. 41)

Das heißt der Rahmenplan, nach dem deutsche Schülerinnen und Schüler über Nachhaltigkeit in einer globalisierten Welt lernen, denken und schließlich handeln sollen, stellt die Entwicklungsländer zwar als Planer und Akteure ihrer eigenen Entwicklung dar. Mit der Unterscheidung zwischen »Industrieländern«, die Wohlstand besitzen, und »armen Ländern«, die den internationalen Vereinbarungen nachzukommen haben, wird allerdings der oben angesprochene Salto rückwärts vollzogen: Die »reichen Industrieländer« müssen sich anstrengen, um die »armen Entwicklungsländer« hinaufzuhieven, damit die Nachhaltigkeitsstandards eingehalten werden können. Da fragt man sich, wer die Ressourcen verbraucht. Und wer für den größten Teil des von Menschen gemachten Klimawandels verantwortlich ist.

Ähnlich wie global im Entwicklungshilfediskurs zeigt sich auch national, dass in manch lieblicher Hilfsbereitschaft gegenüber »Behinderten« im neuen Mantel der »Inklusion« die alte Arroganz des Messens am arithmetischen Mittel bzw. am Mittelmaß dessen, was als »Normalität« empfunden wird, daherkommt. Nicht alles, was mit dem Etikett »Inklusion« versehen ist, wird auch mit Anerkennung, Wertschätzung und aktiver Teilhabe verbunden. Die deutsche Unesco-Kommission e. V. hat mit den »Leitlinien für die Bildungspolitik« (Deutsche UNESCO-Kommission e. V. 2009) Eckpunkte für eine inklusive Bildungspolitik veröffentlicht. Entsprechend Artikel 24 des Übereinkommens über die Rechte von Menschen mit Behinderungen der UN von 2006, wird nun in den Schulen versucht – je nach Bundesland sehr unterschiedlich – Inklusion für Schülerinnen und Schüler mit Behinderung umzusetzen. Wie relativ der Nutzen für die betroffenen Schüler/innen und Lehrkräfte sein kann, schilderte die *Süddeutsche Zeitung* im Juli 2012 anlässlich einer Podiumsveranstaltung in München zum Stand der Versuche zur inklusiven Schule (Handel 2012). Analog zur Entwicklungspolitik erhalten Regelschulen indirekt die normative Zuschreibung, »das Bessere« zu sein und die Inklusion von Schülern/innen mit Behinderung kann dann nur bedeuten, dass sie sich anpassen sollen an die vorhandene Regelschule. Den meisten Regelschulen und ihren Lehrkräften fehlen jedoch bis heute die Ressourcen, um eine optimale Binnendifferenzierung für die bereits vorhandene Vielfalt an Schülerinnen und Schülern zu gestalten. Ganz zu schweigen von einer wirklich inklusiven Arbeit, die Schülerinnen und Schüler aus den bisherigen Förderschulen einbeziehen könnte. Ein Junglehrer in seinem zweiten Berufsjahr erzählte, dass er im Jahr 2011 aus den Faschingsferien kommend vor Unterrichtsbeginn zum Schulleiter gerufen wurde. Dieser teilte ihm mit, dass er ab heute einen neuen Schüler in seiner achten Hauptschulklasse habe. Das sei ein Schüler mit Behinderung, er habe ein Asperger Syndrom. Damit wurde die Lehrkraft in den Unterricht entlassen, wo sie den bereits anwesenden neuen Schüler zu begrüßen hatte. Wäre er vor Ferienbeginn informiert worden, hätte er als noch motivierter und engagierter Junglehrer nicht nur seinen Unterricht während der Ferien entsprechend vorbereitet, um den neuen Schüler angemessen in der Klasse begrüßen zu können. Nein, er hätte sich sogar in der Kürze der Zeit über das Asperger Syndrom kundig gemacht und versucht, Handlungsoptionen zur individuellen Förderung und das soziale Miteinander in der Klasse zu entwickeln. So hatte er an diesem Tag und in den folgenden Tagen mit einer großen Unsicherheit umzugehen und nach dem Unterricht Informationen über das Asperger Syndrom einzuholen, die allerdings schulintern nicht zur Verfügung standen.

Dass Inklusion schon seit einigen Jahren in manchen Schulen ganz ausgezeichnet umgesetzt wird, beweisen die Bewerber und die Preisträgerinnen des Jakob-Muth-Preises (Bertelsmann 2013). Und einige Schulen beziehen Inklusion nicht nur auf Menschen mit Behinderung, sondern auch auf Schüler/innen, deren Familien aus dem Ausland zugezogen sind. Die Robert-Bosch-Stiftung prämiert mit dem deutschen Schulpreis jene Schulen, die in ihrer Schulentwicklung auch die Aspekte der Inklusion besonders berücksichtigen und modellhaft umsetzen. Das zweite der sechs Auswahlkriterien des Deutschen Schulpreises ist der »Umgang mit Vielfalt: Schulen, die Mittel und Wege gefunden haben, um produktiv mit den unterschiedlichen Bildungsvoraussetzungen, Interessen und Leistungsmöglichkeiten, mit kultureller und nationaler Herkunft, Bildungshintergrund der Familie, Geschlecht ihrer Schülerinnen und Schüler umzugehen; Schulen, die wirksam zum Ausgleich von Benachteiligungen beitragen; Schulen, die das individuelle Lernen planvoll und kontinuierlich fördern.« (Robert Bosch Stiftung 2013) Initiativen für Mitbürgerinnen und Mitbürger mit Migrationshintergrund sind auf dem Weg: Betreuung von unter Dreijährigen plus »Mama lernt Deutsch – Papa auch« (Lochmann&Loreth 2008), Sprachförderung im Vorschulalter, interkulturelle Begegnungsstätten und viele andere Aktivitäten. Last but not least wird Inklusion nachhaltig gelebt, wenn Erwachsene, Kinder und Jugendliche in ihrem Alltag einen unvoreingenommenen Kontakt miteinander pflegen, wo auch immer sie sich begegnen. Beispiele für ein entspanntes und wertschätzendes Miteinander in informellen Kontakten zwischen Einwanderern oder Rückkehrern und »Inländern« gibt es zum Glück reichlich. Es gibt aber auch weiterhin Ausgrenzung im direkten menschlichen Kontakt. Einen systematischen Überblick gibt die Shell Jugendstudie:

»Jugendliche artikulieren gegenüber einzelnen Gruppen durchaus Vorbehalte, allerdings kann von einer generellen Intoleranz nach wie vor keine Rede sein [...]. Mit 27% und fast gleichauf mit 26% werden am häufigsten Vorbehalte gegen-

über einer türkischen oder einer russischen Aussiedlerfamilie geäußert. Die Anteilswerte sind insofern bemerkenswert, als nur 10 % der Jugendlichen Vorbehalte gegenüber einer Familie aus Afrika mit dunkler Hautfarbe benennen. Toleranz und Vorurteile hängen demnach auch sehr stark davon ab, um welche Ethnien es sich handelt. Wer hierbei auf persönliche Kontakte zu Migranten etwa in der Nachbarschaft verweist, immerhin 50 % der Jugendlichen, der äußert in geringerem Maße Vorbehalte. Türkische und russische Migranten prägen als größte Zuwanderergruppen natürlich stark das Bild, während afrikanische Zuwanderer nur in bestimmten Gebieten (Universitätsstädte oder bestimmte Stadtteile in Großstädten) zahlenmäßig überhaupt auffallen. Insgesamt hat es trotzdem den Anschein, dass es heute nicht mehr primär eine an der äußeren Erscheinung festgemachte ›Fremdartigkeit‹ ist, zum Beispiel eine schwarze Hautfarbe, die bei einem Teil der Jugendlichen Vorurteile produziert, sondern dass auch eine bestimmte öffentliche Wahrnehmung und Rollenzuweisung, etwa gegenüber türkischen und russischen Migranten, hierfür mitverantwortlich ist.

Gegenüber einer deutschen Familie mit vielen Kindern haben 18 % und gegenüber einer deutschen Familie mit Sozialhilfebezug 15 % der Jugendlichen Vorbehalte. Bei einem homosexuellen Paar sind es 15 %, an einem alten Rentnerehepaar stören sich 12 % und an einer Studenten-WG 11 %. Junge Migranten unterscheiden sich an dieser Stelle nur unwesentlich von einheimisch deutschen Jugendlichen. Die Ausnahme bildet an dieser Stelle die Beurteilung von Homosexuellen. Gegen diese Gruppe sprechen sich in der Abfrage 24 % der Migranten im Vergleich zu 12 % der einheimisch deutschen Jugendlichen aus.

Nimmt man die Negativnennungen gegenüber den Gruppen, die wir seit 2002 abfragen, so äußern 48 % der Jugendlichen gar keine Vorbehalte, 25 % stören sich an einer Gruppe, 15 % an zwei Gruppen und 12 % haben Vorbehalte gegenüber drei und mehr Gruppen. Im Zeitverlauf betrachtet hat sich eher wenig geändert. Bezogen auf alle Gruppen ist die Tendenz inzwischen wieder leicht rückläufig.« (Shell 2010, S. 158 bis 160)

Ausgrenzung in der Kita oder in der Schule erfahren aber nicht nur Zuwanderer, alle anderen in der Shell Studie berücksichtigten sozialen Gruppen und Menschen mit Behinderung, sondern auch Kinder und Jugendliche mit außergewöhnlichen Begabungen oder einer Hochbegabung. Oft werden sie von den ▶ *Peers* als »irgendwie anders« erlebt (Kathryn Cave & Chris Riddell 2010) und manchen fällt es schon im Kindergarten schwer, einen passenden Anschluss zu bekommen. Werden sie dann zur Exzellenzförderung in besonderen Klassen zusammengefasst, so kann das hilfreich sein, weil ihnen die Art des Unterrichts besser gerecht wird. Die Erfahrung, dass sie einfach dazu gehören, werden sie durch diese Klas-

Peer-Gruppe

Gruppe gleich- oder ähnlichaltriger Jugendlicher, also »Kumpels«, FreundInnen in einer »Clique«, die sich gegenseitig und gemeinsam Rückhalt geben, die eine hohe Übereinstimmung in ihrer Werteorientierung haben. In einer Peergroup konstituiert sich Jugendkultur und es findet informelles Lernen statt. Mit »Peers« waren also zunächst Jugendliche mit einer besonderen sozialen Nähe gemeint. Inzwischen bezieht sich der Begriff auf alle Altersgruppen und ist auch in der Erwachsenenbildung, sowie in der Wirtschaft gebräuchlich, um Gruppen zu beschreiben, die keine hierarchischen Unterschiede haben und sich durch ein gemeinsames (Bildungs-) Ziel definieren (zum Beispiel: ruth cohn institite for TCI international).

sen nicht machen. Nichts gegen Eliten – unsere Gesellschaft kann besonders schlaue oder außergewöhnlich begabte junge Menschen sehr gut brauchen – genau wie sie durch junge Menschen mit Behinderung, aus Mehrkindfamilien und aus anderen Ländern vielfältiger und interessanter wird. Und natürlich sollen die Kinder und Jugendlichen mit überdurchschnittlichen Begabungen selbst Freude haben an und mit ihren speziellen Fähigkeiten, ohne Frage. Sie sollen Anregungen und Herausforderungen bekommen, die sie interessieren und weiterbringen. Sie sollten aber auch Zugehörigkeit erfahren können, indem sie lernen, erfolgreich und freudvoll mit Menschen gleichen und anderen Alters zu kommunizieren, die nicht zu den »Schnelllernern« gehören. Dialog- und Diskursfähigkeit, die Erwachsene im Leben benötigen, ist zunächst soziale Anschlussfähigkeit, die auf gegenseitigem Respekt und Empathie gründet. Nicht allen Hochbegabten (und natürlich auch lange nicht allen durchschnittlich oder »Tiefbegabten« vergl. Steinhöfel 2008) sind speziell diese Gaben in die Wiege gelegt. Inklusion ist eine Haltung und zu deren Entwicklung braucht es gemeinsame Zeit und Interaktion.

Wie in der Shell Jugendstudie bereits erwähnt, erfahren Ausgrenzung in unserer Gesellschaft auch Mehrkindfamilien, das heißt Familien mit mehr als zwei Kindern. Welchen Formen der Ausgrenzung diese Familien begegnen, kann man auf der Homepage des »Verband(s) kinderreicher Familien e.V.« nachlesen (Verband kinderreicher Familien Deutschland e.V. 2012). Keck wird dort (Verband kinderreicher Familien Deutschland e. V. 2013) mit dem Slogan »Unsere Kinder. Eure Zukunft« auf den gesellschaftlichen Wert der Kinderreichen hingewiesen. Anderseits haben sich Paare ohne Kinder, ähnlich wie die kinderreichen am anderen Ende der »Normalitäts-Messlatte«, zu rechtfertigen. In ihrem Fall natürlich wegen der Kinderlosigkeit. Ob es nun die Menschen, die ungewollt keine Kinder bekommen oder solche, die sich bewusst gegen ein Kind entschieden haben betrifft – es ist schwer zu sagen, welche der Gruppen von Nicht-Eltern dem stärkeren Rechtfertigungsdruck ausgesetzt ist (Dückers, 03. 06. 2011). Ob sich Menschen ohne Kinder ihrerseits einbringen wollen in die Welt jener, die gerade Kinder im Kindes- und Jugendalter haben, ist eine weitere Frage.

Manche Menschen ohne eigenen Nachwuchs fühlen sich durch die Kinder anderer Leute gestört und meiden soziale Räume, in denen diese ihre gewohnte Ruhe beeinträchtigen könnten. Andere genießen das Zusammensein mit jungen Menschen und pflegen den Kontakt privat oder durch ein bürgerschaftliches Engagement. Individuell können die Formen der Kontaktpflege sehr unterschiedlich sein. So bereicherte zum Beispiel eine Dame im Ruhestand unsere Nachmittagsbetreuung in der Vorweihnachtszeit, indem sie einen Adventskalender für die Kinder und Jugendlichen gestaltete. Ab und zu kommt außerdem ein Blech voll leckerer Muffins zur Pause an. Die jungen Leute bedanken sich mit spontanen schriftlichen Kommentaren, die dann an die »Spenderin« übergeben werden. Jetzt, Ende Februar, hängt der »Osterhase« alle paar Tage ein neues Osterei an den Weidenzweig vor der Eingangstür. Einige Mütter genießen es, dass sich die Dekoration so kleinschrittig aufbaut und kommentieren jedes neue Ei. So »begegnen« sich in diesem Fall die Generationen durch die Brauchtumspflege und die Ästhetik, ohne sonstige Verpflichtungen eingehen zu müssen und ohne Termindruck. Die vorlesende Oma mit dem gebannt lauschenden Kind ist ein schönes Bild, aber es beschreibt nicht immer das Unterstützungspotenzial der Generation der Babyboomer – zumal diese bei der Generation Globalisierung selten gebannt lauschende Kinder vorfindet. Mit Offenheit und etwas Fantasie kann allerdings jede und jeder seinen Beitrag zu einem nachhaltigen Miteinander leisten. Wenn dabei kleine Glücksgefühle entstehen – umso besser.

Und wann wäre eine Haltung der »Inklusion« im sozialen Umfeld noch angebracht? Manchmal sind Familien mit kritischen Lebensereignissen konfrontiert, die die Familienmitglieder belasten. Außergewöhnliche Situationen, wie der Tod eines Familienangehörigen, eine schwere Erkrankung, Arbeitslosigkeit, die Trennung eines Paares, belasten die sozialen Beziehungen und schon verschwinden manche Menschen aus dem bisherigen Bekannten- oder Freundeskreis. Inklusion würde bedeuten, dass Familien gerade bei kritischen Lebensereignissen ein soziales Umfeld vorfinden, das in der Lage ist, Belastungen abzufedern. Das gilt auch für Krisen, wie sie etwa ein disziplinarischer Unterrichtsausschluss darstellt. Mehr als einmal haben wir erlebt, dass ein Schüler wegen Verhaltensweisen, die von der Schule als problematisch eingestuft wurden, für einige Tage vom Unterricht ausgeschlossen wurde. Oder umgekehrt die Eltern ihr Kind krank schreiben ließen, weil die Beziehungen in der Schule schwierig waren und es gemobbt wurde. Wenn beide Eltern berufstätig sind oder ein Elternteil alleine erzieht und einer Erwerbstätigkeit nachgeht, verschärfen sich die Probleme, die zum Ausschluss oder freiwilligen Rückzug geführt haben. Denn schließlich war es weder den Eltern noch den Lehrkräften bis dahin gelungen, der Eskalation entgegenzuwirken. Neben vielen anderen Faktoren, die zu unerwünschtem Verhalten in der Schule führen können, spielt nach meinen Erfahrungen oft ein überhöhter Medienkonsum eine Rolle. Bleibt der ausgeschlossene oder krank geschriebene Schüler nun alleine zu Hause, so hat er den ganzen Vormittag zur freien Verfügung, um die vorhandenen elektronischen Medien nach Lust und Laune zu verwenden. Das ist eine paradoxe Situation, denn bisher hatten ja die Eltern in aller Regel – wenn auch nicht unbedingt erfolgreich – versucht, ihr Kind trotz reichlicher Unlust vom Sinn des Schulbesuchs und vom Unsinn eines übertriebenen Medienkonsums zu überzeugen. Es geht hier nicht um die Frage, welche disziplinarischen Mittel in welcher Situation angemessen, zielführend oder logisch konsistent sind (immerhin steckt eine spezielle Logik dahinter, wenn einerseits eine Schulpflicht postuliert und andererseits ein Ausschluss vom Unterricht durchgeführt wird). Es geht darum, dass durch einen Unterrichtsausschluss nicht nur der Schüler, sondern auch dessen Eltern exkludiert werden, mit der Folge, dass sie ihre beruflichen Aufgaben nicht in der erforderlichen Art und Weise wahrnehmen können, also in ihrer Erwerbstätigkeit eingeschränkt werden oder dass sie letztlich ihrer Aufsichtspflicht gegenüber dem Kind nicht gerecht werden. Sie finden sich also zusätzlich zu den Erziehungsproblemen, die sie mit ihrem Kind haben, unversehens vor einem klassischen Dilemma – es bleibt die verlockende Wahl zwischen ganz schlecht und völlig falsch. Dem Kind oder Jugendlichen wird indessen attestiert, dass es nicht dazugehört. Das hat es zuvor auch schon empfunden, denn sonst hätte es ja nicht die außergewöhnlichen Verhaltensweisen gezeigt, durch die es sich vom erwarteten und durchschnittlichen Schülerverhalten unterschieden hat und die zum institutionellen oder sozialen (Mobbing durch MitschülerInnen) Ausschluss geführt haben.

Ausgrenzung ist demnach ein Prinzip, das zu unserer Gesellschaft und zu unserem Zusammenleben gehört. Kinder und Jugendliche werden neben den bisher erwähnten Merkmalen, die zu einer Kategorisierung und oft auch Diskriminierung führen, fast durchgängig in altersspezifische Betreuungs- und Bildungssegmente sortiert, sie werden im Sportverein zu Alterskohorten auseinanderdividiert. Wenn Inklusion gelingt, gehören Menschen jeden Alters und beiderlei Geschlechts, die in ihrer körperlichen Bewegungs- und Leistungsfähigkeit oder in ihrer Denkfähigkeit oder ihrer sozio-emotionalen Kompetenz oder anderen persönlichen Merkmalen vom Mittelwert abweichen, Familien, die aus anderen Ländern zuwandern und/oder die mehr als zwei Kinder haben, Paare, die gar kein Kind haben, Menschen unterschiedlichen Glaubens oder Nicht-Glaubens zur Gemeinschaft dazu und erleben keine Benachteiligung. So entsteht ► *Diversität* in Schulen, Krabbelgruppen, Nachbarschaften, Vereinen, Stadtteilen, Communities für Urban Gardening oder im Internet. Das allerdings wird die Exklusion nicht verschwinden lassen. Und das wäre auch weder realistisch noch wünschenswert. Gruppen definieren sich über ein »Innen« und ein »Außen«, über Zugehörigkeit, die logischerweise eine Nicht-Zugehörigkeit und also Ausgrenzung beinhaltet. Zugehörigkeit zur ersten Bezugsperson zu erleben (Bindung), ist lebensnotwendig.

Das Wechselspiel zwischen »Inklusion« und »Exklusion« ist eine Konstante in der menschlichen Entwicklung und des Zusammenlebens. Zugehörigkeit brauchen Menschen von Geburt an und bis ans Lebensende. Schon kleine Kinder zeigen individuelle Unterschiede, wie sie mit dem jeweils Anderen, Fremden, Ungewohnten, Neuen umgehen: risikobereit explorierend oder eher vorsichtig Schutz suchend. Wie die Bezugspersonen der Babys und Kinder mit Inklusion und Exklusion umgehen, ist zunächst eine ethische Frage, zu der die Erwachsenen Stellung beziehen. Sei es bewusst und explizit oder unbewusst und unausgesprochen. Und selbstverständlich hängen die

Das Ganze ist mehr als die Summe seiner Teile.
Aristoteles

Erfahrungen, Einstellungen und Handlungsoptionen hinsichtlich der Zugehörigkeit bzw. des Ausgeschlossenseins vom jeweiligen historischen Zeitpunkt und von der soziokulturellen Umgebung der einzelnen Person und ihrer Familie bzw. ihres Freundeskreises ab. Aushandlungsprozesse, die sich daraus ergeben, üben Kinder von sich aus durch ihre gesamte Entwicklung hindurch. Bereits in der Krabbelgruppe gestalten Säuglinge durch ihre Aktivitäten Peerkontakte, die durch mehr oder weniger Nähe, durch häufigere oder seltenere Konflikte, durch Aufeinanderzugehen oder durch sich Ignorieren gekennzeichnet sind. Im Kindergartenalter bilden Kinder bereits Spielgruppen. In dieser Entwicklungsphase ist besonders die Zugehörigkeit zu den Jungs oder zu den Mädchen ein bedeutsames Merkmal für soziale Nähe oder Ferne (Blank-Mathieu 2013). Die sich entwickelnde Geschlechtsidentität verknüpft die genetischen Dispositionen und das stufenweise Bewusstwerden des eigenen biologischen Geschlechts mit den gesellschaftlichen bzw. kulturellen Zuschreibungen. Die pädagogische Aufgabe ist es, das »Wie« solcher Aushandlungsprozesse werteorientiert zu begleiten.

»Der wildere und körperbetontere Spielstil von Jungen wird mit einer biologischen Einflusskomponente erklärt. Der kooperativere, ruhigere Spiel- und Diskursstil von Mädchen wird in diesem Erklärungsansatz mit schnelleren Reifungs- und Entwicklungsprozessen von Mädchen in der Sprache wie in der emotionalen Regulation erklärt (Maccoby 2000, S. 129 ff.). In sozialisationstheoretischer Perspektive können die unterschiedlichen Stile im Spielverhalten nicht auf die unter-

schiedlichen Erziehungs- und Interaktionsstile der Erwachsenen zurückgeführt werden. Die Geschlechtertrennung in der Kindheit erfolgt nicht aufgrund der Nachahmung des Verhaltens von Erwachsenen. Vielmehr legen die Befunde nahe, die Konstitution von geschlechterdifferenten Welten in der Kindheit als Prozesse der Selbstsozialisierung zu deuten. Wie die protokollierten Szenen im Kindergartenalltag zeigen, manifestiert sich die Konstitution von Geschlecht im sozialen Kontext der Peergroup. Die Bedeutung von Geschlecht wird in der Gruppe gemeinsam konstruiert und diskursiv ausgehandelt.« (Röhner, S. 342).

Welche Bedeutung die Welt außerhalb der Kita dem Geschlecht beimisst und welche diskriminierenden oder gleichermaßen wertschätzenden Attribuierungen sie verwendet, hat verschiedene Ursachen. Dass sie die Art der Wirklichkeitskonstruktion in Kindergruppen beeinflussen, ist klar. Die Erkenntnis, dass Kinder und alle anderen Menschen ihre Wirklichkeit individuell und gemeinschaftlich konstruieren und damit kindliche Nachahmung niemals Kopie ist, sondern Erschaffung von Wirklichkeit, gibt Hoffnung. Die Generation Globalisierung hat ihre ganz eigene Chance zu einer gelingenden nachhaltigen Entwicklung – persönlich, kulturbezogen und dank der digitalen Medien und größerer Mobilität auch global. Und zwar nicht »nur« hinsichtlich der Bedeutung des Geschlechts als Merkmal für Benachteiligung oder gleichberechtigte Teilhabe.

Das Spiel zwischen Begrenzung und Öffnung des sozialen Raums beginnt spätestens mit der Geburt. Mit der Frage, was ein Baby an Konsumgütern wirklich braucht, ist der erste Schritt für eine ökologisch nachhaltige Erziehung getan. In Familien und Freundeskreisen werden auch heute noch viele Sachen, aus denen das Baby hinausgewachsen ist, weitergegeben. Das ist eine tradierte Form der Ressourcenschonung – gut für den Geldbeutel und die Umwelt. Allerdings müssen Eltern heute außergewöhnlich leidensfähig oder selbstbewusst oder mutig sein. Einen Kinderwagen zu steuern, dem man ansieht, dass er aus einer Kollektion stammt, die vielleicht schon zwei oder drei Jahre am Markt ist, wird von den Nachbarn, den Mitgliedern der Krabbelgruppe und im Bekanntenkreis wahrgenommen und nicht immer positiv als bewusster Konsumverzicht bewertet (Pinzler 2012). Und bewusster Konsumverzicht seinerseits hat genügend Kritiker (Unterreiner 2008). Das ist wie mit dem Schulranzen: Jedes Jahr ein neues Design und wer eines vom letzten Jahr hat, ist schon gebrandmarkt. Die Definition des Selbstwerts über trendige Markenprodukte, der bei Jugendlichen gerne beklagt wird, beginnt mit der Haltung der Eltern als Mitglieder unserer globalisierten Konsumgesellschaft.

»Ein Blick in Kindergärten oder Schulen macht es offenbar: Deutsche Kinder und jene mit Migrationshintergrund mögen sich zwar in Hautfarbe oder Mutter-

sprache unterscheiden. Sonst sind die Differenzen jedoch eher gering. Ihre
Eltern tun alles dafür, sich dem deutschen Lebensstil anzupassen. Marken spie-
len dabei eine entscheidende Rolle – oft sogar mehr als für ihre deutschen
Nachbarn. Das hat jetzt eine Studie im Auftrag von Mediaplus hervorgebracht.«
(Deutsch türkische Nachrichten 2012)

Dass Kleider Leute machen, ist nicht nur in der Literatur und nicht erst im 21. Jahrhundert bekannt. Wer sich integrieren möchte, ist gut beraten, sich nicht schon
rein äußerlich als »Alien« zu definieren. Und »äußerlich« meint gerade bei kleinen
Kindern, dass der Maßstab sozialer Zugehörigkeit sich an angesagten Getränken,
Süßigkeiten und Spielzeugen orientiert. Später kommen die Kleidungs- und Sport-
marken, sowie die »geilen« Hersteller für die elektronische Ausstattung hinzu.
Es ist schon besser, wenn man dem Nachbarn in der Schule und sogar im Sandkasten keinen normalen Kaugummi anbietet. Nein, wenn man aus dem Nachbarn
einen Freund machen möchte, sollte es im Jahr 2013 schon ein »gum« mit eigener Homepage sein. Zwar ist dieses Produkt konzipiert für junge Erwachsene,
aber die User werden von Monat zu Monat jünger. Und welcher Vater widersteht
den Begehrlichkeiten des Dreikäsehochs an der Kasse im Supermarkt, wenn er
weiß, dass es bei der Wahl des Kaugummis um den sozialen Anschluss geht?
Da liegen letztlich die Karrierechancen und das private Glück auf dem Laufband.
Wer die Zukunft seines Kindes in Rechnung stellt, wird weder die aufwändige
Verpackung auf das Umweltkonto schreiben noch den unverschämt hohen Preis
für hinterfragbar halten. Wenn Eltern mit oder ohne Migrationshintergrund ihrem
Kind beim Konsum angesagter Süßigkeiten und anderer Markenprodukte Grenzen setzen, müssen sie sich bewusst machen, dass sie es als »Alien« auf Ent-
deckerreise in seine außerfamiliäre Lebenswelt schicken. Das ist kein Fehler, wenn
die Umwelt bereit ist, mit abweichenden Konsumgewohnheiten inkludierend umzugehen. An dieser Stelle sind die professionellen Pädagogen manchmal sehr
unterstützend, wenn auch ihnen persönlich nachhaltiges Verbraucherverhalten
wichtig ist und sie daran interessiert sind, Kinder und Jugendliche für klimaver-
trägliche Handlungsoptionen zu sensibilisieren.
   Über das individuelle und lokale Engagement hinaus bietet zum Beispiel das
Modellprojekt KITA21 (Stoltenberg & Thielebein-Pohl 2011) ausgezeichnete Materialien und Anregungen. Für die Schule bietet die Universität Bremen Unterrichts-
materialien, die fortlaufend aktualisiert werden (Grundschulverband e.V. 2013),
einen zusätzlichen Überblick über Homepages, die weiterführende Informationen und Unterrichtsmaterial bieten, hat die vom Bundesministerium für wirtschaftliche Zusammenarbeit und Entwicklung geförderte Initiative »Bildung trifft Entwicklung« zusammengestellt (Deutscher Entwicklungsdienst 2013). Wenn solche
Ansätze generationenübergreifend mit Menschen, die an einer nachhaltigen

Lebensweise interessiert sind, aufgenommen, weiterentwickelt und im Alltag praktiziert werden, bedeutet Inklusion der kritischen »Verbraucher-Aliens« in Erziehung und Bildung, dass diese wichtige Veränderungsprozesse in Gang setzen können. Nämlich die tradierte Maxime »Wohlstand durch Wachstum«, die wir uns schon lange nicht mehr leisten können, wenn wir an die Zukunft der nachfolgenden Generation(en) denken, zu ersetzen durch eine lokale und persönliche Nachhaltigkeitsorientierung. Das wäre dann auch Inklusion im eigentlichen Sinn: Das Aufnehmen von Minderheiten in eine bestehende Gemeinschaft einschließlich all der Inspiration, die sie dieser Gemeinschaft geben können – was für alle Gruppen gilt, die von Ausgrenzung bzw. Benachteiligung betroffen sind. Wie schnell sich im Zeitalter der digitalen Medien persönliche und lokale Innovation überregional verbreitet, zeigt zum Beispiel die Bewegung »Mundraub« (Mundraub 2013).

Wenn es parallel den schwerfälligen Gremien der globalen politischen Akteure gelingen sollte, strukturelle Weichen für eine rasche nachhaltige Entwicklung im Bereich Klimawandel zu stellen, wäre das hilfreich. Allerdings ist das nach Jahren der Pokerspiele um die Wahrung nationaler Interessen in den internationalen Gremien nicht wirklich wahrscheinlich. Hans Joachim Schellnhuber vom Potsdam-Institut für Klimafolgenforschung mahnte bei der Weltklimakonferenz in Doha im November 2012: »Das erste Gebot der Menschlichkeit: Töte deine Kinder nicht.« (Schellnhuber 2012) Die Realisierung dieses Wunsches in Gebotsform würde allerdings voraussetzen, dass es gelänge, die globalen, nationalen und privaten Wirtschaftsstrukturen mit ihrer enormen Sogwirkung zu verändern. Vielleicht kann die Generation Globalisierung lokal wie international Bewegung in die starr ritualisierten Gremien-Räder bringen (Boese 2011).

Eine ganz andere, aber für nachhaltige Erziehung nicht minder wichtige Variante des Wechselspiels zwischen sozialem Ein- und Ausschließen ist in zwischenmenschlichen Beziehungen der Kontaktabbruch. Im 21. Jahrhundert wollen die meisten Eltern in Deutschland auf Augenhöhe mit ihren Kindern kommunizieren und es ist ihnen sehr wichtig, jederzeit eine gute Beziehung zu ihrem Kind zu haben. Das gilt reziprok auch für die Kinder. Außerdem wird in manch einem sogenannten Erziehungsratgeber undifferenziert empfohlen, Kindern und Jugendlichen die Gründe für elterliches Handeln nahezubringen. Das war ein sehr wichtiger Hinweis vor 30 und mehr Jahren, als insbesondere die Väter noch nach dem Wahlspruch »Solange du deine Füße unter meinen Tisch stellst …« ihre Familienherrschaft diktatorisch ausübten. Unterstützt von Müttern, die als nicht weniger drastisches Erziehungsmittel tagelang die Kommunikation verweigerten, wenn zum Beispiel die Tochter in Jeans zum Opernbesuch erschien oder der heranwachsende Sohn sich trotz Verbots heimlich mit einem bestimmten Mädchen traf.

Wenn moderne Eltern erzieherisch in Schieflage geraten, dann eher, weil sie davon ausgehen und darauf hoffen, dass ihr Kind – egal in welchem Alter – gehorchen wird, wenn sie ihm nur freundlich erklären, worum es geht. Im Bemühen, dieses Verständnis herzustellen, intensivieren sie den Kontakt, je schwieriger und aussichtsloser die Zielerreichung wird. Sie texten – mit den allerbesten Absichten – die Kinder und Jugendlichen regelrecht zu. Und sie übernehmen dabei verbal oft auch die Aufgaben, die sie eigentlich vom Kind fordern wollen oder sollten: »Jetzt gehen wir schlafen«, hört das Baby von Anfang an. Und wie es selbsterfüllende Botschaften manchmal an sich haben, kommt es dann wirklich so: Mutter oder Vater müssen sich mit dem Kind ins Bett

> Öko-Strom,
> erneuerbare Energien,
> weniger Strom verbrauchen –
> gut für die Zukunft:
> Nachhaltigkeit.

legen, weil es sonst nicht einschlafen kann. Später hört man dann: »Wir müssen noch üben, weil wir morgen eine Klassenarbeit schreiben.« Und wenn dann der kindliche Teil des postulierten »wir« keine Lust hat zu üben, nehmen die Enttäuschung und die Krise ihren Lauf. Das halbe »wir« wird argumentieren, dass die Freunde auch nicht extra üben und dass das alles unfair sei. Oft hilft es, wenn der andere Teil des »wir« die Inklusion aufkündigt, in dem das elterliche »ich« seiner eigenen Beschäftigung nachgeht und dem kindlichen »du« aufträgt, seine Aufgaben zu erledigen. Wenn das Kind sein Abitur abgelegt hat, schauen »wir« seit einiger Zeit die Hochschule an und immer mehr »wirs« gehen anschließend studieren (Breithaupt 2012). Dabei möchte ich nicht kritisieren, dass Eltern sich um das Studium ihrer Kinder kümmern, was bei Minderjährigen nicht einmal fakultativ ist (Off 2012). Ich finde es wunderbar, dass Familien viel Zeit miteinander verbringen. Das Problem ist, dass manche Eltern ihr erwachsenes Kind mit festem Griff in ihr eigenes Leben einschließen. So mutiert der pädagogische Begriff der Inklusion zu einer Metapher, die ihr Bild aus der Mineralogie schöpft.

Immer mehr Kinder bis ins hohe Erwachsenenalter und ihre Eltern kuscheln sich ein in einen Kokon, das ihnen vielleicht Halt gibt in einer Welt, deren atemloser Wandel und schillernde Komplexität unsere menschlichen Gehirne im Grunde überfordert. »Cocooning« ist schon im Duden angekommen: Nicht zuletzt, weil ehemals griffige Werte wie Pluralismus, Informiertheit und Toleranz, die die Bürgerinnen und Bürger im globalen Dorf gewonnen haben – bzw. mancherorts dafür kämpfen – zu wachsweichen Größen der Nichteinmischung verwandelt wurden, die kaum Orientierung bieten können. Ich meine damit nicht, dass Menschen zurückfallen sollten in die engen Korsetts alter oder neuer Normierungen, die einfache Lösungen anbieten. Das Risiko, dass die Suche nach Halt in problematische Bahnen läuft, wächst. Das zeigt sich am Zulauf politisch oder religiös extremer und extremistischer Formierungen (RIMID 2013; Wikipedia 28. 02. 2013; Wikipedia 26. 02. 2013). »Ob Christen, Juden, Muslime, Tierschützer oder Nichtraucher – unter ihnen allen gibt es einen Glauben, der weltweit die höchsten Zuwachsraten hat: den Fundamentalismus. Er ist der höchstpersönliche Ausweg aus der Individualismusfalle. Doch manchmal macht die neue Ausschließlichkeit krank. Und manchmal tötet sie.« (Drobinski 2012)

Um Unterschiede aushalten, bewältigen und schließlich als bereichernde Diversität erleben zu können, braucht es Menschen, die eine innere Sicherheit mit ins Leben nehmen. Dafür benötigen sie nicht nur eine Familie, in der sie sich geborgen fühlen und in der sie lernen, Herausforderungen zu bewältigen, sondern auch ein erweitertes Umfeld, in dem sie Vielfalt erleben und gleichzeitig strukturieren können. Werden Alltagssituationen entsprechend gedeutet und gelebt, können Kinder und Jugendliche sehr gut mit Unterschieden umgehen und Werte diskursiv herausarbeiten. Inklusion ist eine Haltung, die Bestandteil der zwischenmenschlichen ▶ *ökologischen Nische* sein muss. Wertekonsens und die Koexistenz unterschiedlicher Werte muss für Kinder und Jugendliche immer wieder sinnlich erfahrbar sein. Falls nötig, auch gerne auf dem Hintergrund einer gepflegten Streitkultur. Wenn aber Eltern einen »Rosenkrieg« führen oder gegen Lehrkräfte kämpfen oder umgekehrt Lehrkräfte gegen Eltern kämpfen, dann erleben junge Menschen nicht nur die Verurteilung des jeweils anderen Konfliktpartners. Nein, wenn der Streit eskaliert, erfahren sie zusätzlich, dass »Fertigmachen« als ultimative Form der Exklusion in Ordnung ist. »Mut statt Wut« (Leggewie 2011) wäre da eine prima Alternative – nicht nur im bürgerschaftlichen Engagement, sondern auch im alltäglichen zwischenmenschlichen Kontakt. Und diese Zukunftsvision bezieht sich auch auf jene Minderheit von Lehrerinnen und Lehrern verschiedener Schularten, die bislang kollegiale Ab- und Ausgrenzungsrituale pflegen und dabei aus dem Blick verlieren, worum es geht: Eine nachhaltige Bildung für die Generation, die ihnen zur Bildung anvertraut ist.

Ähnliches gilt übrigens auch für die Wissenschaften, wo erkenntnistheoretische Unversöhnlichkeiten, die Konkurrenz um Anerkennung und Geldmittel Ausgrenzungsprozesse aufrechterhalten. Hinzu kommt der jeweils fachspezifische Sprachcode, der nicht nur die vielbesungene interdisziplinäre Zusammenarbeit behindert, sondern vor allem für Praktikerinnen und Praktiker extrem hohe Hürden bereithält. Um aktuelles Wissen aus erster Hand nützen zu können, sollte man oder frau die Fachsprache mehrerer Disziplinen beherrschen. Dabei ist mir sehr wohl bewusst, dass Wissenschaftler/innen, Lehrkräfte, aber auch die meisten anderen pädagogischen Fachkräfte extrem belastet sind durch die ra(s)tlose Hektik, die sich durch unser globalisiertes Leben zieht. Unausgereifte oder schlecht kommunizierte Veränderungen in den Bildungs- und Wissenschaftssystemen, die in schneller Folge versuchen, auf neue gesellschaftliche, wirtschaftliche und klima-

> **Man kann seine Kinder noch so gut erziehen, sie machen einem doch alles nach.**
> *Verfasser unbekannt*

tische Bedingungen zu reagieren, sind kräftezehrend und lenken oft genug vom Eigentlichen ab. Die neue Eltern- und Kindergeneration – in den Familien ihrerseits immer wieder überfordert mit dem Alltag und verunsichert angesichts der Zukunft – macht die pädagogische Arbeit nicht leichter. Und auch die neue Generation Studierender erfordert ein Überdenken tradierter Strukturen und der persönlichen Einstellungen. Es wird an allen Stellen unserer Gesellschaft noch ein paar mehr Mutige aus allen Generationen brauchen, die sich nicht in den »autistischen« Kokon der individuellen Resignation zurückziehen und/oder ausschließlich karrierebesessen alle nachhaltigen Werte ignorieren.

Eine ermutigende Meldung vom Februar 2013: Eine Gruppe engagierter Menschen hat ein Smartphone entwickelt, das alle nachhaltigen Ansprüche erfüllt (Bernau 2013). Seit Jahren würde ich mich gerne von meinem steinzeitlichen Handy trennen. Leider stellte sich bei jeder Recherche heraus, dass sich hinsichtlich Nachhaltigkeit in diesem Sektor nichts bewegt. So warte ich mit dem Kauf eines Smartphones. Konsumaußenseiter werden von den globalen Konzernen trotz deren Hochglanz-Nachhaltigkeits-Commitments nicht bedient. Wenn die Generation Globalisierung mutig genug ist, in Nischen nachhaltige Konsumgüter zu entwickeln, dann kann sich die Generation der Babyboomer (und nicht nur sie) ein schickes und »faires« Smartphone gönnen. Wir sollten die jungen Menschen unterstützen, dass sie die Fähigkeiten und den Mut für wirtschaftliche Inklusion, also ► *Kohärenz*, besitzen werden.

Anstrengungsbereitschaft und Ausdauer

Sonja
» 12 Jahre alt
» geht in die 6. Klasse des Ludwigsgymnasiums in Straubing
» liebt Tiere und Pflanzen
» hat viele Ideen, wenn es um das Thema Umweltschutz und/oder Energie geht
» ist interessiert an unserer Zukunft und an der Energiewende
» sorgt sich um eine gesunde Zukunft

Energie – ein Thema, das mich betrifft?

Der Energieverbrauch wird immer größer und es gibt auch immer mehr Menschen. Mehr Menschen bedeuten mehr Müll, mehr Verbrauch und somit auch mehr Energie. Fast alles braucht Energie, also Strom, zum Beispiel: Auto, Wasserkocher, Licht, Computer, Handy. Wir müssen Energie sparen, manchmal müssen wir nicht mal auf etwas verzichten. Das schadet keinem und es gibt viele Möglichkeiten, Energie zu sparen. Man kann einfach den Stecker ziehen, Licht ausschalten oder mit dem Bus fahren. Ich versuche zu sparen, aber leider machen das nicht alle. Viele Menschen verbrauchen nur noch mehr Energie und denken dabei gar nicht an die Umwelt.

Beobachtungen aus dem (pädagogischen) Alltag

Wenn die Kinder technische Geräte auseinanderbauen, eignen sich die einzelnen Bauteile gut, um daraus Kunstobjekte zu gestalten. Ein Junge möchte aus den Überresten eines Laptops ein Mobile für den Garten machen. Auch ein paar Steine sollen in das Kunstobjekt eingebaut werden. Nun gelingt es nicht gleich, die Steine so zu befestigen, dass sie auch wirklich halten. Gerade noch Feuer und Flamme für sein Vorhaben, verkündet er jetzt, er gehe dann Fußball spielen.

Eine Familie kommt wegen ihrer neunjährigen Tochter zu einem Erstgespräch. Es geht um Konzentrationsprobleme. Mit dabei ist die kleine Schwester, die noch den Kindergarten besucht. Sie möchte gerne ein Bild malen, solange die Großen reden. Nach fünf Minuten ist sie schon fertig und ihr Werk wird von den Eltern bewundert. Ob sie jetzt zu McDonald's gingen, fragt sie und zieht ein weinerliches Gesicht, als sie erfährt, dass das noch dauern wird. Entschuldigend fügen die Eltern hinzu, dass sie dieses Restaurant natürlich nicht gut finden, aber nachdem die Kinder jetzt mit hierher gekommen seien ... Das Mädchen nimmt ein zweites Blatt Papier und verkündet nach kürzester Zeit wieder, dass es jetzt fertig sei mit dem Bild. Mh. Ich erkenne eine Sonne und was ist das hier unten? Das sei ihr Hamster, erklärt die Kleine und beginnt, das Tier zu beschreiben. Ob sie mir das denn malen könnte, damit ich es ganz genau weiß, wie der Hamster aussieht, frage ich. Stöhnend macht sie sich noch einmal an die Arbeit und kommt erst nach weiteren zehn Minuten zurück. Der Hamster hat ein scheckiges Fell und einen Käfig bekommen. Zwischen diesem und der Sonne klafft weiterhin eine gähnende Leere. Wo denn der Käfig stehe, erkundige ich mich interessiert. Wieder beginnt das Mädchen zu erzählen. Erneut bitte ich sie, das ganz genau zu malen. Als sie schließlich wiederkommt, haben Hamster und Käfig eine nette Umgebung bekommen. Wir plaudern noch ein bisschen, dann verabschiedet sich die Familie. Ich darf das Bild behalten und hänge es natürlich auf. Wochenlang schaut das Mädchen jedes Mal nach, ob sein Bild noch hängt, wenn es mitkommt, um seine Schwester vom Aufmerksamkeitstraining abzuholen. Am Telefon berichtet mir die Mutter, dass die Hausaufgabensituation zu Hause viel ruhiger geworden sei – auch weil die kleine Tochter sich jetzt länger alleine beschäftigen könne. Dass sie das von der Fünfjährigen erwarten dürfe, sei ihr beim Erstgespräch aufgefallen. Und wenn sie dem Kind immer wieder vertiefende Fragen zu seinen Bildern oder seinem ▶ *Spiel* stelle, dann bleibe dies auch länger »bei der Sache«. Die Tochter mache gerade Weihnachtssterne aus Papier für die Großeltern und strenge sich mächtig an, dass die auch wirklich sorgfältig geschnitten sind.

Die gute Nachricht

Beim Fußballspielen, beim Musikhören, im Internet zeigen viele Kinder und Jugendliche große Ausdauer und die meisten strengen sich auch an, wenn es darum geht, in einem Spiel Punkte zu machen. Bekommen sie ein Lob, eine Anerkennung oder einfach »nur« Aufmerksamkeit, falls sie sich an eine schwierige Aufgabe machen, dann steigt auch ihre Motivation, sich mehr anzustrengen und ausdauernder dabei zu bleiben.

Die weniger gute Nachricht

Produkte und Projekte, bei deren Herstellung Schwierigkeiten zu überwinden und wiederholte Versuche notwendig sind, um eine gute Lösung zu »erarbeiten«, werden eher unfertig zurückgelassen. Da Eltern manchmal nicht wissen, was sie von ihrem Kind erwarten können und wie sie es zu mehr Ausdauer und Einsatz bewegen können, loben sie zu früh und zu wortreich. In anderen Situationen verlangen sie zu viel. Dann hat das Kind oder der Jugendliche keine Chance auf Erfolgserlebnisse. Also geben sie auf, ehe sie es überhaupt versuchen – zu Recht, wenn sie überfordert sind.

Eltern und professionelle Pädagogen

Eltern und professionelle Pädagogen müssen sich schon etwas einfallen lassen, um Kinder und Jugendliche zu veranlassen, Schwierigkeiten zu überwinden und länger an einer Sache zu bleiben, denn im Alltag kommt das positive Feedback oft nicht so schnell und direkt wie in einem Computerspiel. Wer den Stolz und das umwerfende Selbstbewusstsein kennt, mit dem Kinder und Jugendliche einen Erfolg präsentieren, für den sie sich wirklich anstrengen mussten, dem wird etwas einfallen – und sei es »nur«, um solche Momente mit Kindern und Jugendlichen genießen und feiern zu können.

Entwicklung

»Interaktionsmodelle, die beschreiben, wie das Kind aktiv auf Umwelten einwirkt und seinerseits aktiv von diesen beeinflusst wird, gehören heute zu den favorisierten 4 Entwicklungsmodellen. Entwicklung wird hier als Folge der Interaktion (oder Transaktion) zwischen Umweltbedingungen und einem aktiven Kind verstanden. Selbst die moderne Verhaltensgenetik untersucht kontinuierliche Wechselwirkungen von umweltbezogenen und genetischen Einflüssen und zeigt, dass beide *verändernd* aufeinander einwirken [...]. Danach legen bereits individuelle intrauterine Umgebungsbedingungen (etwa bedingt durch unterschiedlich ausgeprägte Stresspegel während der Schwangerschaft der Mutter) die vorgeburtliche Hirnaktivität verschieden aus, bringen unterschiedlichste Verhaltenstendenzen und Fähigkeiten zum Tragen und bestimmen in einer ganz spezifischen Weise den Ausgangspunkt der Persönlichkeitsentwicklung nach der Geburt [...].« (Ahnert 2007)
Entwicklung ist ein lebenslanger Prozess.

Endogene Entwicklungsfaktoren

Von innen wirkende Veränderungsimpulse, also letztlich durch Gene bestimmt.

Exogene Entwicklungsfaktoren

Von außen wirkende Veränderungsprozesse, also Anpassungen, die durch die Umwelt bewirkt werden.

Autogene Entwicklungsfaktoren

Selbststeuerung, also Entwicklungsimpulse, die das Individuum selbst generiert, indem es zum Beispiel seine Aufmerksamkeit und sein Interesse bestimmten Dingen/Menschen zuwendet; indem das Individuum von sich aus motiviert ist, seine Motorik weiter zu entwickeln und deswegen auf einen Baum klettert.

Welche Rolle spielen Entwicklungsfaktoren?

Generationen von Wissenschaftlern haben ihre Brillanz zu einem erheblichen Teil in den Anlage-Umwelt-Streit gesteckt. Aus heutiger Sicht bedauerlich, dass so viel Talent in die Entweder-oder-Frage investiert wurde. Die Entwicklungspsychologie trennt traditionell zwischen ▶ *endogenen* und *exogenen Entwicklungsfaktoren*. Dass die Entwicklung eines Menschen von der Umwelt abhängt, also exogen bedingt ist, fließt unreflektiert in die Erwartung ein, pränatales Mozart-Hören bewirke beim so beschallten Fötus eine besondere Musikalität. Sicher werden Kinder, die mit Musik schon im Mutterleib und danach angenehme Erfahrungen gemacht haben, einen anderen Bezug zur Musik haben als Kinder, in deren Umfeld wenig oder keine Musik stattgefunden hat. Wir wissen außerdem, dass Singen den Spracherwerb positiv beeinflusst. Und wir ahnen, dass gemeinsames Singen, Musizieren oder Tanzen eine prägende Beziehungs- und Sozialerfahrung ist. Manche Studien legen eine Korrelation zwischen früher musikalischer Bildung und Intelligenzentwicklung nahe. Das Problem ist, dass die Anstrengungen, die moderne Eltern mit dem Kopfhörer auf dem schwangeren Bauch unternehmen, teilweise aus der Erwartung entstehen, dadurch schließlich einen kleinen Mozart oder eine kleine Marie Curie zu »erzeugen«. Nicht selten werden sie von medialen Elternratgebern, aber auch von Fachkräften, die mit entsprechenden Förderangeboten am Markt sind, in diesem Glauben unterstützt. Zeigt sich dann, dass das Kind trotz aller Mühen hinter den hohen Erwartungen zurück bleibt, ist die Enttäuschung groß und die Krise vorprogrammiert.

Im Bestreben, Kinder zu fördern und ihnen möglichst viel Bildung und Intelligenzentfaltung »zukommen« zu lassen, wird der ▶ *autogene Faktor in der Entwicklung* oft übersehen (Sander 2012, S. 17 bis 19). Kinder sind von Natur aus gut vorbereitet, selbst auszuwählen, was sie interessant finden, wenn sie die passende dingliche und menschliche Umgebung haben. Durch neugiergeleitetes Spielen erfahren Kinder die Welt und gestalten sie gleichzeitig. Dieses intrinsisch motivierte Lernen ist ein emotionaler Prozess (vergl. Roth, 2011, S. 73 bis 91). Es verursacht spezifische ▶ *neuroplastische Veränderungen.* »Selbstgesteuertes« Lernen, was nicht heißt »ohne Regeln« oder »egozentrisch«, ist besonders nachhaltig: Kinder und Jugendliche lernen genau das, was sie für ihre Entwicklung brauchen und sie lernen ganzheitlich. Wie wichtig es dabei ist, dass die Umwelt die aktive Kontaktsuche und das Explorationsverhalten der ganz kleinen Kinder angemessen beantwortet, zeigt die Bindungsforschung. Bereits im ersten Lebensjahr werden die Weichen gestellt, wie viel Forscherdrang das Kind entwickelt, wie vertrauensvoll oder skeptisch es seiner Umgebung einschließlich der Menschen begegnet, wie gut es sich emotional an die Gegebenheiten der Welt anpassen kann und wie es seine Beziehung zu dieser erlebt. Eltern, die wenig Erfahrung haben im Umgang mit Säuglingen, gelingt es nicht immer, ihre Zuwendung angemessen zu kommunizieren – trotz bester Absichten und großer Anstrengungen. So werden aus ersehnten Kindern manchmal unruhige Babys. Probleme beim Essen und Trinken, Hautausschläge und vieles mehr können zeigen, dass die Interaktionsangebote des Kindes, also seine autogenen Entwicklungsbausteine, von den Eltern nicht ausreichend verstanden werden und sie ihrerseits Botschaften senden, die den Bedürfnissen oder den Fähigkeiten in der Wahrnehmung und Verarbeitung des Babys nicht entsprechen. Um Missverständnissen vorzubeugen: Die oben erwähnten Probleme können auch ganz andere Gründe haben.

> Jedes Mal, wenn wir einem Kind etwas frühzeitig beibringen, das es später für sich selbst hätte entdecken können, wird diesem Kind die Chance genommen, es selbst zu erfinden und es infolgedessen vollkommen zu verstehen.
>
> *Jean Piaget*

Wenn ihnen die Kommunikation mit ihrem Kind nicht wirklich gelingt, empfinden Eltern das verständlicherweise als frustrierend. Neben vielen anderen Faktoren wird diskutiert, ob postnatale Depressionen durch diese Verständigungsschwierigkeiten zwischen Eltern und Säugling ausgelöst werden können. Da Babys schon direkt nach der Geburt unterschiedlich »begabt« sind, ihre Eltern durch Charme, gutes Aussehen, angenehme Lautäußerungen usw. für sich zu gewinnen, gilt die Frage nach Ursache und Wirkung in beide Richtungen. Hier lassen sich die vielschichtigen Wechselwirkungen zwischen autogenen Entwicklungsfaktoren, der genetischen Disposition und der Umwelt gut nachvollziehen.

Falsch verstandene antiautoritäre Erziehung, die sich in der Praxis vorwiegend als »Laisser faire« darstellte, trieb in den 70er und 80er Jahren des letzten Jahrhunderts wunderliche Blüten. In den 90er Jahren wurde der kleine Tyrann entdeckt, in diesem Jahrhundert wurde ein neues Loblied auf die Disziplin angestimmt und die Elternratgeber der vergangenen Jahre thematisieren Grenzsetzung, Respekt und erzieherische Kompetenz. Elternseminare setzen auf starke Eltern, die starke Kinder erziehen. Man erkennt in der Literatur und auch in dem, was Eltern als Erziehungsmaximen kommunizieren, eine Tendenz, die Freiräume der Kinder und teilweise auch der Jugendlichen wieder einzuschränken. Die Absicht, Kindern durch klare Regeln, Rituale und eindeutige Kommunikation weniger Verantwortung zu übertragen, kann für die autogenen Entwicklungsfaktoren günstige Bedingungen schaffen. Schließlich sind die Selbststeuerungskräfte der Kinder und Jugendlichen schlicht überfordert, wenn ihnen Entscheidungen übertragen werden, die sie in ihrem Alter nicht treffen können oder wenn ihnen Gestaltungsräume eröffnet werden, die sie verwirren und verunsichern. In der Schule wird die Fähigkeit zur Selbststeuerung erwartet, im Idealfall wurde das Kind zuvor gleichermaßen in der Familie und in der außerfamiliären Tagesbetreuung (Krippe, Tageseltern, Kindergarten) unterstützt, seine eigenen Antriebe, Ziele, Interessen und Affekte mit denen anderer Kinder und Erwachsener in Einklang zu bringen. Um schulfähig zu sein, muss das Kind darüber hinaus seine spontane Neugier, also seine Entdecker- und Forscherimpulse unterdrücken können und stattdessen bereit sein, sich auf das curriculare Lernangebot mit den vorgegebenen Methoden einzulassen. Seit Politik und Wirtschaft erkannt haben, dass Bildung bereits vor dem Schuleintritt stattfindet und gerade bei kleinen Kindern Potenziale schlummern, die lange vor der Einschulung entwicklungsfähig sind, werden Curricula – bereits für unter Dreijährige – ausgestaltet und in die Frühpädagogik mehr oder weniger verbindlich implementiert (vergl. zum Beispiel Stiftung Haus der kleinen Forscher und TfK). Und immer mehr Studierende entscheiden sich für ein MINT-Fach (vergl. Wirtschaftwoche 2012).

Atomkraft:
Energie sparen.
alternative Energien verwenden,
für die Zukunft sorgen.
Verbesserung!

Nun machen hohe Abbrecherzahlen in diesen Fächern nachdenklich: Könnte die hohe Anzahl der »Aussteiger« nicht nur ausdrücken, dass die Lehre ungünstig organisiert ist, sondern auch widerspiegeln, dass Studierende mit falschen Voraussetzungen in ihr Studium gehen? Häufig achten junge Menschen vernünftiger-

---

Neuroplastizität / Neuromodulation

»Das menschliche Gehirn dient dazu, möglichst exakte Vorhersagen über die Zukunft zu treffen, um unser Verhalten zu steuern. Um sich dabei an wechselnde Umgebungsbedingungen anpassen zu können, ist eine hohe Flexibilität notwendig. Dementsprechend ist das menschliche Gehirn ständigen Veränderungen unterworfen. Jedes Erlebnis und jede Erfahrung hinterlässt ›neuronale Spuren‹ im Sinne veränderter Aktivität und Struktur der neuronalen Netzwerke im Gehirn. Dieser Mechanismus, der auch als ›Neuroplastizität‹ bezeichnet wird, bildet die Grundlage jeglicher Lernprozesse.« (Medizinische Einrichtungen des Bezirks Oberpfalz 2013) Möglich ist das durch die Fähigkeit von einzelnen Nervenzellen oder Zellverbänden und/oder den synaptischen Verbindungen, sich je nach ihrem Gebrauch zu verändern. »Lernen« bedeutet hier auch medizinische Rehabilitation und die Entstehung chronischer Schmerzen.
(Schuh-Hofer/Treede, S. 115–122)

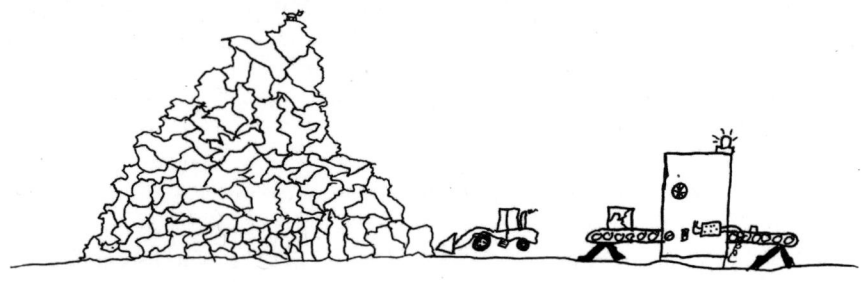

Maximilian: Müllpresse, danach kann man das unter der Erde lagern

weise bei der Berufs- und Studienwahl auch auf ihre späteren Berufsaussichten und Karrierechancen: Während am Ende des ersten Jahrzehnts dieses Jahrhunderts noch viel über die »Generation Praktikum«, das heißt die schlechten Berufsaussichten für akademische Absolventen/innen geklagt wurde, begann in den Medien bereits die Berichterstattung über künftige Personalengpässe bei den Ingenieuren. Hochschulen und Firmen haben sich mit Schülerbörsen, Girls' Days (Girls Day 2013) und vielen anderen Maßnahmen direkt an die Jugendlichen gewandt und tun es noch. Kein Wunder, wenn sich junge Menschen angesichts glänzend dargestellter Zukunftsaussichten für ein entsprechendes Studium entschließen, ohne starke fachliche Ambitionen mitzubringen. Aber ohne intrinsische Motivation für die jeweiligen Studieninhalte ist es schwer, die Ausdauer und Anstrengungsbereitschaft aufrecht zu erhalten.

Problemlösendes Vorgehen ist in der Schulzeit selten gefordert. Vieles kann getrost wieder vergessen werden. »Bulimielernen« wird schon in der Grundschule trainiert, damit der Übertritt in eine weiterführende Schule gelingt. Und weiterführende Schulen haben weiterhin vollgepfropfte Lehrpläne, bei denen Lernen und Vergessen eine erfolgreiche Strategie für gute Noten ist. Nun erwartet eine Universität – bis zu einem gewissen Grad und nicht zu Unrecht – Eigeninitiative und selbstständiges Vertiefen von Lerninhalten. Wer das vorausgesetzte Fachwissen nicht aus seiner Schulzeit mitbringt, braucht alleine schon eine extrem hohe Motivation, um die Aufholjagd zu gewinnen. Wer dann auch noch den Wechsel aus dem Hotel Mama in eine selbstständige Lebensorganisation bewältigen muss und sich zudem in kürzester Zeit im Dschungel der universitären Organisation einschließlich Auslandssemester zurechtfinden soll, der (oder die) braucht klare Ziele und ein Maximum an innerem Antrieb. Wohl dem, der beides hat!

Nach meinen Beobachtungen sind auch bei den Eltern die Ziele hinsichtlich des Berufswunsches für ihr Kind früh ausgerichtet auf eine erfolgreiche Karriere, die materiell bzw. statusorientiert definiert ist. Die Entscheidung für einen Ausbildungsgang wird allerdings oft kurzfristig getroffen, ohne dass sich die jungen Menschen über ihre Interessen im Klaren sind. Zu viele von ihnen konnten durch die »Beschulung« und die Konzentration auf Noten weiterreichende Interessen gar nicht ausbilden. Durch die medial geprägte Lebensumwelt und durch die Trennung zwischen Wohngebieten und Gewerbeparks fehlen den jungen Menschen basale Erfahrungen und Repräsentationen aus der dinglichen Welt – MINT-Erfahrungen – und alltagspraktische Kompetenzen. In die Arbeitswelt erhalten sie in kurzen Praktika einen Einblick. Das genügt kaum, um sich ein realistisches Bild von der Arbeitswelt und dem angestrebten Beruf zu machen. Seit die Hochschulen der neuen Generation von Studierenden durch Einführungskurse und Mentorenprogrammen entgegenkommen (Völker 2012) und gleichzeitig »Kinderkrankheiten« des Bologna-Prozesses behoben werden, sinken die Abbrecherzahlen. Außerdem zeichnet sich wieder eine Tendenz zu einer höheren Auslandsmobilität der Studierenden ab (Heublein, Schreiber & Hutzsch, S. 12 bis 13). Anstrengungsbereitschaft und Ausdauer der Studierenden der deutschen Generation Globalisierung bleiben – das zeigen die Erfahrungen der vergangenen zwei Jahre – besser erhalten, wenn sie eine sehr nahe und gut strukturierte Begleitung in den ersten Semestern erhalten. Auf die Motivation und das Durchhaltevermögen der Studierenden wirken sich demnach die historischen Gegebenheiten des Aufwachsens, die politischen Rahmenbedingungen und die Struktur der Lernwelt stark aus. Sie prägen als Umweltfaktoren die Entwicklung von der Geburt bis zum Studium. Die Träger der betrieblichen Ausbildung und die Hochschulen suchen nach Lösungen und verzeichnen erste Erfolge, indem sie den jungen Menschen weniger Selbstständigkeit zumuten und ihnen stattdessen viel mehr individuelle Zuwendung und Anleitung geben.

Zu den oben genannten Umweltfaktoren kommen kulturelle Einflüsse, die die individuelle Entwicklung prägen. So haben zum Beispiel jene Menschen aus dem asiatischen Raum, die eine tonale Sprache sprechen, zu fast einhundert Prozent das absolute Gehör. Im westlichen Kulturraum entwickeln selbst unter Musikern nur ungefähr zehn Prozent diese Fähigkeit, die Tonhöhe exakt zu bestimmen, ohne vorher einen Vergleichston gehört zu haben. Offensichtlich klappt das Zeitfenster für die tonale Hörfähigkeit in der Entwicklung extrem früh zu – oder es gibt einen Anlagefaktor, der das Lernen der Höhenunterschiede von Tönen begünstigt (Gutiérrez 2009).

Der Verlauf der individuellen Entwicklung ist also von sehr unterschiedlichen Faktoren abhängig. Gleichzeitig gibt es Konstanten nach denen sich die Entwicklung bis ins hohe Alter stufenweise organisiert (Kruse 2006). Oft werden sie »Meilensteine« genannt und sind für verschiedene Entwicklungsbereiche wie Sensorik, Emotionalität, Motorik, Sprache, Kognition, Körper, Moral, Sexualität, Bewältigungsstrategien usw. erfasst (Largo 2008; Largo 2009; für die Moral:

Kegan 1994). Es gibt Zeitfenster, innerhalb derer bestimmte Fähigkeiten besonders leicht gelernt werden können, etwa die Lautbildung der Muttersprache und Zweitsprache im Verlauf des ersten Lebensjahres. Dabei können Interaktionen oder Synergien auftreten, wie etwa der oben beschriebene Zusammenhang zwischen tonaler Sprache und musikalischem Gehör. Wann Zeitfenster aufgehen, hängt zunächst von der Reifung des betreffenden Systems ab. Insbesondere die Züricher Langzeitstudien und die daraus entstandenen Bücher von Remo Largo repräsentieren einen achtsamen Umgang mit Meilensteinen. Die Zeitmarken werden eingesetzt, um Entwicklungsverläufe zu diagnostizieren und Unterstützung zu geben, ohne dass Abweichungen von den Mittelwerten als Defizit und Abwertung der Person verstanden werden (Largo CD 2008). Ob es nun eine langsamere oder schnellere Entwicklung ist: Es kommt darauf an, mit Menschen in ihrem eigenen Tempo zeitgenau die richtigen Schritte zu gehen. Das bedeutet, dass fertige Baukastenlösungen, die auf die Komplexität von Entwicklung mit einseitigen Angeboten und Standardisierung reagieren, nur bedingt tauglich sind, um der Generation Globalisierung in der Gegenwart gerecht zu werden bzw. die jungen Menschen nachhaltig auf die Zukunft vorzubereiten.

Das Gehirn ist ein intern und extern optimal vernetztes System, das über die Nervenbahnen und die Körperflüssigkeiten ständig kommuniziert und Steuerungsprozesse – demnach auch Entwicklungsschritte – in feinster Abstimmung mit jeder Körperzelle reguliert und seinerseits reguliert wird. Dabei interagieren genetische Disposition, epigenetische Anpassung und neuroplastische Prozesse mit bisher in ihrer Komplexität noch lange nicht ausreichend erforschten und verstandenen Regelkreisen (Rose 2013, S. 12 bis 15). Insbesondere die Entstehung von Neugier und Interesse, also eine Mischung aus Antrieb, Motivation und Sinngebung bzw. Bedeutungszuweisung, lässt sich zwar beim einzelnen Kind oder Jugendlichen bis zu einem gewissen Grad beobachten, oft aber nicht wirklich erklären. Warum müssen Eltern auf dem Weg zur Kita plötzlich und dann über Wochen stehen bleiben, um das Müllfahrzeug ausgiebig zu bewundern? Und warum ist genauso plötzlich keine Rede mehr davon, dass der Sohn Müllmann werden möchte? Warum braucht ein Mädchen, das die Eltern in weiser Voraussicht in eine Waldorfschule gegeben haben, plötzlich ausgerechnet eine Barbiepuppe? Und warum wird diese, kaum dass sie das Kind in Händen hält, nie »bespielt«, sondern nur »besessen«? – Während die Freundin mit einem ähnlichen familiären Hintergrund jahrelang mit dem Barbie Haus spielt?

So wird auf lange Sicht die Qualität der Betreuung, Erziehung und Bildung weiterhin davon abhängen, wie gut es der (erwachsenen) Umwelt der Kinder und Jugendlichen gelingt, deren jeweils individuelle Botschaften zu »lesen«. Dabei kann eine pädagogische Diagnostik und Dokumentation helfen, dafür kann vor allem bei größeren Kindern und Jugendlichen auch eine Selbstevaluation nützlich sein. Allerdings sollten Pädagoginnen und Pädagogen immer wieder reflektierend überprüfen, wie viel diagnostische Beobachtung und Dokumentation sinnvoll ist und ab wann sie eher daran hindert, die oben beschriebenen komplexen Prozesse durch eine gelungene Beziehungsgestaltung zeitgenau zu begleiten. Daraus ergibt sich an die Verantwortlichen in der Politik, der Verwaltung und der Wirtschaft die Erwartung, Betreuungsschlüssel und Vorgaben für Evaluation und Dokumentation so abzustimmen, dass die Qualität der Erziehung und Bildung wenigstens auf dem momentanen Stand erhalten bleibt. Die besten Absichten zur Qualitätssicherung und Professionalisierung müssen Verschlechterungen bewirken, wenn die Ressourcen zur Umsetzung nicht vorhanden sind und die intendierte Qualität in formalisierten Schreib- und Sammelmaßnahmen erstickt wird. Werden ganzheitliche Beobachtungen und Eindrücke durch zu enge Führung in den Bildungsbüchern eingegrenzt bzw. zergliedert, wird Arbeitszeit von der interaktiven Gestaltung des Miteinanders von Pädagoginnen und Pädagogen und den Kindern und Jugendlichen abgezogen, dann sind blinde Flecken und eine Einengung der Beziehung unausweichlich. Statt bessere Erziehung und hervorragende Bildung zu realisieren, werden wir weiterhin gebannt nach Finnland starren, vielleicht in den Pisa-Studien bessere Ergebnisse zaubern und dennoch das verlieren, wofür Deutschland (noch?) in aller Welt geschätzt wird: als Land der Dichter, sonstiger Künstler, Denker, Pädagogen, Wissenschaftler, Erfinder, Ingenieure, die gemeinsam mit im dualen System hervorragend ausgebildeten Facharbeitern »made in Germany« zu einer Klasse für sich gemacht haben.

Feedbackschleifen zwischen Sensorik und Motorik sind die Grundlage für ein gut abgestimmtes Verhalten und eine treffende Handlungsplanung, denn diese beruhen ja auf den Parametern, die der Mensch im Laufe seines Lebens als Erfahrungswerte verinnerlicht. An diese erinnert er sich vorwiegend unbewusst, wenn er einen einfachen Handgriff oder eine komplexe Aktion ausführt. Kinder sind durch ihr Neugierverhalten und ihre Bewegungsfreude ausgezeichnet dafür ausgestattet, Neues durch ihre Sinne zu erfahren und im engen Zusammenspiel mit den Sinneseindrücken, ihre Muskeln zu entdecken, zu kräftigen und immer absichtsvoller zu bewegen. Wie gewaltig müssen sich manche Babys anstrengen, bis es ihnen einigermaßen zuverlässig gelingt, die Hand in den Mund zu stecken! Und wie unendlich viel haben sie dann schon gelernt über ihren Muskeltonus, über die Stellung der Gelenke, über die Berührung der Hand und des Mundes, über das Gefühl von Feuchtigkeit auf der Haut der Hand. Vielleicht können sie schon unterscheiden zwischen dem Gefühl von schleimiger Flüssigkeit (Speichel) und reinem Wasser auf ihrem Handrücken? – Mir ist keine Studie bekannt, die dies untersucht hätte und durch einfache Beobachtung ist diese Frage kaum zu beantworten. So lohnt es sich für jede Person, die kleine Kinder begleitet, immer wieder zu fragen: Was empfindet dieses Kind, was versteht es auf welche Art und Weise?

Vieles wissen wir mittlerweile und es kommen täglich, insbesondere durch den Fortschritt der Neurowissenschaften, Details hinzu. Im komplexen Alltag und Entwicklungsgeschehen ist es allerdings sinnvoll, auch auf die Intuition zu vertrauen. Intuition ist nichts Außerirdisches, sondern die Fähigkeit, kleinste Zeichen, interessierte Fragen und spannende Alltagsprobleme wahrzunehmen und mit dem Kind

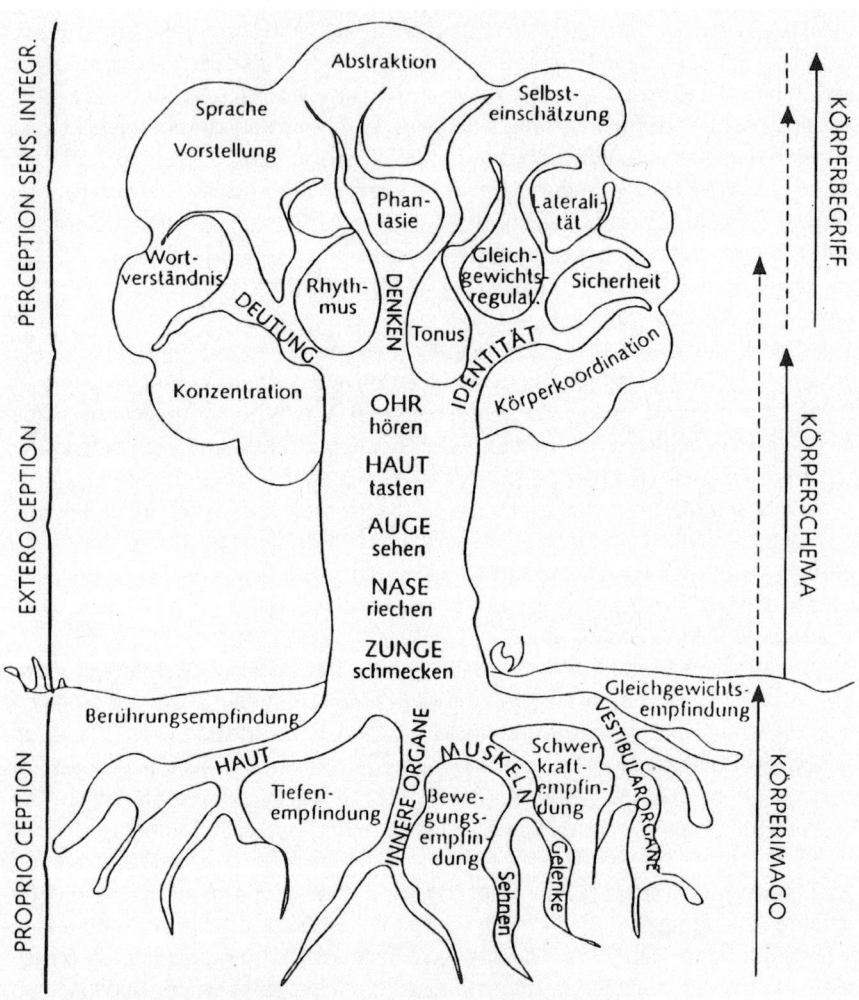

Wahrnehmungsentwicklungsbaum (Bentele / Metzger 2008, S. 225); mit freundlicher Genehmigung des Lambertus Verlags

oder Jugendlichen zeit- und situationskongruent – leicht und ernsthaft zugleich – zu kommunizieren. Ein Beispiel: In der Nachmittagsbetreuung waren zwei Ballschalen für Sitzbälle gestapelt worden und ein kräftiger Jugendlicher hatte sich – den Doppelpack nicht bemerkend – mit dem Ball daraufgesetzt. Nun waren die Plastikteile fest verkeilt. Alles Ziehen und Drücken half nichts. Die Schalen hatten sich quasi zu einem einzigen Körper »verschweißt«. Was tun? Die ganze Gruppe rätselte. Es war gerade Winter und draußen herrschten Minustemperaturen. Jeder Schüler und jede Schülerin hatte in der Schule schon einmal über die Abhängigkeit der Massendichte von der Temperatur gehört. Wenn das bei Brücken und Bahnschienen (Dehnungsfugen) funktionierte – weshalb nicht auch bei unseren Ballschalen? Also wurden die Schalen auf die Terrasse gestellt und in der Pause versuchten die Kinder erneut, sie auseinander zu ziehen … was ganz leicht möglich war.

Das Wahrnehmungssystem der Kinder ist extrem fokussiert auf die kleinsten körperlichen Signale, die Bezugspersonen vermitteln. Unwillkürlich werden diese Informationen aufgenommen und modelliert – die Gehirnforschung hat für diese Funktion die sogenannten Spiegelneurone (Florack & Genschow 2010) identifiziert, die es Menschen jeden Alters ermöglichen, sich in allen relevanten Verhaltenssegmenten an Interaktionspartner anzupassen. Besonders stark feuern die Spiegelneuronen, wenn Kinder im Kontakt mit geliebten Bezugspersonen sind. Aber auch gefürchtete Bezugspersonen lösen Modellierungsprozesse aus, genau wie Personen, zu denen Kinder gar keine besondere zwischenmenschliche Beziehung haben. Das konnte ich als junge Mutter beobachten: Eines Tages waren wir im Supermarkt. Plötzlich fehlte mein Sohn. Er war – zum Glück noch in Sehweite – ein gutes Stück hinter uns einfach stehengeblieben. Er stand. Er schaute. Was interessierte ihn? – Oh wie peinlich. Er starrte einen älteren Herrn an, der hinkend den Regalflur entlangging. Ich versank in Beobachtung. Ich starrte jetzt also auch. Aus einiger Entfernung das Bild des hinkenden Mannes und des dreijährigen Knirpses, der über der Betrachtung des Fremden offenbar alles um sich herum vergessen hatte. Er war sich absolut nicht bewusst, dass er gerade den Anschluss an seine Familie verloren hatte. Er schaute gebannt. Dann ging er los. In die falsche Richtung. Perfekt hinkend.

Nun drückt sich das Kind, wie jeder Mensch, durch seine Motorik aus. Während der Säugling mit seiner Aufgabe, die Hand zum Mund zu bringen, beschäftigt ist, begleitet er das Unternehmen mit stimmlichen und mimischen Signalen an seine Umwelt. Das Nörgeln oder Jauchzen der Stimme sagt etwas über das Erleben und Fühlen des Babys, genau wie sein Lächeln, sein Greifen nach dem Gesicht einer anderen Person, der entspannte Tonus seiner Muskeln, wenn es (ein-)schläft und all die anderen Bewegungen der etwa 650 Muskeln, von denen ein großer Teil willentlich geführt werden kann. Kommunikation braucht alle Muskeln, die willkürlich bewegt werden können: Allein um an einer Blume zu schnuppern und »Hatschi« zu spielen, muss das Kind seine gesamte willkürliche Atemmuskulatur steuern können – ganz zu schweigen von der speziellen Stellung der Stimmbänder und der Sprechmuskulatur im Mund. Interaktion ist das Zusammenspiel von Motorik und Sensorik in Bruchteilen von Sekunden. Der coole Gang, den eine Jugendliche unbedingt haben muss, wenn sie ihre Baggy Pants über den Schulhof balanciert, braucht ein völlig anderes Bewegungsmuster als wenn sich ein Typ – selbstverständlich genau so cool – in engsten Röhrenjeans auf dem schulischen Catwalk präsentiert. Die Kleidung sagt, über welches »Szene-Bekenntnis« sie sich definieren. Wie ihre ganz persönliche Körpersprache ist, wird darüber entscheiden, ob die anderen sie als verkleideten Looser, als Opfer-Zicke, als Trendsetter oder Chefin wahrnehmen. Kommunikation ist das Zusammenspiel aus Motorik und Sensorik in Bruchteilen von Sekunden.

Während die Babys – davon waren wir oben ausgegangen – nun üben, ihre Hand in ihren Mund zu bringen, entwickeln sie auch ihre emotionale Kompetenz. Je nach Temperament probiert das eine Kind ruhig aus und versprüht Freude, wenn ein Versuch gelingt. Ein anderes Kind muss sich total aufregen, wenn ein Versuch misslingt. Und je nachdem, wie die Bezugspersonen auf diese Affekte antworten, werden die Weichen gestellt. Denn schließlich ist Wut eine sehr starke Energie.

»Sicher, es gibt noch Dutzende andere Wege, die Werte, Ehrbegriffe oder Rangordnungen einer Romanfigur, einer Zeit oder einer Gesellschaftsschicht literarisch aufzuschließen und durch Handlung sichtbar zu machen. Zorn ist nicht das einzige Mittel. Aber es ist ein verdammt gutes.« (Wittstock 2012)

Wenn es dem Menschen gelingt, diese Energie des Zorns konstruktiv einzusetzen, dann hat er eine Ressource für sein ganzes Leben. Und nicht umsonst spricht der Volksmund vom Mut der Verzweiflung. Eine Kraft, die aus einem scheinbar negativen Antrieb durchaus zu konstruktiven Ergebnissen führen kann, wenn es gelingt, sie in die passenden Bahnen zu lenken. Ausdauer und Anstrengungsbereitschaft werden dann durch ein Erfolgserlebnis gekrönt. Deswegen ist es so wichtig, dass sich Eltern und andere Bezugspersonen bewusst sind, dass manche Grundlagen schon früh gelegt werden.

Wasser, kaltes Blau. Ich höre Rauschen. Es fließt durch Räder. Energie!

Dann werden sie ihrem verzweifelt wütenden Säugling die Unterstützung geben, die er braucht, um seine Energie auf das Projekt Motorik zu lenken, statt in Wutstarre zu verfallen. Und mehr noch. Sie werden unter keinen Umständen versuchen, das Kind gerade in dieser Situation komplett abzulenken, indem sie zum Beispiel die Teeflasche zücken. So wichtig Ablenken als pädagogische Methode sein kann, so ungeeignet ist sie, wenn Kinder mit ihren aktuellen

Entwicklungsaufgaben kämpfen. Dann heißt es, sie zu unterstützen, damit sie ihre kontraproduktiven Affekte überwinden und ihr autogenes Übungsprogramm wieder aufnehmen können. So lernen Kinder Anstrengungsbereitschaft und Ausdauer und zwar nachhaltig für ihr ganzes Leben.

Und was ist mit dem Kind, das sein Basistraining »Hand zum Mund« in bester Laune abwickelt? Allzu leicht übersehen unerfahrene oder falsch qualifizierte Fachkräfte und Eltern, dass im Moment ein wichtiges Programm läuft. Stattdessen wollen sie das Kind sinnvoll beschäftigen, ihm Bildung beibringen oder einfach ihre Freude beim Spielen mit ihm haben. Schade. Denn wenn das Baby nun – und sei es mit den besten Absichten – von seinem autogenen, lustvollen Übungsprogramm abgelenkt wird, dann wird es lernen, dass seine eigenen Motive wenig gelten und dass es dafür nicht ausdrücklich beachtet und geliebt wird. Vielleicht wird es quengelig. Vielleicht bleibt es gut gelaunt und verpasst einfach seine erste Chance, ein Flow-Erlebnis zu fühlen. Vielleicht wird dies ein wunderbar pflegeleichtes Kind, vor allem in der Schule, denn es hat von Beginn an gelernt, extrinsische Motivation zu bevorzugen. Wenn alle anderen Weichen passend gestellt sind, wird es sich für das Lob seiner netten Lehrerin und für die Anerkennung seiner geliebten Eltern anstrengen und ebenso selbstbewusst wie glücklich seine Schulzeit genießen. Wer wird sich wundern, dass diese Kinder und Jugendlichen ständig motiviert, bespasst und gelobt sein wollen? Eltern, die das gerne tun und sich ausreichend Zeit nehmen (können), wird der kleine Erziehungsfehler unter Umständen erst auffallen, wenn ihr Kind als Studierende/r vor dem Scheitern steht. Aber wer denkt dann an Hand und Mund und schöne Zeiten mit einem wonnigen Baby!?

Wer sich die starke intrinsische Motivation bewusst macht, mit der die meisten Kinder daran »arbeiten«, laufen zu lernen und dafür auch Unterstützung einfordern, der weiß, dass sie bereit sind, sich körperlich und mental bis zum Äußersten anzustrengen und dass sie sich durch Misserfolge nicht beirren lassen: Sie haben ein Ziel und sie verfolgen es hartnäckig. Bei den Kindergarten- und Grundschulkindern kennen wir Phasen, in denen sie sich ähnlich motiviert und anhaltend um ein riesiges Expertenwissen über Dinosaurier kümmern oder über ihrer Puppe, der Carrerabahn, dem Schminkköfferchen die Welt vergessen und sich zu immer höheren Leistungen anspornen. Manche malen Bilder, sobald sie ein Blatt Papier und Stifte in die Hand bekommen, manche ruhen nicht, ehe sie alle Levels eines digitalen Spiels »geknackt« haben oder sie variieren in Puppen- und Rollenspielen über Monate beharrlich ein Thema. Wir kennen Kinder und Jugendliche, die sich mit einer ähnlichen Begeisterung in den Schulstoff vertiefen und die gute Note, mit der sie von außen belohnt werden, »nur« als zusätzliches Sahnehäubchen erleben.

Vor etwa 35 Jahren begegnete ich in München einem aufgeweckten Erstklässler. Er lieferte im Unterricht durchdachte Beiträge, rechnete schnell und richtig und las ziemlich gut. Nur hatte er nach einem halben Jahr Unterricht noch keine wirkliche Ahnung, wie man schreibt. Die Übungen in der Schule gingen schleppend, die Schreibhausaufgabe fehlte oft. Befragt, weshalb er denn so gut lesen könne, aber das Schreiben einfach nicht klappen wolle, strahlte er. Die Erklärung war einfach: Noch im Kindergarten war er einmal »ausgebüxt« und hatte sich verlaufen. Schließlich war er von der Polizei nach Hause gebracht worden. – Aha? – Grübeln meinerseits. Als er bemerkte, dass ich mit dieser Erklärung so schlau war wie zuvor, half er mir auf die Sprünge: Also, wenn er lesen könne, passiere ihm so etwas Peinliches nicht mehr. Wenn er jetzt mal wieder Lust haben würde, alleine durch die Stadt zu gehen, könne er immer alle Schilder lesen. Das habe er nebenbei geübt, während er im Bus fuhr. Und er wisse immer, wo er sei. Dann finde er auch ohne Polizei nach Hause. – Aha! – Und Schreiben? – Na ja, das sei unnötig, denn das mache später seine Sekretärin. Sein Vater war ein gefragter Rechtsanwalt. Das mit dem Schreiben klappte schließlich auch: Nachdem er sich bewusst gemacht hatte, dass er es seiner Sekretärin nicht überlassen wollte, einen Liebesbrief an seine Angebetete zu tippen. Man hätte ihm lange erklären und ausgezeichnet begründen können, weshalb Schreiben so wichtig ist – pfiffig wie er war, hätte er auf jedes Argument ein Gegenargument gefunden. So war die Formulierung in jener Situation auch keine Begründung mit »weil«, sondern eine Aufforderung: »Stell dir vor, …«

Ein anderer Junge erschien am Ende der zweiten Klasse bei uns. Es wurde beklagt, dass er nicht gut genug lesen könne, das Textverständnis zu wünschen übrig lasse und das Schreiben absolut unzulänglich sei. Wie sich nach einer Testung herausstellte, hatte er eine Lese- und Rechtschreibstörung. Allerdings hatte ich ihm vor der Testung bereits einige Bücher vorgelegt. Er konnte wählen, aus welchem wir gemeinsam lesen würden. Er entschied sich für ein Tierbuch, das sehr informativ, gespickt mit Fachbegriffen, sehr klein gedruckt, wenig bebildert und an eine Leserschaft ab zwölf Jahren adressiert war. Ich schlug ihm vor, dass er die Überschrift und den Text unter dem kleinen Foto lesen solle, sowie die leichten Wörter im Fließtext. Ich würde dann den Rest des Textes übernehmen. Nein, damit war das Kind nun nicht einverstanden. Er kämpfte sich freiwillig und ausdauernd (mit Hilfe eines Lesezeichens, um die riesigen Wörter zu untergliedern) durch die schwierigsten Fachbegriffe. Und er schaffte es! Das ermöglichte uns, in ein interessantes Fachgespräch über Pferderassen, ihre Abstammung, ihre Merkmale bis hin zu den Wild- und Urpferden zu führen. Auch er meinte, dass das Schreiben nicht wichtig sei. Mit Liebesbriefen klappte bei diesem Jungen die Motivation nicht. Mädchen waren für ihn alle gleich: Zicken, um die man einen großen Bogen machen sollte. Wohl aber mit der Berufsausbildung. Er wollte Landwirt werden und damit in die Fußstapfen seines Vaters treten. Super Stapler fahren konnte er schon. Also erzählte ich ihm vom Berichtsheft, das ein Auszubildender führen muss. Ich schlug ihm vor, jetzt gleich anzufangen und mir tagebuchartig aufzuschreiben, was sie an jedem Tag in den Ferien auf dem Hof gemacht haben. Zugegeben: Es gab Tage, da war die Schrift wild und der Text beschränkte sich auf Notizen wie: »Nix benacht.« Aber es gab auch ausführliche Beschreibungen, wie die Ballenpresse repariert, ein Dach eingedeckt wurde und welchen Weg das Getreide vom Mähdrescher bis ins Silo nimmt. Der Antrieb, so schien mir, war in diesem Fall das »So tun als ob …« – genau wie beim Staplerfahren wurde impliziert, dass er bestimmte Dinge schon machen konnte, für die er eigentlich noch zu jung war. Es wurde so getan, als sei er schon ein Jugendlicher und er durfte »echt« arbeiten. Natürlich bekam der Junge nach der Diagnose Förderunterricht wegen der Lese-Rechtschreib-Störung, den er gerne besuchte, weil er den Nutzen erkannt hatte. Wenn Mädchen »in Echt« für ihre Puppen kochen wollen, wird ein ähnlicher fließender Übergang zwischen »reinem« Spiel und »echter« Arbeit manchmal noch erkannt und unterstützt. In einem städtischen Umfeld und in Neubausiedlungen am Dorfrand finden sich für unternehmungslustige Kinder kaum Betätigungsmöglichkeiten, bei denen sie selbst ihre Umgebung gestalten können. Es ist ja schon alles fertig, abgesehen vielleicht vom Rasenmähen und Schneeschippen.

Ein dritter Junge, bereits in der fünften Klasse, sollte nach dem Willen der Eltern unbedingt in die Realschule. Seine Eltern waren aus Russland zugezogen und für ihre Kinder kompromisslos aufstiegsorientiert. Es zeichnete sich allerdings ab, dass der Junge den Übertritt in die Realschule nicht schaffen würde. Einerseits fiel ihm das schulische Lernen schwer und er musste viel Zeit investieren, andererseits liebte er seine Freizeit, die er am liebsten mit anderen Jungs beim Spielen im Freien oder an der X-Box verbrachte. Wir konnten uns nicht vorstellen, wie er es später genießen sollte, seine Arbeitstage in einem Büro sitzend zu verbringen. Wir schlugen vor, die Hauptschule in Betracht zu ziehen. Das konnte sich der Vater nun gar nicht vorstellen, denn der Sohn sei ihm ähnlich und er habe handwerklich überhaupt keine Begabung. Schließlich konnten wir das Kind überreden, die Werkgruppe für wenige Wochen auszuprobieren, die von einem älteren Herrn geleitet wurde. Mit der Unterstützung der Eltern fügte sich der Junge – er hatte keine wirkliche Wahl. Am Ende der Testzeit hatte er ein Krokodil aus Holz fast fertig. Ambitionslos ließ er es über die Ferien bei uns stehen. Obwohl die Testzeit abgelaufen war, holte ihn der Mentor zurück und bestand darauf, dass das Krokodil fertig werden müsse. Es wurde fertig und der Junge hatte damit die Erlaubnis, mit dem Werken aufzuhören. In der nächsten Woche fand ich ihn in der Werkstatt wieder … Och, meinte er, er mache jetzt noch bei der Schneckenzange mit. Nach der Schneckenzange kam ein Vogelhäuschen. Als nächstes wollte er sich beim Betonieren von Blumenkästen beteiligen. Da allerdings hörte der bisherige Mentor auf und eine neue Mentorin kam. Das wurde nichts. Mit einem neuen männlichen Mentor sollte noch ein Start versucht werden. Wieder floppte die Beziehung. Seit wir eine junge Tutorin eingesetzt haben, freuen sich die Kinder wieder auf den Werkstatttag und bleiben gerne einmal eine halbe Stunde länger bei der ▶ *Arbeit*. Fazit: Anstrengungsbereitschaft und Ausdauer hängen von der Motivation ab. Motivation als autogener Faktor entsteht durch Anlagen im Zusammenspiel mit äußeren Bedingungen. Beziehungen, die Kinder und Jugendliche zu ihren Mitmenschen aufbauen, sind Bildungsfaktoren (Fuchs 2013, S. 50 bis 52).

Zukunft.
Hoffentlich schön.
Betrifft uns alle.
Wir können sie gestalten.
Veränderung.

Auch für die Umwelt- und Materialerfahrung ist es sinnvoll, zunächst die Anfänge in der individuellen Entwicklung zu betrachten. Noch einmal das Beispiel mit dem »Hand-in-den-Mund-Training«: Während der Säugling seine Tiefenwahrnehmung entwickelt, die Steuerung seiner Motorik übt, erste soziale Eindrücke gewinnt (wie die Bezugspersonen auf das Üben eingehen), sowie erste Schritte in seiner emotionalen und motivationalen Entwicklung vollzieht, gewinnt er gleichzeitig Materialerfahrungen. Er lernt seine Haut kennen. Er steckt sich gerne die Finger von Bezugspersonen in den Mund und erfährt dadurch, dass erwachsene Haut anders beschaffen ist als seine eigene. Gleichzeitig erlebt das Kind seine physischen Grenzen, das heißt, wo es selbst aufhört und wo die Umwelt beginnt. Das ist eine frühe geometrische Erkenntnis: Innen und Außen als Raumbegriffe sind zwar nicht nur in der Mathematik wichtig, allerdings dort auf jeden Fall grundlegend. Die Wahrnehmung des eigenen Körpers als etwas von der sonstigen Welt Unterscheidbares ist die Voraussetzung, um überhaupt einen Be-»griff« von »Umwelt« mit all ihren Lebewesen, Dingen und Eigenschaften zu bekommen. Kein Wunder, dass die Babys, kaum dass sie ihre Hände und ihre Finger mit ihrer Koordinationsfähigkeit entdeckt haben, nach allem greifen. Im Wortsinn und bezogen auf kognitive, emotionale, soziale und schließlich auch ethische Strukturen (Kegan 1994) »be-greifen« sie ihre Umwelt. Aus dem »Innen« und »Außen« entwickelt das Kind sein »Ich« und seine Beziehung zu den davon unterscheidbaren »Du«-Personen und seinen Bezug zu seiner gesamten Umwelt. In der Unterscheidung von Umwelt und »Ich« entwickeln sich Selbstbewusstsein, Selbstwirksamkeit und Selbstwert. Elementare Material-, Raum- und Bewegungserfahrung gehen dabei Hand in Hand mit der sozialen und emotionalen Erfahrung. Sie sind eng verzahnt und stützen sich gegenseitig. Wir neigen heute dazu, Kindern spätestens ab der Geburt zielgerichtet Bildung zu vermitteln. Dafür werden sie gefördert, trainiert und es wird ihnen unendlich viel verbal erklärt – oft schon lange bevor sie die sprachlichen und kognitiven Voraussetzungen haben, um diese Erklärungen überhaupt zu verarbeiten. Manche Eltern gestehen es – wenn auch verschämt und oft Jahre danach – ja, sie haben sich auch schon dazu hinreißen lassen, nicht zu erklären, sondern sie haben ihrem Kind Erfahrung zugemutet. So berichtete mir die Mutter von drei prächtigen Kindern im Alter zwischen zehn und vierzehn Jahren: Ihre kleinste Tochter habe mit ungefähr zwei Jahren den um gut ein Jahr älteren Bruder oft gebissen. Er sei ein ganz Lieber gewesen und habe sich nie gewehrt. Aber sie als Mutter habe das nach einiger Zeit nicht mehr ertragen, denn ihre Tochter habe richtig stark zugebissen. Da die Ermahnungen an die Zweijährige nicht halfen, habe sie ihrem Sohn gesagt, er solle der Schwester einfach mal einen Klaps auf den Mund geben. Im Beisein der Mutter traute er sich bei der nächsten »Beiß-Attacke« seiner Schwester, ihr einen kleinen, sanften Klaps zu geben. Das beeindruckte die Kleine nun gar nicht, im Gegenteil. Eher spornte sie die neue Spielvariante an weiterzumachen. Also wies die Mutter den größeren Bruder an, einmal richtig hinzuhauen. Ergebnis war natür-

Handeln.
Jeden Tag,
du, ich, wir.
Herbst, Winter, Frühling, Sommer:
Energie.

lich großes Geschrei bei der Tochter. Die Mutter ging ihrer Hausarbeit im Wohnzimmer nach, um beide Kinder im Blick zu haben, aber das empörte Weinen der Kleinen deutlich ignorieren zu können, bis sie sich selbst beruhigt hatte. Das war das Ende des »Beißproblems« in dieser Familie.

Zugegeben: Wahrscheinlich hätte sich der gleiche Erfolg eingestellt, wenn die Mutter den Sohn angewiesen hätte, die Arme der kleinen Schwester ganz fest zu halten, sie ganz genau anzuschauen und ihr ein sehr eindringliches »Nein« zu sagen. Sie danach noch einige Sekunden mit Augen und Griff zu fixieren, um sie schließlich rasch loszulassen und sich abzuwenden, um einer eigenen, friedlichen Beschäftigung nachzugehen. Wahrscheinlich hätte diese bewährte Methode gewirkt. Sie hat den Vorteil, dass man Zeichen setzen kann ohne zu schlagen. Da in der beschriebenen Situation der Altersunterschied sehr gering und also die körperliche Überlegenheit des Bruders womöglich nicht ausreichend beeindruckt hätte, war Schlagen eventuell genau die Lösung, die dem Entwicklungsstand des »großen« Bruders angemessen war. Denn auch die Anweisungen, die die Mutter hätte geben müssen, wären komplex gewesen. Ob es dem Jungen gelungen wäre, eine rasche und authentische Handlung daraus zu machen, die für das Mädchen klar genug gewesen wäre, um sie ein für allemal zu überzeugen, dass Beißen nicht immer die beste Art ist, um Kontakt mit der Umgebung zu schaffen?

Methoden gibt es genug, wenn die Bezugsperson die Themen der Situation in ihrer Bedeutung für die Entwicklung jedes Kindes erfasst hat: Weder Beißen noch Schlagen gehören ins regelmäßige Repertoire der zwischenmenschlichen Beziehungen. In Extremfällen dagegen sind wir froh, wenn Kinder und Jugendliche sich ihrer Haut zu wehren wissen und schicken sie deswegen sogar in Kurse zur Selbstverteidigung. Warum sollten sie sich dann in der Geschwisterbeziehung nicht altersgemäß – also ohne Worte, weil sie die einfach noch nicht haben – wehren dürfen?

Diese Geschichte, die eigentlich von einer zwischenmenschlichen Interaktion und also von einer sozialen Erfahrung erzählt, steht hier, weil vieles dafür spricht, dass kleine Kinder diese Trennung so nicht denken. Die Differenzierung ist noch nicht ausreichend entwickelt. Manchmal ist für sie ein Ding ausgesprochen beseelt. Das gilt für Momente der Angst, wo ein Umriss genügt, um irgendwelche Monster ins reale Leben zu rufen und auch für Momente der Zuneigung, wo im Spiel aus einem Holzscheit oder einer Schmusedecke ein hilfreicher Begleiter oder eine liebenswerte Begleiterin wird. Das lässt sich auch umgekehrt beobachten, wenn zum Beispiel Mitmenschen gebissen werden, als könnten sie keinen Schmerz empfinden oder wo gegen das Bein der Mutter getreten wird, als sei es eine gefühllose Edelstahlstange. Die Entwicklung der Empathie braucht die »Entdeckung« des ICH und des DU und diese vollzieht sich synergetisch mit der stofflichen Umwelt- und Materialerfahrung: Es gibt eine lebende und eine dingliche Umwelt, unter der belebten Umwelt gibt es verschiedene Daseinsformen – und all dies verhält sich unterschiedlich gegenüber dem beobachtenden, begreifenden und experimentierenden Kind, das Beispiele sammelt, um daraus Regeln abzuleiten (Spitzer 2003, S. 78). Eltern und pädagogische Fachkräfte sind demnach dafür verantwortlich, dass Kinder auf jeder Entwicklungsstufe die passenden Erfahrungen machen können. Eine Erfahrung ist es, dass für einen empathischen großen Bruder die Rücksicht und Fürsorge für die kleine Schwester dort aufhören darf (und muss), wo sie ihm weh tut oder ihn sogar verletzt. Eine andere Erfahrung ist es, dass ein Apfel weder weint noch zurückschlägt, wenn man kräftig hineinbeißt. Das ist bei großen Brüdern anders. Manchmal genügt eine einzige Erfahrung, um die Regel im Gehirn zu verankern. In den meisten Fällen wiederholen insbesondere kleine Kinder Handlungen sehr oft, um die Regel ganz und gar zu erfassen: Einräumen – Ausräumen, also »das Innen« und »das Außen« zieht sich in Varianten bei den meisten Kindern über Monate hin und in dieser Zeit ist jeder Karton, jede Schublade, jeder Unterschrank und jeder Eimer ein willkommenes Spielzeug. Haben sie Gegenstände von ganz unterschiedlicher Materialbeschaffenheit und Größe, die sie rein und raus tun können, dann erlernen sie in dieser Zeit alle Grundlagen über feste Stoffe, die später für den Physikunterricht gebraucht werden: Gravitation, Masse, Volumen/Dichte, Reibung, Elastizität usw. Dürfen die Kinder außerdem mit Wasser plantschen, dann erarbeiten sie sich die physikalischen Gesetzmäßigkeiten auch für flüssige Stoffe. Enthält das Sammelsurium, das dem Kind angeboten wird, zu gegebener Zeit auch noch eine Tröte, einen Luftballon und einen Trinkhalm, dann weiten sich die Erfahrungen auf Gase aus. Alles, was es braucht, sind sorgfältig ausgewählte Alltagsgegenstände, Zeit zur Selbstbeschäftigung und im richtigen Moment Kommunikationspartner, die wissen und fühlen, wie und wann sie mitspielen können – einschließlich der Botschaft, dass sich ein großer Bruder nicht zum Hineinbeißen eignet.

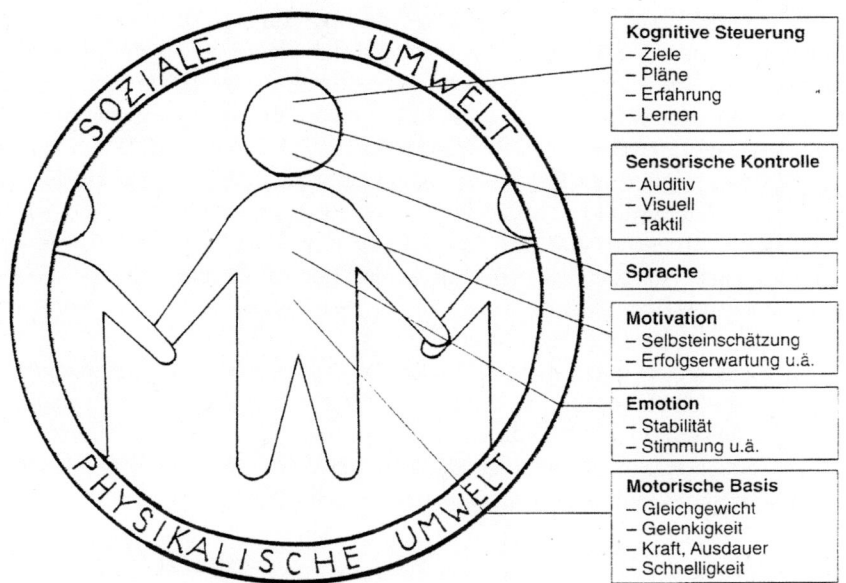

Kognitive Steuerung
– Ziele
– Pläne
– Erfahrung
– Lernen

Sensorische Kontrolle
– Auditiv
– Visuell
– Taktil

Sprache

Motivation
– Selbsteinschätzung
– Erfolgserwartung u.ä.

Emotion
– Stabilität
– Stimmung u.ä.

Motorische Basis
– Gleichgewicht
– Gelenkigkeit
– Kraft, Ausdauer
– Schnelligkeit

Psychomotorik (Eggert 1998, S. 35);
mit freundlicher Genehmigung des Borgmann Verlags

Gerade bei den Aus- und Einräumspielen wird natürlich auch das Greifen als mechanische Funktion trainiert. Das will schließlich auch gelernt sein, aber mehr noch das Loslassen. Dieses Übungsprogramm für die Handmotorik ist nicht so spektakulär wie das Laufenlernen und wird deswegen gerne unterschätzt. Die Kinder bekommen zu wenige Anregungen und zu wenig Gelegenheit, selbstgesteuert zu üben. Wohnungen und Häuser vertragen es zum Beispiel schlecht, wenn darin griffige Gegenstände geworfen werden. Aber gerade das Werfen von schwereren Gegenständen macht es dem Kind leichter, die Hand zu öffnen. Der aktuelle Gartentrend gibt da Hoffnung: Kiesbeete kann man selbst bei schlechtem Wetter begehen und dort ganz wunderbar mit verschiedenen Formen, Farben und Massen »Hand-tieren«. So sind die modernen »Steingärten« gut für nachhaltige Bildung.

Die Grafik aus der Psychomotorik veranschaulicht, dass soziale und physikalische Umwelt nicht getrennt voneinander auftreten, eher wie zwei Seiten ein und derselben Erfahrung oder ein und derselben Handlung sind. Das Schema kann man durch weitere Bereiche der Motorik ergänzen, sodass auch Sprechmotorik, Augenbewegungen, Mimik usw. eingeschlossen sind.

Das Kästchen mit der sensorischen Kontrolle würde erweitert durch Geruch, Geschmack und alle Körpersinne, wie Temperatur, Tiefenwahrnehmung, Wahrnehmung der Schwerkraft usw. Welch ein Wunder, dass die Differenzierung und Integration dieser extrem komplexen Systeme meistens nicht nur ziemlich reibungslos klappt, sondern beim Spielen, Schmusen, Ausprobieren, Üben, Arbeiten, Wissen aneignen, Singen, Malen, … auch noch sehr viel Freude macht!

Aber zur Entwicklung gehört nicht nur der Spaß, sondern dann und wann treten auch Schmerzen auf. Meistens sind es zum Glück nur Bagatellen, etwa eine kleine Schürfung, Prellung, ein unkomplizierter Schnitt, eine harmlose Erkältung oder eine kurze Magen-Darm-Infektion. Schmerzen werden den primären Emotionen und dort der Trauer zugerechnet. Das bedeutet, dass die Art und Weise, in der Kinder und Jugendliche lernen, mit Schmerzen umzugehen, ein Teil ihrer emotionalen Intelligenz ist. Dahinter verbirgt sich die Frage, wie ein Mensch Belastungen verarbeitet: Wie gut kann er Beeinträchtigungen seines Wohlbefindens – mit Unterstützung anderer Menschen und aus eigener Kraft – bewältigen? Die Weltgesundheitsorganisation (WHO) definiert:

>*Die Gesundheit ist ein Zustand des vollständigen körperlichen, geistigen und sozialen Wohlergehens und nicht nur das Fehlen von Krankheit oder Gebrechen. Der Besitz des bestmöglichen Gesundheitszustandes bildet eines der Grundrechte jedes menschlichen Wesens, ohne Unterschied der Rasse, der Religion, der politischen Anschauung und der wirtschaftlichen oder sozialen Stellung. Die Gesundheit aller Völker ist eine Grundbedingung für den Weltfrieden und die Sicherheit; sie hängt von der engsten Zusammenarbeit der Einzelnen und der Staaten ab.*« (WHO 2009, S. 1)

Man verwendet in der Pädagogik den Begriff der Resilienz (Widerstandsfähigkeit gegenüber Belastungen) oder das Wort Coping (Bewältigung von Belastungssituationen) um zu beschreiben, wie kleine und große Menschen mit Beeinträchtigungen in ihrem »Wohlergehen«, die ihnen im Leben unausweichlich immer wieder begegnen, umgehen können. Erproben und entwickeln können Kinder ihre Widerstandskräfte zum Beispiel, wenn sie die üblichen kleinen Verletzungen oder harmlose Krankheiten erleben. Dann können ihnen Bezugspersonen von Anfang an Hilfen für eine wirksame Resilienz bzw. erfolgreiche Coping-Strategien mit auf ihren Lebensweg geben. Sie gehen auf das Leid des Kindes ein, aber halten emotional Abstand und strahlen Gelassenheit und Sicherheit aus. Sie greifen nur in Ausnahmefällen zu Medikamenten. Also: Wenn das »Heile heile Segen« oder das »Wegpusten« nicht mehr genügen, tut meistens ein Pflaster seine Wirkung. Häufig signalisieren das Kind oder der Jugendliche von sich aus, dass sie jetzt Ruhe brauchen, indem sie einfach schlafen. Sind sie dazu nicht krank genug, dann ist eine »Auszeit« gut. Termine absagen, von der Schule zu Hause bleiben, keine elektronischen Spiele, sehr wenig fernsehen. Viele Eltern gehen intuitiv in dieser Weise mit kleineren Erkrankungen oder Verletzungen ihrer Kinder um. Allerdings rufen die Schule, das Training und der Instrumentenunterricht. Dann werden von Globuli über Schnupfenspray bis hin zu hochwirksamen Schmerzmitteln alle Register gezogen, um die Kinder wieder einsatzfähig zumachen. Was lernen die jungen Menschen? Statt sich zu regenerieren und eine Krankheit auszukurieren, lassen wir uns heutzutage und hierzulande lieber von Medikamenten helfen. Auf die eigenen Selbstheilungskräfte zu vertrauen und dem Körper die Ruhe zu geben, die er braucht, um einen Infekt zu überwinden – dafür haben schon Grundschulkinder keine Zeit mehr. Gerne wird argumentiert, dass die Eltern ihre Kinder auch deswegen nicht von der Kita oder der Schule zu Hause behalten, weil sie ihrerseits ja arbeiten gehen und sich keine Fehltage leisten können. Auch diese Begründung leuchtet ein. Wie wäre es, wenn wir Betreuungssysteme entwickeln würden, in denen auch ein krankes Kind Platz hat? Wir würden die Botschaft aussenden, dass ein Mensch selbst dann in der Gemeinschaft willkommen ist, wenn er einmal nicht optimal »funktioniert«. Wir könnten die Botschaft an die jungen Menschen senden, dass sie Raum und Bedingungen haben, um möglichst schnell wieder gesund zu werden und Widerstandskräfte zu entwickeln. Dadurch würden sie lernen, die temporäre Abwesenheit von Gesundheit im Sinn der Resilienz bzw. des Coping zu bewältigen.

Erstaunlicherweise sind größere, systematische Studien zum Thema Schmerzen im Kindes- und Jugendalter rar. Einen ersten Schwerpunkt setzte der KiGGS (Robert Koch Institut 2012), der mit Welle 1 und 2 als Langzeitstudie weitergeführt wird. Unter anderen bietet die Universität Tübingen ein Programm zur Schmerzbehandlung für Kinder an. Krankenkassen haben – nicht zuletzt auf der Basis der ersten KiGGS – Programme zur Prävention entwickelt. Mit Blick auf den Heil- und Hilfsmittelreport mutmaßen Krankenkassen, dass bei Rücken- und Sprechproblemen soziale Kosten durch eine »Medizinisierung« (Gieseke 2010) auf das Gesundheitssystem abgewälzt werden.

Nur wenige Menschen werden bezweifeln, dass starke Schmerzen den Einsatz einer verantwortungsbewussten, medikamentösen Schmerztherapie gerade bei Kindern und Jugendlichen erfordern. Auch darüber, dass Physiotherapie, Logopädie und Ergotherapie für junge Menschen genauso verfügbar sein müssen wie für Erwachsene, wird es prinzipiell Konsens geben. Allerdings stellt sich bei einer Schmerzprävalenz von bis zu 90 Prozent schon die Frage, inwieweit es nicht unsere Lebensumstände und insbesondere die der Kinder und Jugendlichen sind, die erheblich dazu beitragen, dass schon den ganz jungen Menschen so oft etwas weh tut – sei es nun altersabhängig eher der Bauch, der Kopf, die Ohren, der Rücken, die Gliedmaßen. Altbekannt sind letztere, oft als Wachstumsschmerzen bezeichnet, die bevorzugt mit dem zweiten Gestaltwandel auftreten. Kein Wunder, da ja in dieser Phase manche Kinder mit dem Schritt zum Jugendlichenalter einen enormen Wachstumsschub erleben und – auch im Wortsinn – verkraften müssen.

Aber nicht nur Schmerzen werden gerne medikamentös behandelt. Auch bei Konzentrations- und Aufmerksamkeitsstörungen, körperlicher Unruhe, Schlafstörungen und Ängsten ist die Pharmazie gefragt. Einerseits mit ärztlicher Verordnung, andererseits weil Eltern mit Medikamenten – häufig aus der alternativen Medizin – ihre Kinder selbst medikamentieren oder zusätzlich zur Schulmedizin Naturheilkundler hinzuziehen. Die vorschnelle medikamentöse Behandlung dieser Probleme verhindert nicht nur, dass die nachwachsende Generation Resilienz bzw. ein konstruktives Konzept ihrer Selbstwirksamkeit durch das Erlernen geeigneter Bewältigungsstrategien aufbaut. Nein, sie lernt systematisch, sich bei jeder Beeinträchtigung des Wohlbefindens vertrauensvoll der Wirksamkeit pharmakologischer Produkte zu überantworten, statt die eigenen Bewältigungskräfte zu mobilisieren. Mit dieser Grundeinstellung ist der Schritt zum Missbrauch von pharmazeutisch wirksamen Mitteln nicht groß – sei es nun in Form von Medikamentenabhängigkeit oder legaler und illegaler Drogen. Außerdem belastet die medikamentöse Lösung gesundheitlicher Beeinträchtigungen unsere Umwelt erheblich (Umweltbundesamt 2012), da sich die Rückstände vieler Arzneien nicht aus dem Wasser entfernen lassen. So gelangen sie in die Nahrungskette und belasten Flora, Fauna und schließlich auch wieder Menschen mit einer Hypothek, die zurzeit in ihren Ausmaßen nicht abschätzbar ist.

Dass eine positive Entwicklung mit sparsamem Einsatz von Medikamenten möglich ist, zeigt ein Praxisbeispiel: Ein Kind wurde uns in der zweiten Klasse Grundschule vorgestellt mit der Empfehlung der Klassenleiterin, den Buben an die Sonderschule zu überweisen. Er sei kognitiv völlig überfordert und wegen seines aggressiven Verhaltens in der Regelschule nicht auszubilden. Eine umfassende Diagnostik im Sozialpädiatrischen Zentrum ergab einen Gesamt-IQ von unter 90, ADHS, sowie deutliche Defizite in der Feinmotorik. Zu Hause klagte das Kind über Bauchschmerzen, wenn es Hausaufgaben machen sollte – es sei denn, es gelang ihm, direkt nach dem Mittagessen »auszubüxen« und im weitläufigen Gelände mit Freunden zum Spielen zu verschwinden. Wir begleiteten den Jungen bis zur neunten Klasse und einem sehr erfolgreichen qualifizierenden Hauptschulabschluss. Zunächst wurde mit ihm erarbeitet, wie er auf verbale Sticheleien und gut kaschierte kleinere Rempeleien von Mitschülern (im heutigen Sprachgebrauch: Mobbing) reagieren konnte, ohne direkt zuzuschlagen. Es brauchte ungefähr ein Jahr, bis er seine Stellung im

*Veränderung,
persönlich, jeder,
zum Beispiel sparen.
Ich mag erneuerbare Energien.
Zukunft?*

Klassenverband endgültig verbessert hatte und subtile Angriffe von Gleichaltrigen deutlich seltener auftraten bzw. er selbst seine Handlungsalternativen ausreichend ausgebaut hatte, dass er nicht mehr zuschlagen musste. In dieser Zeit standen wir in engem Kontakt mit der Lehrerin. Wir nahmen gemeinsam mit der Mutter Sprechstundentermine wahr, sodass die unterstützenden Interventionen in jedem Bereich der Lebenswelt des Kindes gut abgestimmt waren. Sehr rasch konnte der Bub sein Vermeidungsverhalten vor den Hausaufgaben ablegen. Es wurde vereinbart, dass er nach dem Mittagessen zunächst organisierte, was er nach den Hausaufgaben machen würde: Eine feste Verabredung mit Freunden, Mithilfe im elterlichen landwirtschaftlichen Betrieb, die Erlaubnis, mit dem Fahrrad einen Streifzug durchs Dorf zu unternehmen. Dann erhielt der Junge eine dreiviertel Stunde Zeit, um sich draußen auszutoben. Mit einem festen Ritual ging es anschließend an die Arbeit, die die Mutter während der gesamten Grundschulzeit konsequent durch Anwesenheit im Zimmer überwachte. Die Ansprüche an die Sauberkeit der Schrift wurden reduziert. Arbeitete der Bub jedoch unterhalb seiner psychomotorischen Fähigkeiten, musste er Hefteinträge wiederholen. Zusätzlich gab es ein Tausch-Verstärker-System. Wenn er seine Hausaufgaben und Hefteinträge in der Schule sorgfältig und zuverlässig erledigt hatte, was täglich durch einen Smily im Hausaufgabenheft dokumentiert wurde, dann konnte er dafür Büroklammern bekommen. Diese wiederum waren eintauschbar gegen materielle Verstärker. Er wünschte sich stets eine Ergänzung zu seiner Fahrzeugmodell-Sammlung und vor jedem Tausch bekam ich von ihm eine ausführliche Beschreibung, wie im Moment alles aufgebaut war und wir erörterten ausführlich, welches neue Modell er nun genau brauchte. Das waren sehr feierliche Momente und ich erinnere mich, dass er eines Tages ein Maisgebiss für seinen Häcksler benötigte, das bereits aus dem Programm genommen war. Ich suchte vier Wochen, um auf vielen Umwegen genau dieses Modell zu finden. Jede Woche, wenn er zur Trainingsstunde kam, berichtete ich ihm über den Stand der Dinge. So war der Tauschverstärker gleichzeitig eine hohe Wertschätzung für seine außerschulischen Interessen und Kompetenzen. Ausdauernd wartete der Junge, bis er seine Belohnung schließlich in Händen halten konnte. Die Bauchschmerzen verloren sich ohne Medikamentierung bis zum Ende der Grundschulzeit völlig. Der Bub hatte eine gute Fitness und eine stabile Muskulatur, obwohl er nie zu bewegen war, an einem Sportangebot im Verein teilzunehmen.

In der siebten Klasse übernahm ein älterer männlicher Lehrer die Klasse, der mit viel Verständnis und Konsequenz ein gutes Lern- und Entwicklungsklima schaffen konnte. Satt pubertärer Leistungseinbrüche gab es einen Motivationsschub. Dies auch, weil die Lehrkraft Schüler in ihr privates Hobby einbezog und Interessierten zeigte, wie Bienen zu versorgen sind. Außerdem belohnte der Vater »unseres« Schülers diesen mit einem alten Moped, das immer dann in gemeinsamer Arbeit hergerichtet wurde, wenn der Sohn in der Schule und bei den Hausaufgaben eine Woche lang sein Bestes gegeben hatte. Als das Oldtimermoped nach einem halben Jahr voll funktionstüchtig war, kam als nächste Herausforderung die Führerscheinprüfung. Am Ende seiner Schulzeit überzeugte der Jugendliche in einem Praktikum und erhielt trotz Lehrstellenknappheit einen der damals noch sehr begehrten Ausbildungsplätze zum Mechatroniker. Sein guter beruflicher Abschluss berechtigte ihn zum Besuch der Berufsoberschule und damit wäre der Weg für ein Studium frei gewesen. Er entschied sich dafür, zum Meister weiterzuqualifizieren. Er hatte gelernt, sich anzustrengen und ausdauernd für seine Ziele zu arbeiten. Heute ist er selbstbewusst und kann seine Erfolge genießen. Ein enges Netz von unterstützenden Erwachsenen, Peers zum Spielen, Toben, Streiten, Lernen und Gernhaben haben ihm diese Entwicklung ermöglicht.

Dass das Leben und auch die Entwicklung immer wieder von Schmerzen, Krisen oder Störungen begleitet sein können, dürfte unbestritten sein. Es steht außer Frage, dass Zeichen eines weniger guten Wohlbefindens ernst genommen werden müssen und in eine fachkompetente Diagnostik und Behandlung gehören. Dass Medikamente, auch bei AD(H)S, absolut hilfreich, teilweise lebensrettend sein können, sei an dieser Stelle ausdrücklich betont. Wie allerdings dann die Therapie aussehen muss bzw. ob zukünftig durch Prävention ein zu unbesorgter Umgang mit Medikamenten eingeschränkt werden kann? Diese Frage stellt sich schon, wenn seit Jahren die Klagen über funktionelle Kopf- und Rückenschmerzen ansteigen. Und zwar einerseits hinsichtlich ihrer Häufigkeit innerhalb der verschiedenen Altersgruppen, aber auch und ganz besonders hinsichtlich der Ausdehnung in die jüngeren Alterssegmente hinein. Kurz: Immer mehr junge Menschen klagen immer früher, dass ihnen der Kopf oder der Rücken weh tut. Gleichzeitig sprechen vorhandene Studien dafür, dass sich Kinder und Jugendliche viel zu wenig bewegen (KiGGS 2008, S. 58 bis 59; KKH S. 210) und schließlich auch anfälliger dafür sind, sich im Schul-, Vereins- und privat ausgeübten Sport zu verletzen oder zu schädigen. Besonders gefährdet sind hier auch diejenigen Kinder und Jugendlichen, die ein starkes Bewegungsbedürfnis haben und es über zu lange Zeit unterdrücken müssen: Kein Wunder, dass sie unruhig werden oder – sobald ein Bewegungsraum einlädt – förmlich »explodieren« und altersgemäß das Risiko nicht mehr lange bedenken.

Entwicklungsgerechte Bewegung ist viel mehr als Sport: Von Anfang an bewegen sich viele Kinder zu wenig, aber vor allem zu einseitig. Wer durch Wohngebiete geht, in denen junge Familien leben, findet bei schönem Wetter durchaus ein paar Kinder, die auf einer verkehrsberuhigten Straße oder auf einem Kinderspielplatz aktiv sind. GrundschülerInnen, die Fußball oder Hockey spielen, die sich rund um einen Basketballkorb scharen, munter auf dem Trampolin im Garten hüpfen, auf einem Klettergerüst oder einer Slackline turnen. Kaum ist das

Wetter schlechter, liegen die Wohngebiete wie ausgestorben da. Und kleinere Kinder sind sowieso selten draußen anzutreffen.

Die bildungsnahen Eltern, die in diesen Wohngegenden ihr Haus haben, transportieren schon ihre kleinen Kinder zur Krabbelgruppe, zur Babymassage und zu allerhand sportlichen Veranstaltungen. Der Sandkasten ist klein, damit er hygienisch abdeckbar ist, und auf öffentlichen Anlagen überlegen sich verantwortungsbewusste Eltern sehr, ob sie ihr Kind dem Infektionsrisiko einer großen Sandanlage aussetzen. Neuere Spielplätze haben mittlerweile ohnehin elastische Bodenbeläge, wodurch Sand zum Spielen seltener wird. Werden die Kinder größer, fahren die Eltern mit ihnen zum Reiten, zum Golfen oder zum Skifahren. Sie bringen sie in einen Sportverein, nehmen sie mit ins Fitnessstudio oder zum Joggen und kaufen ihnen bereitwillig Fahrrad, Skateboard und Inline-Skates, sie bringen sie zum Kletterwald oder Hochseilgarten. Die Angebote vermehren und verbessern sich kontinuierlich. Und in gesundheitsbewussten, Sport affinen Familien kommen da schon mal vier oder fünf Stunden Sport in der Woche zusammen. Ein Bewegungspensum, das ein Kind oder Jugendlicher eigentlich jeden Tag haben sollte. Denn wie sonst kann es möglich sein, den Bewegungsapparat mit all seinen fein abgestimmten Funktionen zu kräftigen, in Wachstumsphasen zu stabilisieren und mit allen Sinnen zu koordinieren? Schließlich bringt jeder Wachstumsschub völlig neue Proportionen hervor, deren Relationen neurologisch neu erfahren und koordiniert werden müssen. Vier Stunden Bewegung am Tag? Dafür müsste sich viel verändern. Auch in der Schule. Aber zwei Stunden sind machbar.

Um das Zitat von Piaget aufzunehmen: Weiterhin besteht die Möglichkeit, dass Kindern Lernenswertes zu früh beigebracht wird, bevor sie es von sich aus als Entwicklungsaufgabe bzw. als Interesse aufnehmen und verfolgen. Immer stärker zeigt sich jedoch auch das Risiko, dass die Kinder und Jugendlichen gleichzeitig auf anderen Gebieten ihre Entwicklungsaufgaben und Interessen gar nicht erkennen bzw. selbstgesteuert aufnehmen und verfolgen können, da ihnen in ihrer Umwelt materiell und sozial die Anregungen fehlen bzw. die Zeit mit Aktivitäten gefüllt ist, die sie eher ablenken.

> **Ich fürchte, unsere allzu sorgfältige Erziehung liefert uns Zwergobst.**
> *Georg Christoph Lichtenberg*

Weniger ist manchmal mehr, wenn es darum geht, »Zer-Streuung« zu reduzieren, damit Kinder und Jugendliche auf eine Sache »kon-zentrieren« können. Dafür braucht es bei Erwachsenen, nämlich Eltern, Großeltern, professionellen Pädagogen und allen anderen Leuten, die mit jungen Menschen in Kontakt kommen (mögen), Aufmerksamkeit für die kleinen Botschaften. Und es braucht einen entschlossenen Willen, Kindern und Jugendlichen ihre eigene Anstrengung und ihren »Eigensinn« zu lassen. Ein Beispiel: Eines Tages kamen einige Jugendliche unserer

Nachmittagsbetreuung ein paar Minuten früher als alle anderen, die normalerweise mit dem gleichen Bus fahren. Auf meine Frage hin sagten sie mir, sie seien zu Fuß gegangen, weil der Bus so unangenehm voll sei. Das ist nun anderthalb Jahre her. Es hat sich eingebürgert, dass eine Gruppe von Schülern den gut einen Kilometer langen Fußmarsch der Fahrt im stickigen Bus vorzieht. Manchmal nehmen sie auch das Skateboard. Manchmal kommen sie alle gemeinsam, manchmal in bester Laune, manchmal zerstritten und in Untergrüppchen. Zwischendurch kamen sie zu spät, weil sie unterwegs auf ihrem Smartphone gespielt und die Zeit vergessen hatten. Immer aber erscheinen sie erfrischt durch den Spaziergang an der frischen Luft. Man oder frau könnte sich aufregen, dass die Schülerinnen und Schüler der Stadt so wenig wert sind, dass es nicht einmal genügend Busse zu den Stoßzeiten gibt. Aber wären die Kids ohne die »Notlage« auf die Idee gekommen, sich nach dem Unterricht ein anstrengendes Bewegungsprogramm zu verordnen, das sie nun schon so lange durchhalten? So können Klimaschutz und mehr Bewegung (=Gesundheitsvorsorge) ganz unbeabsichtigt stattfinden, Hand in Hand gehen und von den Kinder selbstbestimmt initiiert und durchgeführt werden: Einen Entlastungsbus braucht es nicht, wenn die jungen Menschen gerne zu Fuß gehen. Und die Eltern der Jugendlichen tolerieren diese selbst gewählte Anstrengung ihrer Kinder – einschließlich des Risikos eines Schulwegs, den sie ohne erwachsene Begleitung bewältigen. Hinzu kommt – und das ist Vygotskis Beitrag zur Entwicklungspsychologie, der über Piaget hinaus reicht (Vygotski 1978) – dass die jungen Menschen sich durch die Altersmischung der Gruppe gegenseitig Anregungen geben für die nächsten Entwicklungsschritte. Ein weiterer Aspekt von Nachhaltigkeit.

Modelle und praktische Handlungsfähigkeit

Philipp
- » Alter: 15
- » schulische Ausbildung:
- » 9. Klasse Ludwigsgymnasium Straubing
- » finde Klimaschutz wichtig
- » denke, dass neue Technologien und Forschung ein wichtiger Bestandteil der Energiewende und der Weg in die Zukunft sind
- » kann gut schreiben und ausformulieren

Veränderung. Um der Umwelt willen

Wenn man mit anderen Menschen über das Thema Umweltschutz diskutiert, ist einer der ersten Begriffe, der fällt, immer das Energiesparen. Jeder weiß, man sollte Energie sparen, doch was bringt das wirklich? Wie viele müssen sparen, wie viel muss der Einzelne sparen, um merkliche Auswirkungen zu erzielen? Und die unangenehmste aller Fragen: Wie verändert sich das Leben der Menschen dadurch, auf was müssen wir verzichten? Der Mensch will nicht, dass sich sein Leben verändert, er will die Bequemlichkeit des unbedachten Konsums, die Bequemlichkeit eines geregelten Umfeldes, die Bequemlichkeit, sich um nichts kümmern zu müssen.

Dieses angenehme, geregelte Umfeld kommt zustande, indem sich verschiedene Berufsstände um die Probleme der Gesellschaft kümmern. Es gibt unzählige Berufe, die das System zusammenhalten, jeder leistet seinen Beitrag. Dieses System, in dem wir leben, funktioniert in allen westlichen Ländern (welche für den Großteil des Energieverbrauchs und des CO_2-Ausstoßes verantwortlich sind) nahezu gleich. Die Politik regelt die Struktur des Systems, die Wirtschaft bietet Arbeitsplätze und stellt den Menschen Produkte zur Verfügung. Und hier muss man meiner Meinung nach ansetzen. Um eine bessere Welt zu schaffen, eine Welt, in der jeder Mensch das Leben in vollen Zügen genießen kann, ohne dass dies negative Auswirkungen auf die Umwelt hat, gibt es viele verschiedene Möglichkeiten, von denen das Energiesparen nur eine ist. Es ist ein entbehrungsreicher und ineffizienter Weg, der außerdem nur eines der vielen Probleme beseitigt, nämlich das des enormen Energieverbrauchs. Doch wieso ist es schlecht, so viel Energie zu verbrauchen? Es ist schlecht, weil die Erzeugung dieser Energie mit dem Ausstoß umweltschädlicher Gase oder mit radioaktivem Müll verbunden ist. Wäre die Erzeugung der Energie ohne negative Nebenwirkungen, so könnte jeder Mensch mit reinem Gewissen so viel Energie verbrauchen, wie er will, ganz einfach, weil es nicht mehr schädlich ist!

Meiner Meinung nach sollte man das Problem bei der Wurzel packen, anstatt nur die Blätter abzureißen: Man muss erstens die Politik dazu bringen, das System zu verändern, es mehr auf Umweltbewusstsein und Energieeffizienz auszurichten, besser an neue Technologien (dazu später mehr) anzupassen und sich nicht so sehr vom Lobbyismus korrumpieren zu lassen, sondern die Wirtschaft stärker zu kontrollieren, ihr die verantwortungslose Geldgier zu nehmen und sie als wichtigen Bestandteil in dieses System einzubinden.

Zweitens muss mehr Geld für die Erforschung neuer Technologien ausgegeben werden, denn sie sind der wichtigste Bestandteil einer zukünftigen, energieeffizienten Welt. Ob es nun um die effizientere Erzeugung von Energie, ihre sparsamere Nutzung, die Auf-Null-Reduzierung des CO_2-Ausstoßes oder die Verbesserung der Lebensumstände der Menschen geht, überall spielt die Technologie eine wichtige Rolle. Ob bereits vorhanden oder noch Science-Fiction, sie ist die Zukunft der Menschheit und die Stütze einer besseren Welt.

Es gibt auch bereits viele gute Konzepte, sogar sehr viele, doch es fehlt meist das Geld, mit dem diese Ideen realisiert werden könnten, oder es fehlt die Kooperation der Wirtschaft, die fürchtet, durch umgreifende Veränderungen einige ihrer Marktzweige zu verlieren. Eines dieser vielversprechenden Konzepte ist der Algentreibstoff. Dieses Modell sieht so aus: Speziell gezüchtete Algen nehmen CO_2 auf und wandeln es in energiereiche Biomasse um. Aus diesen Algen wird dann Kraftstoff gewonnen. Wird dieser verbrannt, wird genau so viel CO_2 frei, wie die Algen zuvor aufgenommen haben. Das würde die CO_2-Bilanz der Erde konstant halten. Obwohl dieser Ansatz extrem kosten- und arbeitsintensiv ist, ist auch der Kraftstoffertrag ungleich höher, und durch entsprechende Forschungen könnten auch die Nachteile beseitigt werden. Es gibt zurzeit viele derartige Konzepte, manche mehr, manche weniger erfolgversprechend, doch die Umsetzung drängt, und niemand, der die Mittel dazu hätte, scheint wirklich etwas tun zu wollen. Um die Klimaerwärmung und die Umweltzerstörung dauerhaft und schnell aufzuhalten, muss sich einiges ändern, gesellschaftlich, politisch und wirtschaftlich. Es muss ein grundlegendes Umdenken in den Köpfen der Verantwortlichen geben. Doch diese Änderungen lassen auf sich warten und es stellt sich die Frage, ob es eines Tages nicht möglicherweise zu spät ist.

Beobachtungen aus dem (pädagogischen) Alltag

Die Zirkelmine eines Jugendlichen, 10. Jahrgangsstufe Realschule, der zuletzt mit einer »Eins« in Mathematik geglänzt hatte, bricht während der Hausaufgabe ab. Er fragt, ob ihm jemand einen Zirkel leihen kann, aber ausgerechnet heute hat niemand einen Zirkel dabei. Einem Kind fällt ein, dass es Ersatzminen im Federmäppchen hat und reicht sie rüber. Der junge Mann sitzt einige Zeit tatenlos an seinem Platz. Befragt, was das Problem sei, stellt er fest, dass er nicht wisse, wie das geht. Seine Mama habe ihm bis jetzt immer einen neuen Zirkel gekauft, wenn die Mine nicht mehr funktionierte.

Damit sich Schülerinnen und Schüler bei Bedarf nach der Schule oder während der Hausaufgabenzeit abreagieren können, wurden ein alter Hackklotz und große Nägel nebst Hammer zu Verfügung gestellt. Alle sind begeistert und stürzen sich auf das Angebot. Unausgesprochen stellt sich die Gruppe von Alt nach Jung und von Männlich nach Weiblich in die Warteschlange – alle wollen mal draufhauen. Zuerst also zwei sechzehnjährige Jungs. Sie setzen an, Treffer, Applaus, dann ein Schlag daneben, der nächste trifft schräg, der Nagel kippt weg. Einer der kleineren Jungs tritt sichtlich unruhig von einem Bein aufs andere, Hände tief in den Taschen, wendet sich ab und geht eine Runde durch den Garten. Eine Elfjährige von ganz am Ende der Wartereihe schießt nach vorne, nimmt einem Burschen wortlos den Hammer aus der Hand, setzt den Nagel an und versenkt ihn mit wenigen Schlägen sicher und absolut gerade im Holzklotz. Der Schüler, der sich auf den Gartenrundgang gemacht hatte, kommt zurück. »Die kann es auch«, ist sein anerkennender Kommentar. Nur diese beiden Kinder konnten einen Nagel einschlagen. Alle anderen – gleich welchen Alters – übten die nächsten Tage hingebungsvoll und mit viel Spaß.

Die gute Nachricht

Auch Jungs können mittlerweile bis zu einem gewissen Grad Schwächen zugeben und andere um Hilfe fragen. Sie haben in dieser Weise durchaus an emotionaler und sozialer Kompetenz gewonnen. Mädchen zeigen ihre Stärken – auch dann, wenn sie im traditionellen Sinn »männlich« sind – immer häufiger, ohne lange nachzudenken. Das geht so locker, weil die Peers ein Mädchen, das gut Nägel einschlagen kann, für ganz »normal« halten. Und: Selbst obercoole Jugendliche, die schon nah ans Erwachsenenalter reichen, finden körperliches Ausagieren im Alltag und außerhalb des Sportvereins reizvoll, wenn sie dazu Gelegenheit geboten bekommen.

Die weniger gute Nachricht

Kinder und Jugendliche haben durch unsere modernen Lebensformen sehr eingeschränkte Möglichkeiten für informelle Lernprozesse, soweit sie nicht am Computer bzw. im Internet abruf- und trainierbar sind. Das hat einschränkende Auswirkungen auf ihre praktische Handlungs- und Problemlösefähigkeit.

Eltern und professionelle Pädagogen

Eltern und professionelle Pädagogen sind mehrheitlich ausgerichtet auf Vermittlung des klassischen Bildungskanons, bzw. in den Bereichen Freizeit- und Sozialpädagogik stehen das Training von sozialen Kompetenzen und der Konsum von Freizeitaktivitäten im Vordergrund. Viele Arbeitgeber klagen, dass Basisfertigkeiten in der Ausbildung nachqualifiziert werden müssen. Mindestens genauso bedenklich erscheint, dass sich die jungen Menschen ohne diese Basisfertigkeiten auch privat auf ein umständliches Leben einstellen müssen, wenn sie einen Handwerker bestellen müssen, um in ihrer Wohnung ein Bild aufhängen zu lassen. Denn das wird digital vorläufig noch nicht zu bewerkstelligen sein.

Wie lebt die Generation Globalisierung?

Die Generation Globalisierung hat »geil« (Fiebach 2009) als Ausdruck höchster Anerkennung von der Generation Y bereits im Kindergarten übernommen und ist sich nie bewusst geworden, aus welchen sexuellen Sümpfen (aus der Perspektive der Babyboomer) dieser Begriff in ihren Wortschatz geraten ist. Beide Generationen sind vorwiegend im vereinten Deutschland groß geworden. Eine weitere Angleichung der Lebensbedingungen und Erfahrungen ist anzunehmen, da auch im Westen die außerfamiliäre Betreuung der Kinder zunimmt und es für Mütter in Westdeutschland selbstverständlicher und sozial akzeptierter wird, beides zu sein: eine gute Mutter und erwerbstätig. So blicken im Jahr 2010 Ost- und West-Jugendliche »vereint« zuversichtlich in ihre private und skeptisch in die gesellschaftliche Zukunft (Shell 2010, S. 125 und S. 127).

Ein paar aktuelle Zahlen zur Generation Globalisierung:
► Sie ist die erste Generation, in der über die Hälfte der Vorschulkinder (4 bis 5 Jahre) über Taschengeld verfügt (Egmont 2012).
► 14 Prozent der ganz Kleinen, speziell Kinder zwischen 4 und 5 Jahren, sind im Internet unterwegs (Huber 2012).
► Fast 60 Prozent der Kinder zwischen 4 und 5 Jahren mögen Bücher gern (ebd.)
► Die Generation Globalisierung hat mit 2006 und 2009 die geburtenschwächsten Jahrgänge in der Geschichte der BRD und der DDR (BMFSFJ 2012, S. 15).
► Die Jüngsten der Generation Globalisierung haben ab 2013 einen Rechtsanspruch auf einen Betreuungsplatz ab dem ersten Lebensjahr.
► Diesen Kindern gelingt es zunehmend, ihre Väter ganztägig an die Wiege zu locken, weil diese das Angebot der Politik annehmen und zumindest für zwei Monate in Elternzeit gehen (ebd. S. 90).
► Jedes 10. Kind hat zwei oder mehr Geschwister, das heißt es wächst in einer Mehrkindfamilie auf. In mehr als jeder 3. Familie gibt es ein Geschwisterkind, während die Hälfte aller Kinder in Deutschland ohne Geschwister aufwächst (ebd. S. 26).
► Elektronische Medien werden von den Jugendlichen geschlechtsspezifisch genutzt: Während 34 Prozent der Mädchen nie spielen, trifft das nur auf 8 Prozent der Jungs zu (MPFS 2011, S. 44). Dagegen halten sich Jungs (73 Prozent) nicht ganz so oft in Online-Communities auf, wie dies Mädchen tun (83 Prozent) (a. a. O., S. 47)

Zum Wortschatz der deutschen Sprache hat die Generation Globalisierung den Begriff »chillen« hinzugefügt (Deutsche Welle 2012) und mit diesem Wort drücken die jungen Menschen auch ihr Lebensgefühl aus. In entspanntem Ton, gelöster Haltung, mit einem Lächeln zwischen Charme und Überheblichkeit erwidern manche Jugendliche ihren aufgebrachten Eltern, wenn es um nicht gemachte Hausaufgaben, verschusselte Höflichkeiten oder unaufgeräumte Zimmer geht: »Hei, chill doch mal.« Ohne Frage gibt es weiterhin Pubertätskonflikte zwischen Eltern und Kindern, aber sie verlaufen oft weniger grundsätzlich als in Familien der früheren Jahre, in denen autoritäre Erziehungsstile vorherrschten.

>*Für die Jugendlichen, die 2010 in Deutschland leben, bedeutet Familie vieles, manchmal auch die ›klassische‹ Form, in der Vater und Mutter verheiratet sind, zusammenleben, der Vater einer Erwerbstätigkeit nachgeht und die Mutter für den Haushalt und die Kindererziehung zuständig ist. Daneben hat sich jedoch eine Vielzahl von Familienmodellen etabliert – von der Kleinstfamilie, bestehend aus einem Elternteil und einem Kind, über die Großfamilie und verschiedene Varianten der »Patchwork«-Familie ist heute eine Vielzahl von Lebensformen nicht nur Realität, sondern auch gesellschaftlich akzeptiert. All diese Veränderungen haben der Bedeutung der Familie jedoch keinen Abbruch getan. Im Gegenteil: Für Jugendliche 2010 ist die Familie so wichtig wie für kaum eine Generation davor. Für das Wohlbefinden und die Zufriedenheit der Jugendlichen spielt die Form der Familie keine Rolle. Wichtiger ist es, dass ihre Eltern Zeit für sie haben, einen demokratischen und wenig autoritären Erziehungsstil pflegen und dass die familiäre Situation nicht durch materielle Engpässe angespannt ist.« (16. Shell Jugendstudie 2010, S. 56 bis 57)*

Und dieses Wohlbefinden gestalten sie selbst aktiv mit, indem sie ihre Eltern zunehmend »chillig« zu steuern wissen.

»Steuern« der Eltern heißt, dass Kinder mehr Einfluss auf die Verhaltensweisen und die Entscheidungen der Eltern nehmen können. Das bedeutet eine Neuverteilung der Macht in der Familie und schlussendlich mehr Partizipation für Kinder und Jugendliche im privaten Raum. Und wie partizipieren die jungen Menschen? Wenn es um größere Familieninvestitionen oder Urlaubsziele geht, werden sie bereits in die Informationsbeschaffung einbezogen und ihre Wünsche und Argumente werden angehört und berücksichtigt. Dabei werden sie nicht immer »wirklich« gehört. So hatte eine Familie nach Disneyland fahren wollen, auch um den Kindern ein echtes Highlight zu bieten. Als es schien, als ob sich diese Reise aus Visumsgründen nicht wie geplant durchführen ließe, hatte der Vater den Kindern mehr ironisch und beiläufig gesagt, die Familie könnte ja stattdessen für eine Woche auf einem Hausboot durch Brandenburg schippern. Der elfjährige Sohn erwähnte die ursprünglich geplante USA-Reise gar nicht, als er bei uns mit einer schwungvollen Vorfreude den bevorstehenden Bootsurlaub in vielen Einzelheiten ausmalte. Als die Amerikareise dann doch stattfinden konnte, erfuhren wir das eher zufällig am Rande. Das heißt, dass es nicht immer die Kinder und Jugendlichen sind, die ihre Eltern, Großeltern, Onkels und Tanten dazu bewegen, ihnen mehr und luxuriöseren Konsum zu finanzieren. Immer wieder fällt mir auf, dass es die Erwachsenen sind, die dazu beitragen, dass sich die Konsum- und Markenschraube rasant weiter dreht.

Wenn es um von den Kindern und Jugendlichen heiß ersehnte Investitionen geht, die die Eltern eher skeptisch beurteilen, so argumentiert die Jugend – wie bereits ihre Eltern, als diese jünger waren – gerne damit, dass »alle« das gewünschte Objekt schon besitzen und dieses selbst nicht zu haben würde soziale Ausgrenzung bedeuten. Heutzutage sind viele Eltern und Großeltern schon nach wenigen Andeutungen kaufbereit. Ansonsten gibt das heraufbeschworene Szenario der Ausgrenzung den Kindern und Jugendlichen selbst so viel innere Kraft, dass sie wunderbar »jammern« oder »kämpfen« können. Meist schaffen sie es innerhalb von wenigen Wochen, ihre Eltern zu überzeugen, dass sie ohne den gewünschten Gegenstand in ihrem Wohlbefinden bedenklich eingeschränkt sein würden. Sind die Eltern – notabene Großeltern – überzeugt, dann nehmen sie auch schon mal einen Kredit auf, um für ihr Kind ein begehrtes Smartphone möglichst umgehend zu erwerben. Das bedeutet, dass immer weniger Kinder und Jugendliche zu materiellen Defiziten stehen müssen, »nur« weil ihre Eltern einen Wunsch nicht erfüllen können oder wollen. Hier stellt sich die Frage, ob das Huhn oder das Ei zuerst da war. Also: Sind die Ausgrenzungsmechanismen gegenüber Peers, die materiell weniger gut ausgestattet sind, stärker geworden, so dass sich der Druck auf den Einzelnen/die Einzelne erhöht? Werden Abweichungen vom Lifestyle negativer bewertet, dann müssen die jungen Menschen mehr Energie in ihre Selbstbehauptung außerhalb der Familie stecken. »Chillen« würde dann eine Copingstrategie sein.

Oder aber hat sich der Druck von außen gar nicht wirklich erhöht, aber die Kinder und Jugendlichen empfinden ihn stärker, weil sie in ihrer außerfamiliären Umwelt weniger selbstsicher sind und dadurch über eine geringere soziale Stressresistenz verfügen? Wenn die Generation Globalisierung weniger Verhaltensstrategien zur Verfügung hat, um sich selbstbewusst gegen den Mainstream zu behaupten, dann fehlen ihr Copingstrategien und »chillen« wäre wohl vor allem eine Flucht. Möglicherweise läuft beides parallel ab: höhere Anforderungen an eine materielle Anpassung (Gruppenzwang/Standards von Peers) und gleichzeitig geringere Widerstandskräfte beim Einzelnen, sich trotz eines Mangels an Statussymbolen eine gute soziale Position zu verschaffen?

Heutzutage wird angenommen, dass jedes fünfte Schulkind über psychosomatisch bedingte Schmerzen klagt (Ärztezeitung 2012). Eine Studie des Klinikums Heidelberg über Fehlzeiten von Schülerinnen und Schülern berichtet:

»»Uns hat vor allem überrascht, wie häufig Schüler mit Entschuldigung dem Unterricht fern bleiben«, sagt Professor Dr. Romuald Brunner. ›Rund 60 Prozent der Schüler zeigte hier riskante Fehlzeiten von 2 bis 10 Tagen bzw. sogar auffällig hohe Fehlzeiten von mehr als 10 Tagen pro Monat. Wir konnten außerdem zeigen, dass häufiges Fehlen einhergeht mit einem gestörten Sozialverhalten und zum Teil auch mit Depression.‹ So gaben betroffene Schüler z. B. an, sich wertlos zu fühlen, Interesse an Mitmenschen verloren zu haben oder leicht reizbar zu sein. Ein weiteres auffälliges Ergebnis: Während acht Prozent der Mädchen, die nie unentschuldigt fehlen, von Mobbingerfahrungen berichten, sind es bei den häufig unentschuldigt fehlenden Schülerinnen mit 16 Prozent doppelt so viele. Bei häufigem Fehlen mit Entschuldigung sind die Auswirkungen auf die Jungen besonders ausgeprägt: Rund 17 Prozent sind von Mobbing betroffen, bei den unauffälligen Schülern nur 6,5 Prozent.« (Universitätsklinikum Heidelberg 2012)

Das bedeutet, dass Schüler von ihren Eltern bzw. Ärzten krank gemeldet werden, wenn sie in der Schule sozioemotionale Probleme haben. Allerdings erleben die Kinder und Jugendlichen in ihren Familien auch nicht immer nur Kuschelszenen, wie die *Süddeutsche Zeitung* angesichts einer FORSA-Studie berichtet:

»Laut der Befragung bestrafen 40 Prozent (2006: 46 Prozent) der Eltern ihr Kind mit einem ›Klaps auf den Po‹, zehn Prozent (2006: 11 Prozent) geben eine Ohrfeige und vier Prozent (2006: 6 Prozent) versohlen ihrem Kind nach eigener Aussage den Hintern. Als Hauptgründe gaben die Eltern an, dass ihre Kinder unverschämt gewesen seien, nicht gehorcht oder sich aggressiv verhalten hätten.
Jungen bekommen demnach doppelt so häufig den Hintern versohlt und werden auch öfter mit einem Klaps bestraft. Zudem kommt es in kinderreichen Familien häufiger zu Gewalt. Einen Zusammenhang zwischen dem Bildungsstand der Eltern und der Bereitschaft, ihre Kinder zu schlagen, belegt die Studie nicht. Auch zwischen Vätern und Müttern besteht kein signifikanter Unterschied. [...]
In der Studie wurden die Eltern auch nach anderen Strafen für ihre Kinder befragt. Mehr als 90 Prozent von ihnen werden zumindest gelegentlich laut. 85 Prozent sprechen Verbote aus und ein Viertel der Befragten redet zur Strafe nicht mehr mit dem Nachwuchs. Für die Umfrage wurden 1003 Eltern in Deutschland mit mindestens einem eigenen Kind bis 14 Jahre befragt.« (Süddeutsche Zeitung 12.03.2012)

Die befragten Eltern schildern, dass sie weniger aus Überzeugung, sondern mehr aus Stress und Überforderung zuschlügen. Viele plagt anschließend ein schlechtes Gewissen (ebd.). Nach meinen Erfahrungen ist es dieses schlechte Gewissen, das manche Eltern dann veranlasst, anstatt sich auf Augenhöhe bei ihren Kindern zu entschuldigen und in der Sache konsequent zu bleiben, sich demütig zu unterwerfen und alle sachlich richtigen Anforderungen gleich mit zu »entsorgen«. Die Kinder ihrerseits schließen daraus mitunter, dass damit auch die Inhalte, um die die es ursprünglich ging, beliebig seien und wiederholen das Verhalten, das zum Konflikt geführt hatte. So entsteht in einigen Familien ein Teufelskreis, der für alle Beteiligten äußerst belastend ist. Häufig treten die Verhaltens- und Kommunikationsprobleme dann auch in den Lebenswelten außerhalb der Familie auf. Das Bemühen der Eltern der Generationen X und Y, ihre Kinder zu schützen und gleichzeitig partnerschaftlich mit ihnen zu kommunizieren, wirkt sich auch auf die Bewegungsfreiheit der nachwachsenden Generationen aus.

»Hatten Kinder in Deutschland vor 20 Jahren einen Spielradius von 20 Kilometern, bewegen sie sich heute höchstens vier Kilometer von zu Hause fort; sie verbringen gerade mal zwölf Stunden in der Woche außer Haus. Und wenn sie draußen sind, dann fast ausschließlich in Gehegen wie Trainings- oder Spielplätzen mit DIN-gemäßen und TÜV-geprüften Gerätschaften.« ([Alex Rühle. Ich sehe was, was du nicht siehst. in: Kinderleben. Das Familienmagazin der Süddeutschen Zeitung. 2/2008, S. 10 ff] zitiert nach Huinink 20. 3. 2009)

Der Schutz, den bereits die Eltern der Generation der Babyboomer ihren Kindern gab, vermittelte der jetzigen Elterngeneration wahrscheinlich, dass Sicherheit ein wichtiges Gut ist. Es sieht so aus, als steigere sich dieses Sicherheits- oder Kontrollbedürfnis der Eltern kontinuierlich. Beschützende Eltern scheinen entspannte, ambitionierte und zutiefst verunsicherte Kinder zu erziehen. David Brooks macht sich Gedanken über »The next ruling class«, deren Lebensgefühl aus einer komplett durchorganisierten Kindheit resultiert und die an die Stelle von Werten Leistung gesetzt hat. Obwohl bereits 2001 vor dem 11. September mit seiner massiven Erschütterung für die Bürgerinnen und Bürger der USA geschrieben, passt die Beschreibung auf einen Teil unserer heutigen Jugend in Deutschland erstaunlich gut (Brooks 2013). Eine 20-Jährige beschrieb die strikte Karriere- und Sicherheitsorientierung ihrer Generation im April 2012 so:

»Es ist Unsicherheit, es ist Angst, es ist eine allumfassende Verunsicherung, die uns so handeln lässt. Die die Bücherfanatikerin dazu bringt, in ihrer Studienwahl von Literatur auf BWL umzuschwenken, die den Abiturienten, der keinen Plan hat, brav sein Zeugnis zücken und seine Noten mit den Jobprognosen abgleichen lässt. Die uns unsere Kinderträume an den Nagel hängen lässt und dazu bringt, die wenigen Idealisten in unseren Reihen mit einem müden, überheblichen Lächeln bedenken lässt.« (Hervorhebungen im Original. Askari 2012)

Und sie begründet die Verunsicherung mit weltweiten Katastrophen, von denen man regelmäßig erfährt, mit der Geschwindigkeit unseres Lebens und dem unüberschaubaren Meinungspluralismus, einer allgemeinen Grenzenlosigkeit. Davon, so meint sie, brumme einem der Kopf und man könne die Freiheit nicht nutzen.

Im Alltag bei Jüngeren zeigt sich das so: Vor fünf Jahren kletterten einige unserer Schüler zwischen elf und zwölf Jahren in der Nachmittagsbetreuung ab und zu über den Zaun, um auf den angrenzenden Parkplatz zu kommen – einfach so, um ihren Aktionsradius zu erweitern. Sie mussten dazu eine »Lausbubenleiter« bilden, um die Höhe zu überwinden. Ich stellte ihnen eine Kletterhilfe auf, damit der Zaun bei diesem Experiment nicht beschädigt würde. Sie überquerten daraufhin den Zaun vier Meter weiter links, im Dickicht der Bäume, natürlich ohne Kletterhilfe. Vor vier Jahren kletterten sie nur auf den besagten Parkplatz, wenn der Ball einmal über den Zaun flog – mit der vorgesehenen Kletterhilfe. Vor drei Jahren spielten sie in einem anderen Bereich des Gartens, von wo aus der Ball auf den Gehweg fallen konnte, wenn er über den Zaun flog. Zunächst versuchten sie, den Zaun zu überqueren. Da dieser aber sehr hoch und instabil ist, ließen sie sich schnell überzeugen, dass sie lieber den Umweg durch die Gartentür auf die Straße nehmen sollten. Vor zwei Jahren kam niemand auf die Idee, direkt über den Zaun zu klettern, sie flitzten einfach zur Gartentür. Dieses Jahr kamen die Jungs und erzählten, dass der Ball auf die Straße gefallen sei und fragten höflich an, ob sie ihn draußen holen dürften. Von den Jugendlichen der Vorjahre war in diesem Moment niemand dabei. Sie kamen einfach von sich aus auf den »angepassten« Weg und auf die Idee, dass sie fragen müssten, ob sie das Grundstück verlassen dürfen. Dieses Jahr war Versteckenspielen im Dickicht des großen Gartens für mehrere Wochen die beliebteste Beschäftigung der Elf- bis Zwölfjährigen. Sie spielten ohne festgelegte Regeln, da es um Rivalitäten und Aufnahmerituale zwischen den Jungs ging. Der Zaun wurde nie überschritten, die Grundstücksgrenze war das unangetastete Limit. Sie wurde weder überschritten, um mehr Mut zu demonstrieren, noch um einen Mitspieler nachdrücklich auszugrenzen.

Betrachtet man diese weniger risikoorientierte Seite der Jungs der Generation Globalisierung, so ergibt die anhaltend steigende Markenorientierung der Jugend viel Sinn: Wer sich durch eingekaufte Statussymbole profilieren kann, muss sich seltener körperlich oder verbal behaupten. Die diesjährige Verbrauchsstudie des Egmont Verlags erbrachte, dass sich alleine hinsichtlich des Kaufs von Markenturnschuhen die Markenorientierung der »Kids« um vier Prozent gegenüber dem Vorjahr erhöht hat (Huber 08.08.2012). Eine Marke gibt Sicherheit und Halt. Die Wirtschaft läuft gut. Also können sich mehr junge Menschen diesen Halt leisten.

> **Atomkraft.**
> **Nein Danke,**
> **gefährlich, unberechenbar, zerstörend.**
> **Wohin mit dem Müll?**
> **Ratlosigkeit.**

Maximilian: *Fischfriedhof*

Markenfixierung beginnt schon direkt nach der Geburt (Babyfan 2013). So kann man erwarten, dass sich der Trend für die Generation A fortsetzt und auch sie eher »kuschelig« sein wird – wenn die Kinder und Jugendlichen bzw. ihre Familien auch künftig ohne materielle Engpässe, also mit deutlich steigenden Geldressourcen (Egmont 2012) versorgt sein werden.

Verunsicherung angesichts unserer komplexen, globalisierten Welt stellen auch die Autoren einer vom Umweltbundesamt beauftragten Studie zum Umweltbewusstsein der deutschen Jugend fest:

»Jugendliche fühlen sich von den globalen und weltweit verbreiteten Problemen überfordert und es fehlt ihnen Wissen und Erfahrung, um die Zusammenhänge und die damit verbundenen Probleme und Möglichkeiten realitätsgerecht einschätzen zu können. Für Jugendliche mit unzureichenden Grundkenntnissen und Schlüsselkompetenzen sind die Nachrichten und Informationen oft zu umfangreich und zu komplex. Die Ergebnisse der hier im Rahmen des Vorhabens durchgeführten Fokusgruppen zeigen ebenfalls, dass Jugendlichen zahlreiche ökologische und gesellschaftliche Zusammenhänge nicht immer deutlich sind. Zum Teil ist das der komplexen Thematik inhärent, zum Teil liegt es aber auch sehr daran, dass beispielsweise Zusammenhänge zwischen Verhalten, Produktionsweise und Umwelt, oder auch zwischen Umweltschutzmaßnahmen und deren

positiven Wirkungen nicht hinreichend kommuniziert werden. Der Eindruck von Überkomplexität bleibt erhalten und führt wegen Überforderung bei vielen Jugendlichen zu abnehmendem Interesse und Abwehrverhalten (Ignoranz).«
(Umweltbundesamt 2011, S. 57).

Und weiter: »Viele Jugendliche fühlen sich von der Gefährdung der Umwelt unmittelbar oder mittelbar bedroht. Tatsächlich fehlt ihnen aber, vor allem den jüngeren, zu den allgemeinen und abstrakten Prinzipien von Nachhaltigkeit der konkrete lebensweltliche Bezug.« (Umweltbundesamt 2011, S. 59)

Um die Themen Verantwortung und Sicherheit durch nahe Anleitung geht es in einer Studie des niedersächsischen Industrie- und Handelskammertages (Niedersächsischer Industrie- und Handelskammertag). Sie zeigt, dass es 90 Prozent der befragten jungen Menschen wichtig ist, in ihrer Ausbildung »echte« Arbeiten durchzuführen. Dies wird interpretiert als Wunsch, Verantwortung zu übernehmen. Das könnte auch »Partizipation auf der Handlungsebene« bedeuten. Gleichzeitig wünschen sich die Jugendlichen mit ebenfalls 90 Prozent einen Ausbilder, der sich kümmert, und mit derselben Häufigkeit wollen sie etwas lernen. Was aber gibt zuverlässiger Auskunft über Lernprozesse als die Wirklichkeit? Die physikalischen Gesetze als Feedbackgeber kennt das kleine Kind schon – ob es gelingt, absichtsvoll den Mund mit der eigenen Hand zu berühren und dadurch Lust und »Gelingen«, also ein Erfolgserlebnis zu fühlen. Das ist eine Erfahrung der Selbstwirksamkeit: »Ich kann.« Wenn ein Werkstück in der Lehrwerkstatt gefeilt wird, gibt auch dies Auskunft darüber, wie die Tätigkeit gelungen ist, wenn zum Beispiel zwei Teile wirklich passgenau sind. Diese Rückmeldung aus der materiellen Welt bestätigt ebenfalls: »Ich kann.« Natürlich geben nun nicht mehr nur die Hand und der Mund und das zugehörige Lustgefühl die »Antwort«, sondern die Augen kooperieren mit den Händen, eventuell muss noch ein Messgerät zu Hilfe genommen werden, um die ganz exakte materielle Rückmeldung zu erhalten. Das sind Aufgaben und Bestätigungen, wie sie in der Montessori-Pädagogik in das Material eingearbeitet sind. Auch Kerschensteiner hat mit dem Bau eines Starenkastens den Jugendlichen eine komplexe Aufgabe mit enthaltener Selbstbestätigung gestellt. Darauf fußt die duale Ausbildung in Deutschland seit fast 100 Jahren (Rosch 2009). Warum wollen Jugendliche »echt« arbeiten, statt nette Dinge in der Lehrwerkstatt zu machen? Das erklärt sich aus den 96 Prozent, mit denen die jungen Menschen respektiert und den 95 Prozent, mit denen sie ernst genommen werden wollen. Das ist die materielle und soziale Relevanz ihrer Arbeit.

Während gerade dieser Generation gerne vorgeworfen wird, sie sei auf dem »Egotrip« (Schäfer & Mohr 29.04.2012), meldet sie hier an, sie wolle beteiligt sein, indem sie das Feedback bekommt: »Du kannst etwas gut genug, dass es in dem Unternehmen brauchbar ist.« Nicht im »Sandkasten« des »So-tun-als-ob«. Dazu sind sie durch ihre ganze Schulzeit hindurch »verdammt«. Für die betriebliche Ausbildung sollte sich gerade in dieser Hinsicht etwas ändern. Nicht länger »Sandkastenspiele«, sondern im Unternehmen an der Wertschöpfung beteiligt sein. Sie wollen ihren Beitrag zum Gelingen im Betrieb und in der Gesellschaft leisten – das ist eine Form der Verantwortung, die sie suchen. Das ist der Wunsch nach Partizipation. Unser derzeitiges Bildungssystem und die Übereinkunft der Erwachsenen, dass Jungendliche lange lernen müssen, ehe sie gesellschaftlich »brauchbar« sind, trägt mit dazu bei, dass Tipps zum Energiesparen, Initiativen zur Mülltrennung, Schulungen für ihre Gesundheit, Trainings für Sicherheit im Internet in Windeseile vergessen werden, kaum dass die Aktion zu Ende ist. Denn die meisten der Initiativen beruhen auf fertigen Konzepten mit dem Ziel, das Verhalten der jungen Menschen anzupassen an das, was andere als wünschenswert definiert haben. Es ist mitnichten aus ihren Sorgen, Wünschen, Ideen entstanden. Sie wurden nicht angemessen informiert, nicht gefragt und sie können die Programme nicht wirklich beeinflussen. Das schafft eine Hilflosigkeit, die Resignation zur Folge hat. Das exakte Gegenteil von Selbstwirksamkeit und Nachhaltigkeit. Kein Wunder also, dass die jungen Menschen zunächst die Politik und die Wirtschaft in der Pflicht sehen, die Weichen zu stellen und die notwendigen Veränderungen anzu-

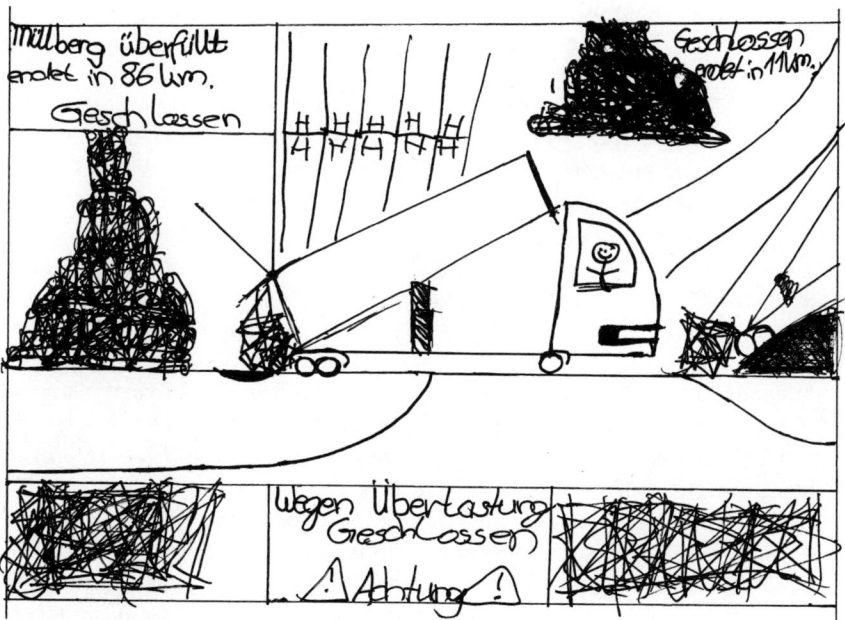

Giosué: Wegen Überlastung geschlossen

packen. Darin spiegelt sich, dass die Generation Globalisierung wenig von ihrer eigenen Wirksamkeit hält und sich für ihre berufliche Ausbildung danach sehnt, von einem Ausbilder an die Hand genommen zu werden und endlich »Haltbares« in der Gesellschaft leisten zu können. Was macht die jungen Menschen einerseits so verzagt, was ihre Handlungs- und Erfolgsaussichten angeht und was andererseits so sehnsüchtig, sich in der realen Welt beweisen und Wert schöpfend einbringen zu dürfen?

Die Kinder leben mit ihren Familien abgeschlossen in ihren vier Wänden. Selbst in Wohngebieten mit einem hohen Anteil an jungen Familien sieht man immer seltener Kinder draußen spielen. Und das verwundert genau betrachtet auch nicht, denn würden die Kinder und Jugendlichen häufiger nach draußen gehen, dann würde es dort auch nicht wirklich lebendiger. Das Leben pulsiert in den Innenstädten und Einkaufstempeln auf der grünen Wiese, wo der Konsumbär tobt. Das Leben findet in den Industriegebieten mit breiten, lichtgesäumten Straßen statt, auf den nimmermüden Airports und in den Logistikzentren und schließlich weit weg in den Ländern, die für die deutschen Konsumenten produzieren. In den Wohngebieten sieht man ab und zu Mütter oder Väter alleine oder in kleiner Gruppe schwitzend vorbeijoggen, man sieht die Großelterngeneration ambitioniert die Walkingstöcke schwingen. In früheren Zeiten flüchteten sich Männer, wenn sie vom Beziehungsgewirr der Familie Abstand haben wollten, in den Werkkeller oder zu ihrem Auto in die Garage. Und Kinder konnten sich anschließen. Wie der Urenkel und sein Urgroßvater bei James Krüss (Krüss 1986), die in den Schuppen emigrieren, wenn ihnen die familiären Wellen zu hoch schlagen. Dort werden nicht nur Geschichten über das Leben erzählt, in denen es von Vorbildern, die Lösungen für momentane Problemsituationen bereithalten, nur so wimmelt. Nein, dort wird gleichzeitig produziert und repariert. Zum intellektuellen und emotionalen Gewinn kommt das »echte« Produkt, eine »Wert-Schöpfung« im Rahmen der Reproduktion der Familie, an der das Kind beteiligt ist. Solche »Wert-Schöpfung« reduziert sich inzwischen innerhalb der privaten vier Wände auf ein Minimum. Der Verbrauch zum Beispiel an Tiefkühlgemüse und an Tiefkühl-Kartoffelprodukten, genauso wie an Fleisch und Fisch, fiel in den letzten Jahren deutlich. Angestiegen sind dagegen Komplettgerichte und Teilgerichte um über zwei Prozent allein von 2010 bis 2011. Auch der Verbrauch an Pizza und Snacks hat zugenommen. Eingefrorene Kuchen, Torten und Backwaren wurden um 2 Prozent bzw. 2,5 Prozent mehr verbraucht, während tiefgekühlte Teige weniger nachgefragt waren. Bei tiefgekühlten Milcherzeugnissen und Süßspeisen stieg der Verbrauch um exorbitante 12,7 Prozent innerhalb eines Jahres (Frenzel 2012). Während also die Generation Z noch miterlebte, dass man aus einer Backmischung oder einem tiefgekühlten Teig einen Kuchen herstellen kann und dass Gemüse Gemüse, Fleisch Fleisch und Fisch Fisch sind, aus denen sich unterschiedliche Gerichte herstellen lassen, wird die Generation A nicht nur daran glauben, dass die lila Kuh Schoko-lade macht, sie wird eventuell niemals erfahren, wo die Pizza wächst und wie die Steaks zusammengelötet werden.

Kinder erwerben komplexes Alltagswissen und die lebenspraktischen Hand-lungsroutinen durch informelles Lernen bzw. »learning by doing«. Diese Lernform ist überaus effizient. Und ein Kind, das weiß, dass es sich selbst helfen kann, ist selbstsicher: Ein Elternpaar hatte seine beiden jungen Teenager im Urlaub zum ersten Mal alleine am Strand zurückgelassen, da die Jugendlichen keine Lust auf einen Kulturausflug hatten. Es war zu einer Zeit, als es noch keine Handys gab. Die Eltern wollten um die Mittagszeit zurück sein, aber sie hatten die Straßen auf der Ferieninsel falsch eingeschätzt. Es dauerte bis zum frühen Nachmittag, ehe sie – gestresst und besorgt mit gut einer Stunde Verspätung – zurück waren. Sie fanden ihre Kinder in der Küche des Ferienhauses, das Mittagessen war fast fer-tig. Ja, meinten die Teenies, sie seien schon beunruhigt gewesen, aber noch nicht so schlimm. Deswegen hätten sie jetzt erst mal was gekocht, denn hungrig seien sie außerdem …

Um Selbstständigkeit zu erwerben brauchen Kinder und Jugendliche Men-schen, bei denen sie abschauen können, sie brauchen Zeit und Material, um ihre eigenen Umsetzungsideen auszuprobieren, ihre eigenen Fehler zu machen und ihre eigene Routine zu erwerben. In den Familien sehen die jungen Menschen Väter, die müde von der Arbeit und dem Ehrenamt kommen und sich vor dem Fernsehgerät oder bei einem Computerspiel entspannen. Die Kinder und Jugend-lichen haben meistens keine gute Vorstellung davon, was den Vater müde gemacht hat. Sie sehen Mütter, die ebenfalls müde von der Arbeit kommen oder die ihre Kinder von der Nachhilfe in den Musikunterricht und dann ins Sporttraining kut-schieren, während Papa schon mal die Wäsche aus dem Trockner nimmt und die Pizza in den Ofen schiebt. Nur wenige Kinder und Jugendliche der Generation Globalisierung müssen Verantwortung übernehmen, wenn es um die alltäglichen Routinen zur Reproduktion in der Familie geht. Das macht sie abhängig vom Ser-vice ihrer Eltern, weiterer Familienmitglieder und den Bildungs- und Erziehungs-dienstleistern.

All diese Beobachtungen, Zahlen und Überlegungen ergeben ein zwiespältiges Bild der Generation Globalisierung: Einerseits ist sie locker, unbeschwert, kompe-tent und selbstbewusst. Die jungen Leute berichten, dass es ihnen gut geht, sie genießen ihre Freizeit, verhandeln mit Eltern, ErzieherInnen und Lehrkräften ge-schickt um ihre momentanen (kurzfristigen) Interessen und scheinen sich von auf-gebrachten Eltern kaum beeindrucken zu lassen. Auf der anderen Seite blicken sie – nicht nur wegen des Klimawandels oder der Energiewende – skeptisch in die gesellschaftliche und politische Zukunft, werden zu Hause schon mal geschlagen oder angeschrien, haben Schmerzen im Bauch, im Kopf, am Rücken und in den

Beinen, trauen sich nicht in die Schule oder haben keine Lust dazu und verzichten gerne auf etwas Freiheit, wenn sie dafür ein »chilliges« Gefühl gewinnen. Was sagen die Neurowissenschaften zu solch einem Eindruck?

> *»Ein Mensch, dessen Hautwiderstand und Adrenalinspiegel sich beim Anblick eines bedrohlichen Objekts oder einer gefährlichen Szene nicht deutlich ändert, verspürt auch keine Furcht. Das Umgekehrte gilt übrigens nicht zwingend, denn die genannten physiologischen Zustände können durchaus auftreten, ohne dass die Person bewusst Furcht empfindet. Nichtsdestoweniger ist ihr Verhalten nachweislich durch diese unbewusste Furcht beeinflusst.« (Roth 2011, S.73)*

So ist »chillen« wohl beides: Lebensgefühl einer entspannten Generation, der Lebensqualität mehr bedeutet als Karriere und Wachstum um jeden Preis. »Chillen« ist aber auch die »Vogel-Strauß-Politik« einer Generation, die sich angesichts verwirrender Zukunftsaussichten in den rettenden Hafen aus Familie, Freundeskreis und Karriere flüchtet. Und dann gibt es auch unter Jugendlichen noch eine engagierte Minderheit:

> *»Der Rückgang des Engagements Jüngerer wird mit der zunehmenden Mobilität, der Zeitknappheit und den steigenden Anforderungen an den Berufseinstieg erklärt. Die Engagementquote der 14- bis 24-Jährigen ist mit 35 Prozent dennoch beachtlich, sodass Jugendliche eine relevante Gruppe unter den Engagierten darstellen. Darüber hinaus steigt auch das Engagementpotenzial junger Menschen. Motive Jugendlicher und junger Erwachsener haben sich im Zeitverlauf verändert. Sie sind heute häufiger mit der Erwartung verbunden, aus dem Engagement einen Vorteil für berufliche Kontexte zu ziehen, als dies noch vor zehn Jahren der Fall war.« (BMFSFJ 2012, S.14)*

Nun schließen daraus viele Verbände, die auf ehrenamtliches Engagement angewiesen sind, man müsse traurig sein, dass die Jugend ihren Idealismus verloren habe, und sie gehen auf »Seelenfang«, wobei sie die Erwartungen herabsetzen. Statt einfach zu sagen, dass nach der Gruppenstunde aufgeräumt sein muss, werden alle möglichen Verrenkungen und Spielchen gemacht, um auch aus den doofsten Arbeiten noch ein »Spaßevent« zu zaubern. Ohne Frage: Mit guter Musik und ein paar Frotzeleien am Rande ist Aufräumen meistens deutlich netter, als wenn jede und jeder »grantelnd« (meckernd) oder jammernd für Ordnung sorgt. Dass junge Menschen für ihre spätere Karriere Pluspunkte gewinnen wollen, könnte aber auch zu einer ganz anderen Art der Ernsthaftigkeit führen. Nach meiner Erfahrung ist es vielen jungen Menschen recht, gut angeleitet zu werden. Und auch die oben bereits erwähnte Befragung durch den Industrie- und Handels-

Giosué: Müllberge

kammertag (Niedersächsischer Industrie- und Handelskammertag 2012) geht in diese Richtung. Warum fällt es uns Erwachsenen so schwer, die intrinsische Motivation der Jugend zu verstehen und sie in die Arbeit wirklich einzubinden, statt sie mit immer neuen Spaßhäppchen locken zu wollen? Sie sind kompetente Konsumenten, geübt im Umgang mit Werbung und was sie gar nicht gut ab können, ist Anbiederung.

Insofern könnten wir Erwachsenen den jungen Menschen einfach besser zuhören und sie dort unterstützen, wo sie es wirklich brauchen, statt sie mit einem übertriebenen Sicherheitsdenken, formalisierter Bildung, Konsum- und Spaßhappen so zu überschütten, dass sie sich vor der Diversität des Lebens und den Zukunftsaussichten fürchten müssen. In der Schreibwerkstatt für dieses Buch stellte sich heraus, dass die Mitglieder durch das Schreiben und Veröffentlichen insbesondere Gleichaltrige motivieren wollen, ebenfalls in Sachen Energiewende aktiv zu werden. Nach der ersten Phase, in der sie Elfchen geschrieben und einen individuellen Text verfasst hatten, wollten sie »mehr« tun: durch einen Fragebogen herausfinden, wie groß ihr Rückhalt in der Stadt und in ihrer Schule ist. Sie wollten durch die Befragung auch andere überzeugen, wie wichtig nachhaltige Energiewirtschaft ist.

Sie machten ein Plakat, das in der Schule ausgehängt werden sollte, um darauf aufmerksam zu machen, dass unser hoher CO_2-Verbrauch Klimawandel verursacht, in dessen Folge die ▶ *Biodiversität* zurückgeht. Ob ehrenamtlich oder in einem andern Kontext: Mit welcher Selbstverständlichkeit und Tiefe schon kleine Kinder wichtige Strukturen erfassen und Werte bestimmen können, wird unter anderem in dem Buch »Wie wollen wir leben?« (Eberhard von Kühnheim Stiftung 2012) deutlich. In solchen Projekten und darüber hinaus gelingt es Experten, schwierige komplexe Sachverhalte so zu ordnen, dass sie gut zu verstehen sind. Wer besser versteht, wer sich selbst in ganz lebenspraktischen Dingen zu helfen weiß und wer ein »reales« soziales Netzwerk aus Älteren, Jüngeren und Gleichaltrigen hat, muss sich nicht so sehr fürchten und kann seine Stärken selbstbewusst in den Alltag und die Gemeinschaft einbringen. Wer angesichts wahrgenommener Bedrohung mit anderen gemeinsam aktiv wird, kann die Zukunft gelassener

---

Biodiversität

»Der Begriff Biodiversität – oder auch biologische Vielfalt – hat sich seit etwa 20 Jahren in der wissenschaftlichen und politischen Diskussion durchgesetzt, weil er den natürlichen Reichtum der Erde treffend umschreibt: Biodiversität umfasst die Vielfalt der Tier- und Pflanzenarten, die genetische Vielfalt innerhalb der Arten und die Vielfalt der Ökosysteme. Auch wir Menschen sind Teil davon. Die heutige biologische Vielfalt auf der Erde hat sich im Laufe von Millionen Jahren entwickelt. Sie wird ergänzt durch die landwirtschaftliche biologische Vielfalt, die über mehrere Jahrtausende von Ackerbauern, Viehzüchtern und Gärtnern geschaffen wurde. Insgesamt gilt biologische Vielfalt als Voraussetzung für das Gleichgewicht in der Natur und in der Landwirtschaft. Außerdem bildet sie unsere natürliche Existenzgrundlage: Unsere verschiedenen Nahrungsmittel, aber auch zahlreiche Baumaterialien, Kleidungsstoffe oder Energiequellen sind ein Bestandteil der Biodiversität.« (Schlote & Götz 2012; vergl. auch: Werner & Zahner 2009; Schemel & Wilke 2008)

MINT

Steht für die Fächer Mathematik, Informationstechnologie, Naturwissenschaften und Technologie. Mit dieser Initiative sollen Kinder und Jugendliche für diese Fachgebiete interessiert und qualifiziert werden. Sie steht unter der Schirmherrschaft von Bundeskanzlerin Angela Merkel, Arbeitgeber- und andere Verbände sowie zahlreiche und namhafte Firmen und Bildungsinstitutionen sind beteiligt (MINT 2013).

auf sich zukommen lassen oder in sie eintauchen. Dazu, so scheint es mir, sollten die jungen Menschen Räume in der physischen Welt bekommen, die sie mit ihren Aktivitäten füllen können. Erwachsene sollten heutzutage allerdings nicht mehr erwarten, dass sich die Generation Globalisierung diese Räume selbst erobert. Im Gegenteil. In dieser Hinsicht »tickt« die heutige Jugend wirklich anders.

Während meiner Kindheit in der schwäbischen Provinz in den 1950er und 1960er Jahren konnte man abends in jedem Dorf miterleben, wie das »Milchhäusle« zum Treffpunkt wurde.

>»Denn die Milchhäusle lagen in allen Orten an zentraler Stelle. Und weil man die Milch nach Feierabend abgab, trafen an der Sammelstelle regelmäßig Dorfbewohner aller Generationen zusammen. Letztendlich jedoch war das Abgeben und Holen von Milch wie auch der Gang zur »Gefrieri« oft eine Aufgabe der Jugend, zumal der weiblichen. Die männliche fand sich dann von selbst ein. [...]*

Während die älteren Leute in aller Ruhe ihr Schwätzle hielten, ging es im Kreis der Jugend weniger gemächlich zu. Fahrräder und Mopeds wurden begutachtet und lautstark getestet. Zwischen den Gruppen der Mädchen und Jungen flogen Scherzworte hin und her, oft auch bedeutsame Blicke. So mancher hat dort erste zarte Bande geknüpft oder wenigstens seine erste Zigarette probiert. In Hugstetten – so heißt es – begannen abendliche Unternehmungen meist vom Milchhäusle aus. ›Dort ging man einfach mal hin, schauen, wer da war.‹

Das war nicht bei allen gern gesehen und – vor allem – gern gehört. So verkündete die Buchheimer Raiffeisenkasse 1967 im Gemeindeblatt: ›Abends beim Milchabholen von der Milchsammelstelle, glauben einige Jungens, sie müßten durch enorme Lautstärke vor der Sammelstelle ihre Anwesenheit bekunden. Die Person, welche in der Milchsammelstelle arbeitet, kann unmöglich bei diesem Radau arbeiten. Kein Geschäft gleich welcher Art kann unmittelbar vor der Tür auf Dauer solchen Lärm dulden. Dieser Umstand zwingt uns entsprechende Maßnahmen einzuleiten und wenn es sein muss, mit Hilfe der Polizei. Wir bitten daher auf diesem Wege die Eltern höflich, doch ihre Kinder darauf aufmerksam zu machen, dass, wer sich anständig verhält, auch höchst anständig behandelt wird.‹« (Steffens)

Das war eine komplizierte Zeit, damals, denn die Jugend revoltierte nicht nur in Paris (WDR 1 2008), sondern sie war auch auf dem flachen Lande aufmüpfig geworden. Allerdings versuchte »man« noch häufiger, Konflikte informell zu regeln, ehe die Polizei zu Hilfe gerufen wurde. Da war es noch das ganze Dorf oder Wohnviertel, das an der Erziehung der Kinder mitwirkte. Eine Rolle rückwärts in diese Zeit ist nicht möglich, aber vor allem nicht erstrebenswert. Allerdings: Alternative Formen der generationenübergreifenden Kommunikation und eine neue

Kultur des Einmischens, die zu entwickeln ist, könnten Familien helfen, aus ihrer »Splendid Isolation« zurück in die Mitte neuer Gemeinschaften zu kommen.

Heute übrigens ist das »Milchhäusle« das Internet: ein Treffpunkt für die Jugend. Dort sind sie meist unter sich und es ist weniger der Konflikt zwischen den Generationen, sondern das Mobbing gegenüber den Peers, das das soziale Wohlbefinden immer wieder deutlich stört. Manchmal werden Lehrerinnen und Lehrer als Freunde eingeladen und manchmal gelingt es dadurch, wie einst vor dem »Milchhäusle«, Grenzüberschreitungen ganz unaufgeregt aus der Welt zu räumen. Informelle Bildung, die engagierte Lehrkräfte in ihrer Freizeit realisieren. Mit beachtlichen positiven Auswirkungen auf das Zusammenleben in der Schule, leider selten ausreichend gewürdigt und in aufwändigen pädagogischen Konzepten zur Gewaltprävention und zum sozialen Lernen in ihrer Relevanz meist gar nicht beachtet. Außerdem entstehen vielerorts bemerkenswerte Ansätze, die sozialen Räume in Kommunen für Familien zu erweitern. Unter anderem dargestellt in der Studie der Robert Bosch Stiftung über »Wohlbefinden von Kindern in Städten und Gemeinden« (Robert Bosch Stiftung 2012). Nicht zu vergessen die vielfältigen Aktivitäten in Verbänden und Vereinen, die es traditionell an jedem Ort gibt. Nicht alle, aber einige von ihnen, haben ihre Lebendigkeit und Anpassungsfähigkeit über Jahrzehnte erhal-

Verhaltensveränderung,
Verhalten verbessern,
mehr Energie sparen.
Ich finde Veränderungen wichtig.
Revolution.

Spiel

Eine intrinsisch motivierte Betätigung von Kindern, die der Entwicklung dient, die ihren Zweck in sich selbst hat und während dessen das Kind in seiner eigenen Realität im Hier und Jetzt handelt. Spielen ist gleichzeitig Lernen und macht Spaß (vergl. Rauch, Süß & Kirchner 2009, Folie 13).

Arbeit

Eine »zielgerichtete, soziale, planmäßige und bewusste körperliche und geistige Tätigkeit. Ursprünglich war Arbeit der Prozess der Auseinandersetzung des Menschen mit der Natur zur unmittelbaren Existenzsicherung; wurde mit zunehmender sozialer Differenzierung und Arbeitsteilung und der Herausbildung einer Tauschwirtschaft und Geldwirtschaft mittelbar.« (Gabler Wirtschaftslexikon 05.03.2013)

ten. Auch dort finden junge Menschen Erwachsene, bei denen sie informell und interessengeleitet lernen können.

Und schließlich seien hier ganz ausdrücklich die privaten Netzwerke genannt, in denen Menschen sich schon immer verbunden haben und es weiterhin tun. So zum Beispiel auf dem Höhepunkt der Auswirkungen der Finanzkrise, als 2008/2009 von Betrieben massenweise Kurzarbeit eingeführt wurde (Bundesagentur für Arbeit 2009). Die Stimmung unter den Beschäftigten in meinem Umfeld war erstaunlich gut. Sie hatten nun endlich Zeit, in Wohnung, Haus und Garten Liegengebliebenes zu erledigen, halfen sich gegenseitig bei Sanierungs- und Renovierungsarbeiten. Natürlich war auch – sehr begründet – die Sorge um die Zukunft präsent. Aber sie wirkte sich in diesem Moment nicht niederdrückend aus, da gleichzeitig Hoffnung auf ein Ende der Beschäftigungskrise bestand und die Politik durch großzügige Kurzarbeiterregelungen diese Hoffnungen unterstützte und für materielle Absicherung sorgte. Die »Babyboomer« und die Generation X besaßen in dieser Krise offensichtlich Bewältigungsstrategien und nutzten ihre privaten Netzwerke. Sie beweisen, dass Humanvermögen viel mehr ist als das, was auf dem Arbeitsmarkt gehandelt wird. Die Generation Globalisierung hat immer noch gute Vorbilder. Häufiger und mehr davon – auch ohne Krise – wäre besser.

> **Jeder Augenblick im Leben**
> **ist ein neuer Aufbruch,**
> **ein Ende und ein Anfang,**
> **ein Zusammenlaufen der Fäden**
> **und ein Auseinandergehen.**
>
> *Yehudi Menuhin*

Partizipation und ökologisches Engagement

Poster von Paula und Sonja, entstanden in der Schreibwerkstatt.
Ziel: In der Schule aufhängen, um Mitschülerinnen und Mitschüler für Umwelt- und Klimaschutz zu motivieren.

Beobachtungen aus dem (pädagogischen) Alltag

Um die Jahrtausendwende hatten wir damit begonnen, Kinder und Jugendliche einmal im Jahr zum Wertstoffhof einzuladen. Der Wertstoffhof ist eine Sammelstelle für alle recycelfähigen Abfälle. Die Bürgerinnen und Bürger liefern ihren verwertbaren Müll selbst an. Dort gab und gibt es eine »Erfinderwerkstatt«, in der aus Abfallmaterialien neue Dinge gebastelt werden können. Außerdem gibt es Informationen, wie die gesammelten Stoffe industriell für neue Produkte aufbereitet werden, und sogar das Thema »erneuerbare Energien« war schon von Beginn an vertreten: Mit einem Fahrrad konnte man eine Glühbirne zum Leuchten bringen. Nun hatten immer weniger Kinder Lust, Neues zu basteln und immer weniger Eltern hatten Freude an den Produkten. In dem Maße, wie gekaufte Skulpturen aus rostigem Eisen öffentliche Orte und private Gärten eroberten, reduzierte sich das Interesse der Familien, selbstgemachte Installationen – etwa eine Vogelscheuche aus alten CDs – im Garten aufzustellen. Das war doch eher peinlich. Stattdessen wurde es üblich, einen batteriebetriebenen Scheinwerfer ans Fahrrad zu klemmen, statt mit dem alten Dynamo kraftaufwändig elektrische Energie zu erzeugen.

Kinder und Jugendliche sind (wie Erwachsene im privaten Leben) vor allem Konsumenten. Ihre Handlungen beschränken sich auf das Auswählen und Nachvollziehen, selten auf das selbstinitiative Herausfinden, Herstellen, Erschaffen von Dingen. Durch einen langen Bildungsprozess ist die Jugend heute mindestens 18, bei Studierenden bis zu 26 und mehr Jahre vom Erwerbsleben ausgeschlossen. Wer kein eigenes Geld verdient, ist auf Sozialtransfers angewiesen. Im Fall der Jugend leisten diese zum größten Teil die Eltern (und Großeltern). So ist die nachwachsende Generation eine finanzstarke, aufwändig umworbene Käuferschicht, die um den Preis dieses (privaten) Sozialtransfers dazu verdammt ist, vor allem für die Zukunft zu leben. Einem Teil der Jugendlichen gelingt das sehr gut. Sie arbeiten hart und sind voller Hoffnung, dass sie damit die ihrer Meinung nach besorgniserregenden Zukunftsaussichten individuell ins Positive wenden können. Ein anderer Teil der jungen Menschen steigt schon während der Schulzeit aus dem Karrierekarussell aus und richtet sich auf ein Leben mit Hartz IV ein. Die Mitte kämpft sich mehr oder weniger erfolgreich durch den Bildungsalltag. Die Freizeit ist der Generation Globalisierung absolut wichtig. Dafür wären die jungen Menschen unter Umständen bereit, auf die Barrikaden zu gehen, sollte sie in dieser Hinsicht jemand einschränken wollen.

Die gute Nachricht

Die Jugend ist – wie immer schon – besser als ihr Ruf. Der weitaus überwiegende Teil arbeitet hart dafür, um als gut ausgebildete Erwachsene im späteren Erwerbsleben ihren Beitrag zur Entwicklung des Bruttosozialprodukts zu leisten und das Land in einer globalisierten Welt an der Spitze zu halten. Sie wollen später am gesellschaftlichen Leben konstruktiv und wirksam teilhaben. Und viele wollen eine Familie gründen.

Die weniger gute Nachricht

Durch die Einteilung des Alltags der Kinder in Freizeitkonsum und »arbeiten« für eine wie auch immer unbestimmte Zukunft ist diese Generation ausgeschlossen von gesellschaftlichen Prozessen und – das ist das eigentliche Drama – fühlt sich gut damit. Die Kinder und Jugendlichen konsumieren Informationen, speichern sie ab, aber da alles für die Zukunft ist, können sie dem Gelernten wenig für das Hier und Jetzt abgewinnen. Ob es die ► *Ökologie* schonende Maßnahmen für zu Hause und der richtige Umgang mit dem Internet sind, von denen sie in der Schule und in den Wissenssendungen der Medien erfahren oder der Klimawandel als globale Herausforderung: Sie lernen die Fakten und ziehen daraus höchst selten handlungsrelevante Schlüsse. Auf eine seltsame Weise bleiben sie von all dem unberührt. Damit möchte ich nicht behaupten, dass sie sich keine Sorgen um die Zukunft machen würden – ganz im Gegenteil. Aber Engagement für Nachhaltigkeit und Zukunft scheinen in ihrem Bewusstsein so getrennt zu sein wie die elektronische Spielwelt von ihrem realen Leben.

Eltern und professionelle Pädagogen

Werden Eltern und professionelle Pädagogen es schaffen, Anreize im wirklichen, kinästhetisch-mechanischen Leben zu erkennen, die den Kindern den »Kick« geben, mehr Transfers zu denken und sich als aktiv handelnde Bürgerinnen und Bürger einzubringen, um im Hier und Jetzt die dringend notwendigen Veränderungen zu beginnen und fortzuführen? Wird das etablierte System Impulse, wie sie zurzeit zum Beispiel von Bürgerbewegungen für und gegen Stuttgart 21, der Occupy-Bewegung oder der Bürgerbewegung gegen die Atommülllager in Salzstöcken (Arbeitsgemeinschaft Schacht Konrad e.V.) ausgehen, konstruktiv aufnehmen können und damit das Engagement und die Kreativität der Jugend (einschließlich der Junggebliebenen) zur Lösung der Herausforderungen unserer Zeit nutzen?

Die Schreibwerkstatt:
Energie – ein Thema, das mich betrifft?

Claudia Höhendinger, Leiterin der Schreibwerkstatt, berichtet:

Ein Überblick über den Ablauf der Schreibwerkstatt

Junge Menschen, die sich für den Schutz der Umwelt und einen verantwortungs-bewussten Umgang mit Energieverbrauch, Energienutzung und Energieerzeugung einsetzen – herrlich! So einer Generation vertraut man die Zukunft gerne an. Ich durfte die »Schreibwerkstatt« in Gestaltung und Durchführung begleiten. Dabei fand ich eine höchst engagierte, interessierte und schreibfreudige Gruppe vor, die ihre Anliegen und Gedanken klar und auch kritisch formulierte. Die Heranwachsenden arbeiteten sich sehr selbstständig immer näher an die eigentlichen Themenkernpunkte heran. Zunächst sortierten wir unsere Interessen und Betroffenheitspunkte mit Hilfe eines ▶ *Clusters* zum Thema »Energie – ein Thema, das uns betrifft«. Wir sammelten im Brainstorming unsere Gedanken dazu und filterten sodann folgende Schwerpunkte heraus, welche unsere Weiterarbeit inhaltlich steuerten und sortierten. Das erarbeitete Cluster findet sich auf den nächsten Seiten. Die inhaltlich-gedankliche Auseinandersetzung begann im Anschluss mit der Erstellung von Elfchen zum eigens gewählten Themenschwerpunkt. Unsere Ergebnisse finden sich im Buch an verschiedenen Stellen. Sehr viel Freude und Intensität in der Auseinandersetzung brachte das Kommentieren der Elfchen. Jedes Einzelwerk wurde in einem ▶ *»Schreibgespräch«* schweigend und schriftlich diskutiert, ergänzt, angefragt oder wertgeschätzt. Jeder Kommentator arbeitete mit »seiner Farbe«, so dass wir uns auch erkennen konnten. Das brachte die gesamte Gruppe dazu, inhaltlich tiefer einzusteigen, nachzufragen, Aussagen infrage zu stellen oder neu zu überdenken. Nun wagten wir uns an größere Textbausteine heran, in denen persönliche Energie-Herzensangelegenheiten ihren Ausdruck fanden. Jeder wählte den Aspekt aus dem Cluster, der ihn am meisten ansprach und schrieb dazu eine Geschichte oder einen betreffenden, aussagekräftigen Text. Satzanfänge halfen, einen Anfang zu finden: Mich erstaunt, …; Ich fühle mich hilflos, …; Mich freut, …; Ich werde wütend, … etc. Die Texte fanden ihre Würdigung im gegenseitigen Vorlesen. Die Schreiber einigten sich dazu auf gemeinsame Bewertungskriterien, die dem Feedback dienten. Schnell war klar, dass die Texte konkrete Fakten und auch Fragen beinhalten und sie auch sprachlich mit guten Adjektiven und Verben ausgestaltet werden sollten, damit man sie gerne liest und sie den Leser auch ansprechen. Dann holte sich jeder Verfasser Rückmeldungen ein und wählte davon drei aus, die er in sein Werk einarbeiten wollte. Und noch einmal ging es an die Arbeit … Beim erneuten Vorlesen merkten wir alle unsere Fortschritte. Schließlich stand fachlicher Input auf dem Programm. Die Besichtigung der »Sludge-to-Energy-Anlage« und der Film »Die 4. Revolution« (Energy Autonomy) brachten anschauliche Beispiele und konkrete Fakten in unsere Arbeit. Wir sammelten sodann die Aspekte, die Betroffenheit in uns auslösten und einigten uns nach längerer Diskussion darauf, dass wir nun »öffentlich« werden wollten. Es ergaben sich drei Arbeitsgruppen mit je eigenen Schwerpunkten. Paula und Julia sahen ihre Aufgabe darin, ein Poster zu entwerfen, auf dem ein ansprechender Appell den Betrachter ins Nachdenken bringen sollte. Sarah und Charlotte bevorzugten es, eine Umfrage zu entwickeln und durchzuführen. Ziel sollte es sein zu erfahren, wie wichtig der Bevölkerung das Energiesparen ist und wie die Befragten das angehen. Und die beiden Jungs in der Runde wollten sich an die Politik wenden. Sie entschieden sich, einen Brief an den neuen Bundesumweltminister zu verfassen, in welchem er nach seinem Energiekonzept gefragt und in welchem er gebeten werden sollte, gerade die Jugend stärker anzusprechen. Und nun ging die Arbeit richtig los. So leicht war es gar nicht, einen klaren, zielorientierten Fragebogen zu entwickeln bzw. sich zu einigen, wie man die Leute ansprechen und erreichen kann. Auch der Brief brachte viel an Auseinandersetzung mit sich: Was soll hinein? Wie wollen wir es formulieren? Was ist unser Anliegen? Wie kommen wir zielorientiert voran? Und dann noch die technische Umsetzung im Hinblick auf Bildbearbeitung, Texteingabe …, da war auch so mancher Fachmann gefragt. Ja, aber wir haben es geschafft: Der Brief ging rechtzeitig raus, die Umfrage konnte durchgeführt werden und das Appellposter wurde fertig. Ein großes Lob an die engagierten »Schreiber«, die gerne Zeit sowie große Mühe investierten. Sie führten viele interessante Gespräche und Diskussionen über die aktive Gestaltung ihrer Zukunft und gaben bei Schwierigkeiten im Prozess nicht auf. Immer wieder unterstützten sie sich gegenseitig und halfen sich über Hürden hinweg. Auf solche Heranwachsende lässt sich bauen!

Claudia Höhendinger,
Studienrätin (RS) und pädagogische Begleitung der Schreibwerkstatt

Schreibgespräch

»Im Schreibgespräch kommunizieren die Partner schriftlich miteinander. Sie haben ein gemeinsames Blatt vor sich liegen, auf dem das Thema entweder in Form einer Überschrift oder in der Mitte des Blattes steht. Sie formulieren das, was ihnen zu diesem Thema einfällt, abwechselnd und in absoluter Stille. Dabei nehmen Sie aufeinander Bezug und erstellen einen gemeinsamen Text. So können ganze Geschichten entstehen oder auch nur eine Sammlung von Stichwörtern.
Geübte Schülerinnen und Schüler können Schreibgespräche auch in Gruppenarbeit anfertigen. Das Produkt kann die Form einer Mind-Map annehmen.« (Universität Leipzig 2006)

Cluster

Hier: Strukturierung von Ergebnissen einer Stoffsammlung, auf Neudeutsch: eines Brain Stormings

Cluster in der Wirtschaft

»Durch die zunehmende wirtschaftliche Globalisierung wurden von Akteuren der regionalen Wirtschaftspolitik neue Wege der Raumordnungspolitik gesucht. So wurden die Ansätze Porters rasch in die bundesdeutsche Regionalpolitik übertragen und die Installierung von Clustern wurde zu einem vielgebrauchten Schlagwort für die regionale Strukturpolitik. Ziel ist es, die wirtschaftlichen Kompetenzen der jeweiligen Regionen herauszuarbeiten und Handlungskonzepte auf die weitere Entwicklung auszurichten. So sollen bereits bestehende Cluster berücksichtigt, aber auch neue Trends erkannt und gefördert werden. Die Überlegungen tendieren dahingehend, dass ein erfolgreiches Cluster entsprechende Rückkopplungseffekte in den jeweiligen Wirtschaftsräumen verursachen und so die gesamte regionalökonomische Entwicklung stimulieren kann.« (Klett Verlag 2013)

Zunächst sortierten wir unsere Interessen und Betroffenheitspunkte mit Hilfe eines Clusters zum Thema *»Energie – ein Thema, das mich betrifft?«*.

Cluster Teil 1

Inspirierende Bücher

Diese Sachbücher wurden im Text nicht speziell erwähnt.
Sie geben vertiefende Gedanken zu den unterschiedlichen Perspektiven,
aus denen man »Nachhaltigkeit« beleuchten kann.

Jared Diamond. Kollaps. Frankfurt am Main: Fischer Taschenbuch Verlag,
3. Auflage Mai 2009

Frank Gruber. Dauerstress im göttlichen Apfelgarten. Voraussetzungen
und Folgen einer finanzkapitalistischen Gesellschaftsordnung. Frankfurt
am Main: Weimarer Schiller-Presse 2012

Leslie Iversen. Speed, Ecstasy, Ritalin. Amphetamine – Theorie und Praxis.
Bern: Verlag Hans Huber 2009

Henry Kissinger. China. Zwischen Tradition und Herausforderung.
München: C. Bertelsmann Verlag 2011

Claus Kleber. Spielball Erde. Machtkämpfe im Klimawandel. München:
C. Bertelsmann Verlag 2012

Johannes Winterhagen. Abgeschaltet. Was mit der Energiewende auf
uns zukommt. München: Carl Hanser Verlag 2012

Harald Welzer, Klaus Wiegandt (Hrsg.). Perspektiven einer nachhaltigen
Entwicklung. Frankfurt am Main: Fischer Taschenbuch Verlag 2011

Remo Largo. Lernen geht anders. Hamburg edition Körber-Stiftung 2010

Burkhard Müller, Susanne Schmidt, Marc Schulz. Wahrnehmen können.
Jugendarbeit und informelle Bildung. Freiburg: Lambertus Verlag 2005

Marie-Minique Robin. Unser täglich Gift. DVD.arte edition 2010

Julian Nida-Rümelin. Die Optimierungsfalle. München: Irisiana Verlag 2011

Klaus Schleicher. Lernen im Leben und für das Leben. Informelles Lernen
als Zukunftsaufgabe. Hamburg: Krämer 2009

Energiesparen –
ohne Verzichten?

Kosten?
Was bin ich bereit zu geben?

Verhaltensveränderung

Wenn jeder weniger
Energie verbrauchen
würde, würde man ohne
Atomkraft auskommen

Wir sollten Energie sparen,
wo es nur geht

Ich würde daran ändern:
– Atomkraft gegen Ökostrom
austauschen
– Weniger reden, mehr verändern.
– Mit Solarenergie heizen!

Wir verbrauchen sehr viel
Energie und denken dabei
nicht an die Nachwelt.

Verbrauch

Energie braucht man oft

Großer Verbrauch.
Man braucht
für fast alles Strom.

Ohne Energie würde man
nix Elektrisches machen
Können. Kein Fernsehen,
kein Handy ... Die
Energiequellen Gas und Öl
sind fast aufgebraucht

Wenn es weniger Menschen
geben würde, würde z.B.:
Erdöl weniger schnell
aufgebraucht

Jedes Elfchen wurde in einem »Schreibgespräch« schweigend und schriftlich diskutiert, ergänzt, angefragt oder wertgeschätzt. Jeder Kommentator arbeitete mit »seiner Farbe«. Hier zwei Beispiele:

Schreibgespräch 1

»Politik kann nur verändern, wenn Politik verändert wird.«

und die Politiker

Leider ist die Wirtschaft nur an ihrem momentanen Profit/Gewinn interessiert ☹

Veränderung nötig ← das stimmt

> Verhalten
> verändert Verbrauch,
> Sonne wärmt mich.
> Politik, Wirtschaft soll auch
> verändern.

← Oh ja, die sollen verändern!!!

↑ und wie!

Wir könnten die Wirtschaft auch verändern, indem wir energiefreundliche Maschinen kaufen

Ja, ist sehr wichtig!

Unbedingt!

Ja, wenn viele das machen, müssen die Politiker sich auch ändern!

Woher kommen die Politiker, wer wählt sie? Wie kann die Wirtschaft Geld verdienen, wer kauft ein?

Wahlversprechen

Wir bräuchten dringend glaubwürdige Politiker und eine andere Ausrichtung der Wirtschaft

Oh ja!

Griechenland

Ja, ich glaube, dass den Politikern gerade z.B. die Geldkrise wichtiger ist als die Globale Erwärmung

leider

leider ja

Geld ist aber auch z.B. für die Entwicklung wichtig

Abgase:
nicht gesund.
Ich bin angeekelt.
Sie stinken zum Himmel.
Umweltschädlich!

:-) lustig

man kann mit dem Zug fahren

Fahrrad fahren

Was stinkt denn so? ← Die Abgase

Elektroautos! ← Sind auch leiser, aber dadurch könnten auch leichter Tiere oder Menschen überfahren werden

benötigen mehr Energie

brauchen aber wieder Strom!

Stimmt, die hört man fast nicht

Solarenergie

Ein Flug nach Mallorca erzeugt 300–350 kg CO_2, denke ich

Man kann aber auch Elektroautos bauen, die man hört, aber sie dürfen auch nicht zu laut sein, sonst ist das Lärmbelastung

Vor allem Kerosin – Flugbenzin!!!

Das Fliegen ist für uns viel zu selbstverständlich

Ui!

gefällt mir

Haha

Stimmt, das ist das Problem. Ein Vorteil von Elektroautos wäre, dass sie leise sind, das ist aber auch ein Nachteil.

Durch technische Innovation kann auch Fliegen effizienter werden!

Bäume – manchmal kriegt man 2 »Fliegen« mit einer Klappe

Stimmt. Bäume sind enorm wichtig. Für alles!

In China wurde eingeführt, dass viele Bäume gepflanzt werden.

Trotzdem sind die immer noch die größten CO_2-Erzeuger

Texte von Schnupperteilnehmern der Schreibwerkstatt

Entscheidung

Mich erschreckt, dass wir auf der Erde so viel Energie verbrauchen. Wir leben auf hohen Kosten. Manche sparen, andere verbrauchen immer mehr. Wenn die Asiaten, Afrikaner und andere sich unserem Verbrauch angleichen würden, dann gäbe es einen Kollaps. Mich erschreckt, dass wir über diese Perspektive informiert sind, es aber nicht wahrhaben wollen, sondern verdrängen. Konsumorientierung, Bequemlichkeit und Wirtschaftswachstum stehen im Vordergrund. Mich erschreckt, dass ich immer wieder um die neuen Werte ringen muss. Wie oft werde ich mich vom Sog der Bequemlichkeit, des Nichtstuns, des »hohen Verbrauches« mitziehen lassen? Ich entscheide mich dafür, mit einer anderen verträglicheren Werthaltung hier und heute zu beginnen.

Verhaltensveränderung

Veränderung, Revolution, wollen wir das wirklich? Wenn wir eine Veränderung wollen, wollen wir wirklich verzichten? Ist es uns das wert? Sind wir bereit, uns für eine Veränderung zu engagieren? Wenn ja, was ist dann? Sind wir die einzigen? Schaffen wir es, andere zu überzeugen? Sind wir bereit, alles zu geben? Was, wenn nicht ? Können wir es wirklich schaffen? Werden wir aufgeben? Das sind viele Fragen. Für Veränderungen muss man oft verzichten. Um unsere Zukunft zu verändern, müssen wir uns jetzt verändern. Um für Nachhaltigkeit zu sorgen, müssen wir uns verändern. Um den Energieverbrauch zu senken, müssen wir uns verändern. Um Atomkraft abzuschaffen, müssen wir uns verändern. Um die Erderwärmung zu senken, müssen wir uns ändern. Wir müssen uns ändern.

Energie – ein Thema, das mich betrifft?

Wir verbrauchen viel zu viel Energie.
Das ist schlecht für die Umwelt
und schadet ihr wie noch nie.
Da hilft nicht mal der größte Held.
Die Umwelt muss gerettet werden.
Lindern müssen wir unseren Verbrauch.
Ökostrom ist aber auch nicht der beste,
genau wie das Atomkraftwerk
hinterlässt er viele Reste.

(Raffael)

Informieren, nachfragen, Impulse setzen

Der Film »Die 4. Revolution« und die Besichtigung der »Sludge-to-Energy«-Anlage brachten anschauliche Beispiele und konkrete Fakten in unsere Arbeit. Wir sammelten sodann die Aspekte, die Betroffenheit in uns auslösten und einigten uns nach längerer Diskussion darauf, dass wir nun »öffentlich« werden wollten.

Der Film: Die 4. Revolution

▶ Passivhäuser bauen
▶ Energetische Sanierung: Dämmung, Blockheizkraftwerk, …
▶ Auto mit Elektroantrieb = 10 € Ersparnis auf 100 km
▶ E-Sportwagen :-) macht Spaß
▶ Politik und Wirtschaft: Alten Filz weg, neue Leute ran
▶ Lokale/regionale Energieversorgung, nachhaltig
   ▶ Energieautarkie ▶ Konzerne weniger Macht
▶ Internet nutzen + mit Energiepionieren weltweit vernetzen
▶ weniger Macht bei Einzelstaaten,
   UN können Energieversorgung weltweit koordinieren

Sammlung der Handlungsfelder nach dem Film »Die 4. Revolution«

Bauen	▶ Passivhäuser und Elektroautos ▶ Energiesanierung von Häusern ▶ Energiesparen in allen Bereichen einer »Firma«
Mobilität	▶ Elektroautos, Geld und Energiesparen ▶ Tesla Roadster ▶ E-Sportwagen ▶ sparen, machen, Megaspaß haben
Nachhaltige Energie- gewinnung	▶ Dänemark ▶ ein Ort versorgt sich selbst ▶ Wie in Dänemark, die Selbstversorgung eines Ortes mit Energie . ▶ Intelligente und geplante Nutzung der Technologien wie in Dänemark ▶ Förderung von erneuerbaren Energien in Entwicklungsländern ▶ Unterstützung der Entwicklungsländer

Lokales »Sludge-to-Energy«	► Aus Klärschlamm wird Strom ► Biomasse: Klärschlamm sinnvoll nutzen (in Strom umwandeln) ► Klärschlamm verbrennen ► Vernetzung verschiedener Technologien

↓

Daraus entstand

↓

Planung der nächsten Aktivitäten in der Schreibwerkstatt

Aktivierung anderer ► Schule, Plakat	Befragung/Umfrage ► Mitschüler ► Bürger	Politik: Brief an Umweltminister Peter Altmaier

↓   ↓   ↓

Sonja und Paula ► Plakat ► Mitschülerbefragung ► Schülerzeitung ► Brief an Straubinger Tagblatt ► an »Dein Spiegel« ► Geolino Kreuzworträtsel	*Charlotte und Sarah* ► Umfrage in Straubing ► Ergebnisse: Tagblatt?	*Matthias und Philipp* ► Brief verfassen an Politiker ► Facebook-Umfrage ► Mit LgNa-Leuten reden

↓

Befragung/Leserbrief

Matthias Global
Nachhaltigkeitsweg 1
94315 Straubing

Herrn
Bundesumweltminister Peter Altmaier
Bundesumweltministerium
Stresemannstraße 128–130
10117 Berlin

26. 07. 2012

Sehr geehrter Herr Altmaier,

zu Beginn dieses Briefes werden Sie sich vermutlich zwei Fragen stellen: Wer schreibt Ihnen und: Wieso schreiben wir Ihnen?

Wir, Philipp und Matthias, sind beide Schüler der 9. Klasse des Ludwigsgymnasiums Straubing und wir engagieren uns in einer Schreibwerkstatt zum Thema »Erneuerbare Energien und Energiewende«. Außerdem sind wir interessiert am Umweltschutz.

Nach der Analyse einer im Rahmen der Schreibwerkstatt von Charlotte und Sarah durchgeführten Umfrage sind wir zu einem interessanten Ergebnis gekommen. Diese Befragung wurde am 6. Juli durchgeführt. Hier die Auswertung:

→ Für 70 % der Befragten ist das Energiesparen ein wichtiges Thema.

→ Sogar 80 % würden auf Ökostrom umsteigen, falls ihn die Energiekonzerne denn in ausreichender Menge zur Verfügung stellen würden.

→ Doch genauso viele Menschen fühlen sich schlecht über die Energiewende und die konkreten Wege zu einem verantwortungsvollen Umgang mit Energie informiert.

→ Dazu kommt, dass Ihr Bekanntheitsgrad, obwohl Sie nun doch schon seit Frühjahr dieses Jahres Ihr Amt bekleiden, noch relativ gering war und dass Ihre Pläne und persönlichen Schwerpunkte großen Teilen der Bevölkerung noch mehr oder weniger unbekannt waren.

Damals bestätigte das auch unser Bild der Lage, denn auch wir hatten selbst nach langer Recherche kaum Informationen über Ihre Pläne und auch generell über die Pläne des Umweltministeriums herausgefunden. In den Nachrichten und in der Zeitung erfuhr man nur selten etwas über die Aktivitäten des BMU.

Doch inzwischen hat sich die Lage geändert. Erst vor Kurzem erschienen im Straubinger Tagblatt zwei Artikel über die neuesten Entwicklungen im Umweltministerium und in der BILD fand sich ein äußerst interessantes Interview, auch wenn es dort mehr um Ihre Person ging als um die Energiewende. Auch wenn die dadurch bekannt gewordenen Informationen nur bruchstückhaft waren, stellt das dennoch einen großen Fortschritt dar. Wir wissen nun über einige der grundlegenden Pläne und Problematiken Bescheid, doch es mangelt uns noch an genauen Hintergrundinformationen.

Da wir mit unserer Schreibwerkstatt für ein Buch (über Nachhaltigkeit und Pädagogik, oekom Verlag) arbeiten, in dem Kinder und Jugendliche über Klimaschutz und Energiewende sprechen, würden wir uns sehr freuen, zur Erweiterung unseres Sachverstands, von Ihnen konkrete Aussagen zu einigen Punkten zu erhalten:

- Wie würde ein Zeitplan zur Umsetzung der Energiewende aussehen, damit meinen wir einen Plan zur Erfüllung bestimmter Ziele bis zu einem bestimmtem Zeitpunkt.
- Haben Sie im Interview mit der BILD die Erfüllbarkeit einiger bislang geltender Ziele in Frage gestellt, doch nicht genau gesagt, wieso diese Ziele so schwer zu erfüllen sind.
- Wir würden gerne wissen, welche Probleme die Erfüllung dieser Ziele verhindern. Zum Beispiel deuteten Sie an, dass die 10%ige Senkung des Stromverbrauchs bis 2020 sehr schwer werden könnte.
- Wie kommen Sie zu dieser negativen Prognose? Sind die Hürden eher wirtschaftlicher, politischer oder gesellschaftlicher Natur?
- Wie gedenken Sie vorzugehen, um die Energiewende trotz dieser Hürden wieder flott zu machen?
- Und: Was werden die nächsten, konkreten Schritte des BMU sein?

Falls Sie selbst nicht die Zeit finden, unseren Wünschen nachzukommen, würden wir uns ebenso freuen, wenn Sie diesen Brief an einen der untergeordneten Sachverständigen des Ministeriums weitergeben würden. So könnten wir in unserem Buch genauer auf diese Themenbereiche eingehen und uns auch auf praktischer Ebene damit auseinandersetzen.

Außerdem hätten wir noch ein paar Vorschläge, was die Verbesserung der Informationslage angeht, denn die bisherigen Aussagen waren zwar informativ, doch leider nicht allzu ansprechend. Wir vermissen eine für Jugendliche reizvolle Gestaltung. Dabei ist es gerade die Jugend, die in Zukunft die Energiewende mitgestalten oder später wichtige Posten übernehmen muss. Daher ist es extrem wichtig, sie bereits heute zu informieren, sie anzusprechen zum Beispiel durch:

- »peppigere« Gestaltung der Website des BMU,
- bessere Präsenz auf Facebook mit mehr Information, mehr Anreizen zum persönlichen Umweltschutz,

- Einblendung von Werbebannern oder Werbevideos auf YouTube und anderen häufig besuchten Seiten, die zum Umweltschutz und Stromsparen aufrufen,
- Kreative, moderne, und teilweise witzige Gestaltung dieser Werbung, die auch Uninteressierte zum Anklicken anregt ohne lächerlich zu wirken, da sie sonst ignoriert wird,
- in Zusammenarbeit mit dem Bildungsministerium spezielle, für die Schulen verpflichtende Projekttage zum Thema Umwelt und Energie organisieren, oder sogar, ein etwas radikalerer Schritt, ein neues Schulfach »Zukunftsgestaltung« einführen
- Motivation für »zukunftsgestaltende« Berufe wie Forscher für erneuerbare Energien oder Mitarbeiter des Umweltministeriums.

Wir hoffen, dass einige dieser Vorschläge realisierbar sind und auch zu Ihrer Arbeit beitragen.

Was unsere Bitte um eine Stellungnahme angeht, würden wir uns sehr über eine Antwort freuen, was uns auch bei unserem Buch weiterhelfen würde.

Mit freundlichen Grüßen,
Philipp und Matthias

Dieser Brief wurde als PDF gedruckt und per E-Mail an den Bundesminister geschickt.
Es kam keine Antwort.

Umfrage von Sarah und Charlotte

Entschuldigung. Haben Sie einen Moment Zeit? Wir hätten ein paar Fragen über Energie … Wir sind gerade dabei, ein Kapitel eines Buches zu gestalten.

Wie wichtig ist Ihnen das Energiesparen?
Nach Schulnoten: 1 = superwichtig   6 = völlig egal

1: 11%	2: 52%	3: 32%	4: 0%	5: 0%	6: 5%

Wie sparen Sie Energie? Z. B. Strom (Lampen ausschalten, keine Stand-by-Geräte, …), Heizung, Fortbewegung, warmes Wasser, …

Hier ein paar besonders gute Möglichkeiten, Strom zu sparen:
Gezieltes Lüften, Warmwasser mit Sonne beheizen, kein Stand-by, Warmwasser sparen, öffentliche Verkehrsmittel oder Rad nutzen statt Auto, Heizung nicht zu stark aufdrehen / nur bewohnte Räume heizen, Licht aus, wenn unnötig, energie-arme Geräte nutzen, Spülmaschine / Waschmaschine nur einschalten, wenn voll

Was wissen Sie über das Konzept der Energiewende?

☑ gut informiert	☑ mittel informiert	☑ schlecht informiert
11%	47%	42%

Würden Sie auf Ökostrom umsteigen, wenn der Preis gleich wäre wie beim »normalen« Strom?

☑ ja	☑ nein	☑ wir haben schon Ökostrom	☑ keine Antwort
68%	0%	26%	5%

Wie gut fühlen Sie sich von den Politikern informiert?
Nach Schulnoten: 1 = sehr gut informiert   6 = gar nicht

1: 0%	2: 5%	3: 16%	4: 16%	5: 37%	6: 1%

Keine Antwort: 5%

Wissen Sie, wie unser Umweltminister heißt?
Kannten gerade mal 11%   *Keine Ahnung: 89%*

Wie wichtig sind Ihnen erneuerbare Energien?
Nach Schulnoten, 1 = total wichtig   6 = völlig egal

1: 37%	2: 34%	3: 24%	4: 0%	5: 0%	6: 5%

Vielen Dank, dass Sie sich Zeit genommen und mitgemacht haben!

Wie kann ich/können wir Druck ausüben?

Die Jugendlichen hatten in einer Umfrage im Zentrum von Straubing und in einer zweiten Umfrage in unserer Nachmittagsbetreuung und im Aufmerksamkeits- und Motivationstraining ermittelt, dass im Juli 2012 nur sehr wenige der befragten Personen nach eigener Einschätzung gut über die Energiewende informiert waren (11 Prozent). Außerdem fanden sie heraus, dass zwar sehr viele Menschen bereit wären, auf Ökostrom zu wechseln (68 Prozent), es aber bisher noch nicht getan hatten. Wegen des Preises? – Diese Frage war nicht explizit gestellt worden, was die Interviewerinnen während der Auswertung der Ergebnisse als Mangel empfanden. Bei der Bereitschaft, Energie zu sparen, zeigten sich deutlich bessere Werte: Viele (über 50 Prozent) konnten Verhaltenweisen nennen, mit denen sie im Alltag Energie sparen.

> **Verantwortlich ist man nicht nur für das, was man tut, sondern auch für das, was man nicht tut.**
>
> *Laotse*

Die Befragung in der Innenstadt war auch eine wichtige soziale Erfahrung für die beteiligten Jugendlichen: Wie schwer es für sie war, insbesondere erwachsene und ältere Menschen überhaupt für das Interview zu gewinnen. Leichter fiel ihnen das bei ungefähr Gleichaltrigen. Aber stolz waren die Mädchen schon, dass sie sich überwunden hatten und in die Öffentlichkeit gegangen waren. Ursprünglich hatten auch Paula und Sonja eine Befragung machen wollen und zwar in ihrer Schule. Sie wollten herausfinden, was ihre Mitschüler/innen über die Energiewende dachten und ob sie bereit waren, ihr eigenes Verhalten zu verändern, um zum Klimaschutz beizutragen. Das allerdings war aus schulrechtlichen Gründen abgelehnt worden. Die Enttäuschung war spürbar, bei allen Mitgliedern in der Schreibwerkstatt.

In der Diskussion um den Brief der Jungs an den Bundesumweltminister ging es ebenfalls um die Frage, welche Ziele sie damit verfolgen wollten, und ein Ziel war es, den Verantwortlichen im Ministerium eine jugendgerechtere Form der Kommunikation zu empfehlen. Denn die Jungs hatten ihre Recherche zu den Verlautbarungen des Ministeriums, die sich explizit an die jungen Leute wandten, als sehr mühsam empfunden. Ihr Rückschluss: »Da schaut doch keiner hin, wenn dir der Link nicht einfach auf den Bildschirm fällt … und auf Facebook sind die garnicht.« Die anschließende Reflexionsfrage für ein neues Schreibgespräch engte ich allerdings auf die Peers ein. Siehe nächste Seite.

Reflexionsfrage:

Andere Jugendliche + Energie – noch ein Schreibgespräch:
Was ich von anderen Jugendlichen erfahren habe und was es mit mir »macht«.

Sie kennen sich überhaupt nicht gut aus, wenn's um Energie geht.

Es gibt keine Internetseiten, die informativ und schön gestaltet sind
für Jugendliche.

Bestimmt würde auch kein Jugendlicher nach solchen Seiten suchen.

Aber wenn man mit ihnen redet und ihnen von den Folgen von
Atomkatastrophen oder Klimaerwärmung erzählt, hören sie eigentlich
schon zu.

Naja, aber nicht alle.

Wahrscheinlich eher keiner.

Also mir haben sie alle zugehört und nach kurzer Zeit waren sie überzeugt.
Man sollte das ganz einfach spannend rüberbringen.

Man müsste Geld in Werbung investieren.

Was kommt dann in der Werbung vor?

Da könnten Folgen von Klimaerwärmung gezeigt werden – könnte was bringen.

Man könnte ja Sponsoren suchen?

Aber wo gibt's die?

Da muss man einfach mal fragen, z. B. in Autohäusern,
kleinen/großen Firmen ... und ihnen von der ganzen Sache erzählen.

Um was wirbt man denn? Sind mit »man« die Politiker gemeint?

Mit »man« ist man selber gemeint. Ich denke auch kleine Aktionen können
was ändern.

Ja!

Und dann soll jeder eine Werbung finanzieren?

Kleinvieh macht auch Mist!

Wenn ein Mensch träumt ist es ein Traum. Wenn viele Menschen träumen
ist es der Anfang einer Wirklichkeit.

Nein, Politiker, Firmen, Leute, die Geld haben.

So, jetzt noch ein Vorschlag für alle: Geht in so eine Plant for the Planet
Akademie, die hilft einem echt in manchen Situationen enorm weiter.

Frage zum Abschluss der Schreibwerkstatt

Warum hast Du an Samstagen und in den Ferien Deine Freizeit »investiert« für die Schreibwerkstatt »Energie – ein Thema, das mich betrifft«?

► Weil sonst schlimme Sachen passieren

  Wir wollen es verhindern

    Energie sparen
► Weil es mich selber interessiert
► Es ist die Zukunft von uns allen ⟶ machen wir es ihnen klar!
► Weil's schön ist ⟶ Gemeinschaft + informieren (andere) + zusammen reden + Infos austauschen
► Beschäftigung für die Ferien ⟶ sinnvoller Grund
► Konzept der Schreibwerkstatt hat Interesse geweckt ⟶ Was denken andere über Klimaschutz
► Jugendliche sollen mehr **Druck** auf Politik ausüben ⟶ mehr erreichen

    verschiedene Formen

Bücher, die man gut gemeinsam lesen kann

Ernest Callenbach. Ökotopia. 4. Auflage. Berlin: Rotbuch Verlag 1998

Francois Lelord. Hector & Hector und die Geheimnisse des Lebens. 3. Auflage. München: Piper Verlag 2011

Konrad Paul Liessmann. Das Universum der Dinge. Zur Ästhetik des Alltäglichen. Wien: Paul Zsolnay Verlag 2010

Heribert Pietschmann. Die Atomisierung der Gesellschaft. Wien: ibera Verlag 2009

Richard David Precht. Lenin kam nur bis Lüdenscheid. Berlin: List Taschenbuch Verlag, 7. Auflage 2008

Eric-Emmanuel Schmitt. Monsieur Ibrahim und die Blumen des Koran. Frankfurt am Main: Fischer Taschenbuch Verlag 2004

Juli Zeh. Schilf. München: btb Verlag, 4. Auflage Mai 2009

Die abschließende Diskussion endete mit der Frage: Wie können wir Druck ausüben? – Und mit der Verabredung, gemeinsam weitere Projekte zu machen.
Davon mehr im letzten Kapitel dieses Buches. Am Ende unseres letzten Treffens
zitierte Sonja den Künstler Friedensreich Hundertwasser:

Wenn einer allein träumt, ist es nur ein Traum.
Wenn viele gemeinsam träumen,
ist es der Anfang einer neuen Wirklichkeit.

Friedensreich Hundertwasser

Nachhaltige Kommunikation – just do it

Sarah
» 13 Jahre
» Luggy, naturwissenschaftlich-
technischer Zweig, 8. Klasse
» Klimabotschafterin für Plant-for-the-Planet
» engagiert sich für den Klimaschutz
» definitiv nicht schüchtern
» großes Mundwerk, relativ laut
» vertritt die eigene Meinung, egal was die
anderen denken
» sorgt sich um die Zukunft
» liebt Bäume über alles
» mag Atomkraft, Kohlekraftwerke, etc. … ÜBERHAUPT NICHT!
» denkt alle sollen sich mehr Gedanken über Klimaschutz,
Energiewende … machen

Zukunft?

Was soll aus unserer Zukunft werden?

Wie sollen wir mit dem ganzen radioaktivem Müll und der Klimaerwärmung zurechtkommen?

Ich werde wütend, wenn ich sehe, wie die Politiker ihre langen Reden halten und Versprechungen machen, die nie erfüllt werden. Den Erwachsenen kann es im Prinzip egal sein, wie sie jetzt leben: Denn es ist ja nicht ihre Zukunft, die sie mit Atomkraft, Abgasen und Sonstigem kaputt machen. Es ist die Zukunft ihrer Kinder. Ich hoffe sehr, dass auch die Politiker bald begreifen, dass reden alleine uns nicht weiter hilft.

Trotzdem freut es mich, dass langsam die Atomkraftwerke abgeschaltet werden und wir auf erneuerbare Energien umsteigen wollen.

Doch dazu musste erst eine riesen Katastrophe geschehen.

Ich denke, wenn wir alle, auch wenn es nur in kleinen Dingen ist, beginnen Energie zu sparen, schneller auf erneuerbare Energien umgestiegen werden könnte und die gefährlichen Atomkraftwerke abgeschaltet werden könnten.

Ich hoffe auf eine schöne Zukunft.

Beobachtungen aus dem (pädagogischen) Alltag

Zwei Mütter gehen mit ihren beiden sechsjährigen Töchtern zum Zahnarzt. Das eine Kind ist gut gelaunt, freut sich sehr darauf, denn es findet die Ärztin total nett und außerdem hat die schöne Spielsachen. Das andere Kind war nur zum Mitkommen zu überreden gewesen, weil es keinen Termin hatte, also gar nicht dran sein würde. Die Freundin könne ja einfach nur zugucken, war ihr vor dem »Ausflug« mitgeteilt worden. Diese Verabredung hatten die Mütter getroffen, weil das Mädchen beim letzten Zahnarztbesuch völlig panisch geworden war. Nun weigerte es sich, jemals wieder da hinzugehen. Die Gründe für die Angst waren nicht völlig rekonstruierbar. Irgendetwas oder ein Zusammenkommen von unangenehmen Eindrücken musste das Kind im Mark erschüttert haben. Nun also geht es in ein anderes Haus, zu einer anderen Zahnärztin und das Kind hat die Rolle der Zuschauerin. Im Wartezimmer geht alles gut, der Weg ins Behandlungszimmer ist für die Kleine auf dem Arm der befreundeten Mutter und mit Blickkontakt zur eigenen Mama möglich. Ihre Freundin klettert gleich auf den Stuhl, unterhält sich kurz mit der Ärztin über ihr neuestes Barbiepferd (Kunststoff und Marke lassen grüßen) und wie sie sich zu Hause die Zähne putzt, macht den Mund auf, lässt alles anschauen und nimmt selbstbewusst das Kompliment über ihre schön gepflegten Zähne entgegen. Nun setzt sich die Mutter gemeinsam mit ihrer Tochter neben das Mädchen auf den Behandlungsstuhl und alle zusammen probierten den Zahnspiegel aus. Da kommt die Frage auf, ob das Mädchen sich auch einmal ganz alleine auf den Stuhl setzen und rauf und runter fahren wolle. Es will. Na, dann könne sie jetzt ja auch ihre Zähne anschauen, meint die Zahnärztin. Daraufhin klappt der inzwischen ganz gesprächige Mund zu, die Lippen pressen sich fest aufeinander, der Blick stellt sich auf stur geradeaus – basta. Die Mama schaut der Ärztin über die Schulter und macht ihren Mund weit auf. Die Tochter macht ihren Mund ebenfalls weit auf. Die Untersuchung kann beginnen. Sie fällt extrem kurz aus und natürlich mit Bewunderung für so schöne Zähne und mit einem Luftballon von der Zahnärztin zum Abschied.

Das Mittagessen in unserer Nachmittagsbetreuung wird fertig zubereitet geliefert (leider geht es aus hygienerechtlichen und personellen Gründen im Moment noch nicht anders). Eine tägliche Salatkomponente soll zur ausgewogenen Ernährung beitragen. Nun gibt es Jugendliche, die sehr gerne Salat essen, und es gibt einige, die Salat kategorisch ablehnen. Dazwischen sind diejenigen, die ihn ab und zu mögen. Eines Tages nahm sich die Gruppe der jüngeren Salatliebhaber ein Vorbild an den älteren »Salatmeidern«. Plötzlich wollte niemand mehr Salat. Was tun? Dass Salat und Obst zu einer ausgewogenen Ernährung gehören, wissen alle – das bekommen sie oft genug von ihren Eltern vorgehalten und teilweise auch vorgelebt. Außerdem frage ich das Ernährungswissen für den Biologieunterricht immer wieder ab. Und wir hatten während des Essens einmal darüber gesprochen, dass Vitamine, Mineral- und Ballaststoffe in der richtigen Mischung wichtig sind. Also kein weiterer Vortrag über Gesundheit und kein Appell. Was stattdessen? – Mit der Salatschüssel ausgerüstet ziehe ich von Schüler zu Schüler und fordere jeden ganz individuell auf, ein kleines Teilchen zu nehmen: Ein Gurkenscheibchen, ein kleines Blatt, einen Schnitz von der Tomate. »Muss ich wirklich?«, ist da natürlich die Frage. Und dann das berühmte »Warum?«.

Am ersten Tag wähle ich die Erklärung, dass es gut ist sich anzugewöhnen, von allem zu nehmen. Das ist höflich, wenn man zum Essen eingeladen ist, bei dem sich jemand Mühe gegeben hat, ein leckeres Gericht für seine Gäste auf den Tisch zu bringen. Am nächsten Tag die selbe Szene, dieses Mal argumentiere ich, falls es hier »Mode« würde, keinen Salat zu nehmen, dann würden sich auch diejenigen keinen mehr gönnen, die ihn an sich lecker finden, obwohl er gesund ist. Das Spiel ist nun, ein möglichst winziges Teilchen aus der Schüssel zu fischen. Einige Minuten später nehmen sich die ersten Salatliebhaber stillschweigend eine normale Portion nach, als die allgemeine Aufmerksamkeit auf dem Tischgespräch über Schulerlebnisse liegt. Nach einigen Tagen brauche ich meine Runde mit der Schüssel vorerst nicht mehr zu absolvieren. Die Salatliebhaber und die »Manchmal-Salatesser« langen wieder zu wie gewohnt und auch die »Salatmeider« nehmen sich (bis auf einen Jungen, der konsequent bei seiner Weigerung bleibt) nun ohne viel Aufhebens ihr kleines Stückchen, wenn die Kids die Schüssel herumreichen.

Die gute Nachricht

Erwachsene können Kinder und Jugendliche auch heutzutage zu nachhaltigem Verhalten bewegen – sei es, was ihre eigene Gesunderhaltung angeht oder seien es Gewohnheiten, die Ressourcen sparen, also Licht ausschalten, elektrische Geräte kaufen, die sich komplett ausschalten lassen, mit dem Rad fahren, Müll trennen usw. Letzteres ergab auch die Befragung, die Charlotte und Sarah in der Schreibwerkstatt durchgeführt haben. Und fast alle Eltern und professionellen PädagogInnen verfügen über Wissen, Fantasie und Humor, um sinnvolle Regeln und nachhaltige Alltagspraktiken so zu kommunizieren, dass die Kinder und Jugendlichen sie auch übernehmen. Wie das Zahnarztbeispiel zeigt, entlastet es manchmal, das »Kleinfamilien-Setting« zu erweitern. Indem die beiden Mütter gemeinsam mit ihren Töchtern zur Ärztin gingen, nahmen sie dem Zahnarztbesuch seine Bedrohlichkeit. Immerhin hatten es die Mütter tatsächlich offen gelassen, ob das Mädchen sich schon an diesem Tag überwinden und der neuen Zahnärztin eine Chance geben würde. Da aber offensichtlich das gemeinsam zelebrierte Event so angenehm verlaufen war, öffneten das Vorbild der Mutter bzw. der ▶ *Carpenter Effekt* zuletzt den Mund und das Mädchen konnte in diesem Moment seine

Psychomotorik/Ideomotorik

Carpenter Effekt
Das automatische Mitbewegen, wenn andere Leute sich bewegen –
ganz unwillkürlich

Imitation
Nachahmen einer Bewegung – also im weitesten Sinn »bewusst«,
bei Säuglingen zumindest willkürlich, also gewollt

Imitation mit innerer Repräsentation
Eine Bewegung oder eine Bewegungsabfolge wird nachgemacht und
so gespeichert, dass sie später von alleine wiederholt werden kann.
Das direkte Nachmachen ist nicht notwendig – manchmal wird auch
»nur« beobachtet, aber die Bewegung ist im Gehirn verankert und kann
später vollzogen werden.

Spiegelneuronen
Nervenzellen, die für unsere sozialen Kontakte zuständig sind – auch in
dem wir uns in Bewegung und Haltung an Menschen angleichen und ihre
Absichten verstehen.
(Ferdinand Binkofski 2009)

Item

Unterpunkte zu einem Merkmal im statistischen Sinn, durch die das
Merkmal quantifizierbar, also in Zahlen erfassbar/ausdrückbar wird.
Das können Antworten auf Fragen sein, aber auch das Nachsagen von
Zahlenfolgen, das Benennen von Tönen usw.

Zähne angstfrei von der Ärztin anschauen lassen. Und es gibt Vertreterinnen und Vertreter von Berufsgruppen, die sich Zeit nehmen, wenn es um Nachhaltigkeit geht, denn Angst vor dem Zahnarzt beeinträchtigt manche Menschen lebenslänglich und nicht selten überträgt sich diese Furcht später wieder auf ihre Kinder. Und es gibt Menschen – Eltern und Nichteltern –, die in der Lage sind, mit Kindern und Jugendlichen eine gute Beziehung herzustellen und intuitiv geeignete Interventionen zu finden, auch wenn sie dafür nicht eigens ausgebildet worden sind.

Außerdem, wie im Salatbeispiel zu sehen, gelingt es sogar jüngeren Schülern, schlussendlich selbst zu entscheiden, bei welchen Gewohnheiten sie ältere als Modell auswählen und in welchen Fällen sie sich distanzieren. Und größere Schüler gehen auf Regeln ein, wenn sie einen guten Grund haben. In diesem Fall dürfte der Grund gewesen sein, dass ihnen plötzlich (wenn auch nicht ganz zufällig) aufgefallen war, dass sie eigentlich kein gutes Vorbild für ausgewogene Ernährung abgeben und jüngere Leute von guten Gewohnheiten abbringen. Also passten sie ihr Verhalten entsprechend an. Und in der Gruppe war noch etwas Platz für Inklusion: Wer sich nun wirklich vom Mainstream abgrenzen musste, konnte das gerne machen und gehörte genau so dazu wie alle anderen.

Die weniger gute Nachricht

Viel häufiger als gehandelt wird heutzutage »ver-handelt«, das heißt die Dinge werden so lange verbal bearbeitet, erklärt, revidiert und erneut Verständnis heischend erklärt, bis sie »ver-tan« sind. Motivation, Anstrengungsbereitschaft und Durchhaltevermögen entstehen nicht, wenn das Thema schmeckt wie ein alter Kaugummi. Im Gegenteil. Ob es nun darum geht, schwanger zu werden, Salat zu essen oder den Laptop vom Netz zu nehmen: Wer in langen und schweren verbalen – inneren oder äußeren – »Ver-Handlungen« die Dinge hin und her wälzt, der verliert vielleicht die Kraft, wahrscheinlich auch die Lust, es einfach zu tun. Da wird jede Entscheidung zum Problem und letztlich das Ausräumen der Spülmaschine zur Lebensaufgabe. Klar, dass das dann »einfach total nervt« und außerdem viel weniger Zeit für andere Dinge bleibt.

Eltern und professionelle Pädagogen

Eltern und professionelle Pädagogen sollten sich bewusst machen, dass Kinder und Jugendliche durch »learning by doing« und Lernen in informellen Situationen Erfahrungen weit über den klassischen bürgerlich-akademischen Bildungskanon hinaus machen. Dadurch werden sie nicht nur schlau und kreativ, sondern sie gewinnen außerdem praktische Problemlösefähigkeit. Die jungen Menschen werden selbstsicherer und verantwortungsbewusster. Das wirkt sich auf die Widerstandsfähigkeit gegenüber Krisen und Herausforderungen im individuellen Leben positiv aus.

Da wir nicht wissen, vor welchen Herausforderungen konkret die Generation Globalisierung und deren Nachkommen stehen werden, kann es nicht schaden, wenn die jungen Menschen alltagspraktische Routinen haben und zwar weit über einen angstfreien Zahnarztbesuch und gesunde Ernährungsgewohnheiten hinaus: Konkret handelnd zu kommunizieren, das heißt nicht, die Sprache auszuschalten. Im Gegenteil: Es geht darum, die verbale Kommunikation mit Handlungen zu verknüpfen. Noch einmal Schiller:

Zum Werke, das wir ernst bereiten,
Geziemt sich wohl ein ernstes Wort;
Wenn gute Reden sie begleiten,
Dann fließt die Arbeit munter fort.
So laßt uns jetzt mit Fleiß betrachten,
Was durch die schwache Kraft entspringt,
Den schlechten Mann muß man verachten,
Der nie bedacht, was er vollbringt.
Das ist's ja, was den Menschen zieret,
Und dazu ward ihm der Verstand,
Daß er im innern Herzen spüret,
Was er erschafft mit seiner Hand.

Friedrich Schiller, Die Glocke (Ausschnitt)

Handlungskompetenz – (k)eine Spielerei?

Der Hype auf Bildungsstandards, die eine internationale Vergleichbarkeit der Leistungsfähigkeit der »Wissensgesellschaften« (Bundesministerium für wirtschaftliche Zusammenarbeit und Entwicklung S. 67) postulieren und damit die Qualität der Bildung und Ausbildung in enge ► *Items* pressen, lässt alltagspraktische Kompetenzen und durch Erfahrung – häufig in informellen Kontexten – gewonnene Fertigkeiten, Fähigkeiten, Wissen und Einsichten unwichtig erscheinen. Darin mag zum Teil die Arroganz der »entwickelten« Länder stecken, denn nicht umsonst waren es die PISA-Studie der OECD (Organisation für wirtschaftliche Zusammenarbeit und Entwicklung) und der Bologna-Prozess der Europäischen Union, die die Fokussierung auf Vergleichbarkeit von Anforderungen (Bildungsabschlüssen) und Qualität der Bildungssysteme in einer statistisch auswertbaren Form am Ende des letzten Jahrhunderts anstrebten und damit zumindest in Deutschland einen weiteren Ruck Richtung Kopflastigkeit auslösten. Um Missverständnisse auszuschließen: Ausbildungs- und Studiengänge so auszugestalten und international anzugleichen, dass junge Menschen in einer globalisierten Welt beruflich erfolgreich und mobil sein können, halte ich für notwendig und überaus begrüßenswert. Bildung bereits in der Krippe und später auf operationalisierbare Ziele einzuengen, halte ich für ausgesprochen kurzsichtig.

Die Bindungsforscherin Liselotte Ahnert vermutet, dass bis zu 60 Prozent der Kinder in Deutschland keine sichere Bindungsbeziehung erleben und führt das auf einen Mangel an »Feinfühligkeit« der Eltern zurück (Ahnert & Gappa, S. 79/80). Das hat zur Folge, dass Kinder bei Herausforderungen eher aggressiv oder mutlos reagieren, weil sie weniger gute Bewältigungsstrategien zur Verfügung haben. Das bedeutet aber auch, dass sie weniger explorativ sind, also einfach weniger motiviert sind, die Welt zu entdecken (ebd. 2008, S. 79). Mit einer Rückbesinnung auf den Psychologen Lew Vygotski betont Ahnert, dass Lernen und Entwicklung interagierende Prozesse sind, die in jedem Fall gute zwischenmenschliche Beziehungen brauchen – und zwar zu Erwachsenen und zu Gleichaltrigen (ebd., S. 82 und Vygotski 1978.) »Feinfühlige« Menschen können gute Beziehungen zu Säuglingen und Kleinkindern gestalten, so die Bindungsforscher. Sie meinen damit die Fähigkeit, die kommunikativen Botschaften der kleinen Menschen gut zu verstehen und vor allem auch angemessen beantworten zu können. Wobei »antworten« die ganze Vielfalt der nonverbalen Kommunikation einschließt. Bei Babys darf zum Beispiel nur eine Sekunde Zeit zwischen der Äußerung des Kindes und der Reaktion der Bezugsperson verstreichen. Es wird unterstellt, dass viele Menschen das spontan richtig machen. Das war wahrscheinlich zutreffend in Zeiten, als sich noch alle Altersgruppen im alltäglichen Leben getroffen und interagiert haben: zu Hause in einer größeren Familie, in der Nachbarschaft, auf dem Dorf-platz, auf der Straße im Kiez, im Schrebergarten und bei der täglichen Arbeit. Da war es nicht schwer, den Umgang mit Kindern jeder Altersstufe zu erlernen, weil es genügend Modelle gab, bei denen frau abschauen konnte. Und die Erfahre-nen haben auch verbale Instruktionen gegeben. Das heißt, dass jene »Feinfühlig-keit« im Umgang mit Säuglingen und Kleinkindern durch informelles Lernen von Generation zu Generation weitergegeben wurde. Dadurch, dass Zweigeneratio-nenfamilien heute in ihren abgeschlossenen vier Wänden leben und in den öffent-lichen Bildungseinrichtungen von der Krippe bis zum Studium streng in Alters-segmente unterteilt wird, fallen viele der traditionellen Wege weg, über die in allen Generationen zuvor kulturspezifisches Wissen und Können übertragen wur-den. Das »traute Heim« ist mit dieser Aufgabe im 21. Jahrhundert überfordert. Und die Träger der institutionellen Bildung erkennen nur langsam die strukturelle Lücke: Weder nehmen Bildungskonzepte und Lehrpläne Rücksicht auf die Moti-vation der Kinder und Jugendlichen noch ist das Personal dafür ausgebildet, Bedarfe aus anderen Lebenswelten aufzugreifen und flexibel in den Alltag ein-zubauen. Um auch hier Missverständnissen vorzubeugen: Damit darf nicht rück-geschlossen werden, dass früher alles besser war! Allerdings muss für heutzutage der Schluss gezogen werden, dass es nicht um die Frage geht, ob unter Dreijäh-rigen eine Tagesbetreuung zuzumuten ist. Es geht darum, dass für die Kinder die Lebenswelten gut abgestimmt werden, also die Erziehungspartnerschaft zwischen Eltern und Pädagogen, zwischen familiärer und außerfamiliärer Betreuung, zwi-schen Erziehung und Bildung verantwortungsvoll und kompetent gestaltet wird (Ahnert 2011, S. 263 bis 268).

Dazu gehört es auch, die Bedürfnisse der Eltern zu berücksichtigen. Zur Berufs-tätigkeit und zum Stress mit den Terminen für das Kind kommt vor allem für Mütter noch die zeitliche Belastung für das eigene Bodytuning (Degele, Reusch & Hafner 2009) hinzu. Outdoor Fitness (laufmamalauf; Eltern-t-online 24. 01. 2012), virtuelle Fitnessstudios (Eltern-t-online 03. 05. 2012), Volkshochschulen und viele mehr bieten entsprechende Kurse an. So wichtig Sport und die Zufriedenheit mit dem eigenen Körper für Mütter und Väter der Generation Y sind und so bedeut-sam körperliche Aktivität für die Gesundheit ist, so zweifelhaft erscheint es, ob die Sportkurse in der momentanen Form die Bindungsbeziehung zwischen Elternteil und Kind verbessern oder ob sie nicht weitere Aktivitäten sind, während derer Eltern und Kind zwar beisammen, aber nicht wirklich im Kontakt sind. Auch die-ses Dilemma ließe sich leicht lösen, wenn Fachleute aus Pädagogik und Sport eng vernetzt wären. Gute Kommunikation mit dem Baby und Kleinkind ist (fast) über-all möglich, wenn Eltern wissen, worauf es ankommt.

Auch für Kinder und Jugendliche über drei Jahren bleibt die oben bereits er-wähnte Diskrepanz zwischen Bildungs- und Lehrplänen und familiärer Pflichtzuweisung. Zum Beispiel ist es im Zusammenhang mit der lebenspraktischen Entwicklung ein gerne gehegtes Klischee, den »verwöhnten« Einzelkindern die »alltagstauglicheren« Kinder mit Geschwistern gegenüberzustellen. Manche Familien mit zwei oder mehr Kindern, manch ein erwerbstätiger alleinerziehender Elternteil und einige Paare mit einem Kind haben feste Tätigkeiten in Haus (und Garten) verteilt oder orientieren sich an einem Wochenplan. Diese Kinder und Jugendlichen sind routiniert im Tischdecken, Spülmaschineeinräumen und manche können sogar geschickt mit einem Besen für Sauberkeit sorgen oder Pudding kochen. Kinder und Jugendliche, deren Eltern die Alltagsarbeiten vorwiegend selbst erledigen und es bei Appellen an ihre Kinder bewenden lassen, aber auch Kinder von Eltern, die eine Haushaltshilfe beschäftigen oder fortlaufend Au-pairs in die Familie aufnehmen, warten eher darauf, dass die Arbeit für sie erledigt wird. Dadurch verpassen sie es manchmal – trotz bester Erziehungsabsichten der Eltern – wichtige ▶ *Kulturtechniken* zu erwerben: Ein Zwölfjähriger freute sich in der Nachmittagsbetreuung sehr, als er sah, dass Apfelsinen auf dem Tisch standen. Die liebe er ganz besonders, berichtete er. Die Pause war fast zu Ende, als ich bemerkte, dass noch niemand eine Orange gegessen hatte. Ich fragte den gesundheitsbewussten Gymnasiasten, der sich darauf gefreut hatte, was denn jetzt mit der Apfelsine sei. Na ja, meinte er, die sei ja noch nicht geschält. Okay, aber hier stünden doch Teller und Messer, erwiderte ich. Keine weitere Reaktion, die Spiele liefen weiter, schließlich wurde der Junge mit Teller, Messer und einer Orange versorgt. Er saß tatenlos vor dem Arrangement. – Dann ein tiefer Atemzug: Er wisse nicht, wie man die aufkriegt. Er kam aus einer Zweikindfamilie, die berufstätigen Akademikereltern wurden von den Großeltern und einem Au-pair unterstützt. In der Gruppe wurde daraus ein interessantes Lernfeld, denn verschiedene Jugendliche wollten nun »ihre« Technik zeigen, mit der man eine Apfelsine schälen kann. Nebenbei steuerten die jungen Leute noch ihr Wissen darüber bei, dass es besser sei, Orangen vor dem Schälen warm zu waschen, was zu einer kleinen Peer-Lektion über Umweltgifte und persönliche Gesundheitsvorsorge führte. Und da die Früchte nun so lecker in Spalten zerteilt auf den Tellern lagen, griffen auch alle zu. Der Junge, der den Anstoß für die ganze Szene gegeben hatte, konnte sich entspannen: Er wählte aus, welche Schältechnik er an diesem Tag ausprobieren wollte.

Die Studie der Robert Bosch Stiftung zum »Wohlbefinden von Kindern in Städten und Gemeinden« führt aus:

>*Das mehrdimensionale Modell des kindlichen Wohlbefindens muss also nicht wie bei UNICEF allein aus Kinderrechten abgeleitet werden, sondern ist auch gut mit den unterschiedlichen Potenzialen von Menschen in der Gesellschaft zu begründen, die nur dann angemessen gefördert und entwickelt werden, wenn*

Kulturtechnik

Kulturtechniken sind kulturelle und technische Konzepte zur Bewältigung von Problemen in unterschiedlichen Lebenssituationen. Dabei stehen die kulturelle Leistung (Gestaltung der Umstände), das technische Können (Verwendung von Technologie) und die Technik (Gegenstand) in einem komplexen Zusammenhang. Typische Kulturtechniken sind Feuer machen, Landwirtschaft, Kunst gestalten, Kalender verwenden, Wissenschaft betreiben – aber auch kollaboratives Arbeiten in sozialen Netzwerken. Dafür sind ein oder mehrere Voraussetzungen nötig: das beherrschen von Lesen, Schreiben und Rechnen, die Fähigkeit zur bildlichen Darstellung, analytische Fähigkeiten, die Anwendung von kulturhistorischen Wissen oder die Vernetzung verschiedener Methoden. Aber: die Entwicklung von Kulturtechniken sind keine Leistungen von Einzelpersonen, sondern Gruppenleistungen, die in einem soziokulturellen Kontext entstehen. Alle genannten Voraussetzungen benötigen daher immer die soziale Interaktion und gesellschaftliche Teilhabe (…). (Wikipedia 4. Februar 2013)

Sozialisation

Sozialisation ist ein lebenslanger Prozess, in dem ein Mensch zu einer Persönlichkeit wird, die sozial eingebunden und handlungsfähig ist. Dabei eignet er sich Merkmale seiner physikalischen und menschlichen Umwelt an und setzt sich aktiv damit auseinander. Zur Sozialisation gehören die absichtsvolle Erziehung und Bildung in der Familie, der Kita und allen anderen Bildungseinrichtungen. Sozialisation geschieht außerdem ganz unbeabsichtigt durch Gleichaltrige, Jüngere oder Ältere in unterschiedlichen Kontexten: beim Sport, bei der Arbeit, vor dem Fernsehgerät und wo sonst noch Menschen einzeln, in Gruppen oder in Institutionen zusammen sind. Sozialisation wird beeinflusst von den biologischen Anlagen, die ein Mensch mitbringt. (vergl. Hurrelmann nach Aufenanger 2005)

Enkulturation

»(ist) eine gruppen- wie personenspezifische Aneignung und Verinnerlichung von Erfahrungen, Gütern, Maßstäben und Symbolen der Kultur zur Erhaltung, Entfaltung und Sinndeutung der eigenen wie der Gruppenexistenz.« (Odenbach 1974, S. 159, nach Stangl)

alle Dimensionen der kindlichen wie der erwachsenen Persönlichkeit in den unterschiedlichen Lebensbereichen als Dimensionen gelten, die es zu schützen und zu fördern gilt.

Amartya Sens Konzept der »Befähigung« (…) betont die Wichtigkeit der Freiheit, sich in der Gesellschaft entwickeln und an ihr teilhaben zu können. Wirtschaftliche bzw. monetäre Faktoren stellen dabei nur einen Teil der notwendigen Grundvoraussetzungen dar. Neben den materiellen Existenzvoraussetzungen zur Teilhabe an der Gesellschaft und dem Vermögen, an den gesellschaftlichen Bereichen wie Arbeit, Politik und Familie zu partizipieren, betrachtet Sen auch die subjektive Selbsteinschätzung als wesentliches Element der menschlichen Entwicklung: die Fähigkeit, für sich selbst – entsprechend den eigenen Möglichkeiten und Fähigkeiten – in der Gesellschaft eine zufriedenstellende Position zu entwickeln. Damit legte Sen die Grundlage für den seit 1990 jährlich von den Vereinten Nationen veröffentlichten Human Development Index. Er misst die wirtschaftliche Entwicklung einer Gesellschaft, aber auch die gesundheitliche Entwicklung der Bevölkerung, ihr Bildungsniveau und die Möglichkeiten zur Mitbestimmung an der gesellschaftlichen Entwicklung. Denn neben der wirtschaftlichen Entwicklung entscheiden solche Faktoren mit über die subjektive Einschätzung der Individuen, an der Gesellschaft partizipieren zu können.« (Bertram et al., S. 76)

Nachhaltige Pädagogik muss dann nicht nur Bildung im engeren Sinn beinhalten, sondern stets Hand in Hand gehen mit ▸ *Sozialisation* und ▸ *Enkulturation*, also der Erhaltung und der Weiterentwicklung des Vermögens, unsere zivilisatorischen Errungenschaften an die nächste Generation weiterzugeben und sie an die Bedürfnisse und Lebensbedingungen der Menschen in einer globalisierten Welt anzupassen. Kurz: Der Erhaltung und Weiterentwicklung des Humanvermögens, was die Fähigkeit zur persönlichen Existenzsicherung einschließt. Selbst wenn mal der Strom wegbleibt.

Partizipation bezogen auf die Energiewende hieße dann für Kinder und Jugendliche der Generation Globalisierung nicht nur, mit einem Brief an die Verantwortung der Politikerinnen und Politiker zu appellieren und keine Antwort zu bekommen. Wenn die Sorgen und das Engagement der Generation Globalisierung so wenig beachtet werden, dann helfen weder umfassende Studien, noch aufwändig aufgelegte Bildungsprogramme, noch die Herabsetzung des Wahlalters auf 16 Jahre. Partizipation hieße dann nicht nur, das Licht auszumachen oder den Müll richtig zu trennen, wie uns die Aktion des DFB »Vereint für die Umwelt« (DFB 2012) echt pfiffig nahebringt. Nachhaltige Partizipation in der Pädagogik hieße dann, Kindern und Jugendlichen mehr Gelegenheiten zu geben, dass sie sich durch ▸ *Arbeit* in die Gesellschaft einbringen können (Unverzagt 15. 07. 2012) und gleichzeitig ihr ▶ *Spiel* zu würdigen. Ihnen dafür Zeit und Aufmerksamkeit zu schenken, ohne das Spiel zu instrumentalisieren. Dass mehr Teilhabe – in Form von Arbeit und in Form von Spiel – möglich ist und darin ein großes Gestaltungspotenzial liegt, zeigen viele Initiativen an vielen Orten mit sehr unterschiedlichen Zielrichtungen und von sehr unterschiedlichen Menschen in äußerst unterschiedlichen Settings. Hier nennen möchte ich das Konzept der Evangelischen Gemeinschaftsschule Berlin-Mitte (Rasfeld & Spiegel 2012), die Initiative in Seifhennersdorf, wo im Jahr 2012 Eltern und Bürgermeisterin gemeinsam versuchten, den Erhalt der Mittelschule in der kleinen Stadt zu sichern (news4teachers 2013), die vielfältigen Projekte und Maßnahmen, die im Rahmen der UN Dekade für nachhaltige Bildung vorgestellt werden (bne 2005 bis 2014) und speziell die Materialien des WWF zum Thema »Wie wollen Kinder und Jugendliche das Klima schützen?« (Zimmer & Draeger 2009)

Mainstream sind diese Initiativen noch nicht. Aber nach Jahren der PISA-Hektik, den Kämpfen der Eltern um die besten Betreuungsplätze und Schulnoten, der wilden Jagd um Verkürzung der gymnasialen Ausbildungszeit, den Berichten über die unangenehmen Folgen des Bologna-Prozesses, nach den Informationen, dass sich die Geburtenrate weiterhin reduziere und dass sich die Jugend aus politischem und bürgerschaftlichem Engagement zurückziehe und Nachhaltigkeitsthemen völlig uninteressant geworden seien, scheint ein Hauch von Aufbruchstimmung durch das Land zu wehen.

Wenn viele kleine Leute an vielen kleinen Orten viele kleine Dinge tun, können sie das Gesicht der Welt verändern.
Afrikanisches Sprichwort

Wenn die Generation Globalisierung in unserem Land gut vorbereitet sein soll auf ihre vorhersehbare und gleichzeitig völlig ungewisse Zukunft, dann muss es allen älteren Generationen gelingen, die Weichen entschlossen zu stellen. Gegen eine grundlegende Umorientierung steht in den Köpfen vieler Menschen heute noch das Bild der bürgerlichen Familie einschließlich ihres Wachstums- und Machbarkeitsideals aus dem ausgehenden 18. und dem 19. Jahrhundert, das sich mit seinen Implikationen hartnäckig und oft unbewusst tradiert (vergl. Feyl 1998). Damit die Generation Globalisierung fit ist für die Postwachstumsgesellschaft (Reichel 2012), sollten deren Eltern hier und heute flächendeckend und unabhängig vom Familieneinkommen die Gelegenheit haben, sich alltagspraktisch zu qualifizieren, denn Routinen in der Kommunikation mit Babys und in der Erziehung größerer Kinder und Jugendlicher werden nicht mehr automatisch von Generation zu Generation weitergegeben. Außerdem verfügt die professionelle Pädagogik über ein ständig wachsendes Wissen und Können, das in den privaten und institutionellen Bildungs- und Erziehungsalltag häufiger aktualisiert einfließen sollte. Pädagogische Qualifizierung sollte für Eltern genauso selbstverständlich und verfügbar sein, wie die »professionelle« Hoch-

Kohärenzprinzip

»… die Verknüpfung von sozialen, ökonomischen, politischen und ökologischen Zielen« in der globalen Entwicklung« (Bundesministerium für wirtschaftliche Zusammenarbeit und Entwicklung 2007, S. 24)

Sharing

Teilen, das macht die Generation Y schon oft: Carsharing, Couchsurfing, Wohnungstausch in den Ferien, Zwischenvermietung während eines Auslandsaufenthalts. Die CeBIT 2013 schlägt den Bogen zwischen digitaler Welt, Ökonomie und gesellschaftlichem Trend (zdf 2013).

zeitsplanung, die Fitnessempfehlungen ihres Personal Trainers und die vertrauenswürdige Anlage-, Finanz- oder Schuldnerberatung. Für das Aufwachsen der Kinder und Jugendlichen benötigen Eltern allerdings außerdem ein Umfeld, in dem sie Kontinuität und Vernetzung vorfinden und selbst herstellen: In Krippen, Kitas, Schulen, bei den Organen der Jugendhilfe, in Hochschulen, Ausbildungsbetrieben, bei Anbietern von Freizeitmaßnahmen, in bürgerschaftlichen Angeboten und an allen anderen Orten, an denen formale und informelle Bildung und Erziehung stattfinden. Die unbürokratische und wertschätzende Zusammenarbeit, die Kindheit und Jugend als einen komplexen Entwicklungs- und Bildungsprozess wahrnimmt, der insbesondere von informellen Lernerfahrungen geprägt ist, sollte

> Sonne
> sendet Licht,
> produziert auch Energie.
> Ich brauche ihre Wärme –
> Solarstrom!

»Normalität« werden. Dafür braucht die Generation Globalisierung ein (pädagogisches) Umfeld, das Erfahrungs- und Gestaltungsräume erkennt, vernetzt und einfach mitgeht. Mitgeht mit der Motivation, indem erwachsene Menschen offen sind für die Motive der jungen Menschen: Träume, Befürchtungen, Ablenkungen, Möglichkeiten, Grenzen – und was immer konkret den Antrieb in der jeweiligen Entwicklungsphase bestimmt.

Grundlage müsste eine an die heutige Zeit angepasste Definition von »Arbeit« und »Spiel« sein. Die Wirtschaft hat das Verhältnis zwischen »Arbeit« und »Freizeit«, zwischen »Beruf« und »Privatsphäre« schon längst umgestaltet (Yougov 2012 und Bund, Heuser & Kunze 2013, S. 23–24). Mehr noch als bei Erwachsenen gehen Arbeit und Spiel für Kinder und Jugendliche ineinander über. Es kommt auf die Erwachsenen an, den »Kick« zu geben, damit die Jugend entlang ihrer eigenen Wünsche und Interessen Nachhaltigkeit für ihr persönliches Leben und für das »globale Dorf« praktizieren und Verantwortung für sich und andere übernehmen kann. Ähnlich wie Erwachsene gewinnen Kinder und Jugendliche aus der aktiven Teilnahme an der Reproduktion des persönlichen und gesellschaftlichen Lebens Selbstbewusstsein und Freude. Das Gefühl, »mit-wirken« zu können, tut gut (Eisenmann 2012). Dafür mögen sich Menschen jeden Alters anstrengen, dann bleiben sie bei der Sache und das Gelernte bleibt ihnen – bewusst oder unbewusst – in Erinnerung, also verfügbar. Allerdings: Ähnlich wie das quasi private »Lust-Engagement« der Erwachsenen als Produktentwickler für Firmen, müssen Betätigungsfelder für Kinder und Jugendliche nach allen vier Dimensionen des ▶ *Kohärenzprinzips* kritisch hinterfragt und darüber hinaus ethisch bewertet werden.

Abgesehen vom Abschneiden alter Denk-Zöpfe und notwendiger struktureller Veränderungen, die es gleichermaßen braucht, um der Generation Globalisierung nachhaltige Entwicklung zu ermöglichen, verhalten sich die meisten Menschen da und dort bereits ökologisch und sozial rücksichtsvoll. Mehr Nachhaltigkeit ist leicht machbar, denn die Informationen dazu sind überall verfügbar. Man braucht es »nur« zu tun. In unserer Schreibwerkstatt wurden viele Möglichkeiten des individuellen Verhaltens für Nachhaltigkeit angesprochen:

- Müll trennen und noch viel wichtiger: Müll vermeiden
- Zirkelminen spitzen statt das ganze Werkzeug in den Müll zu werfen
- Stecker raus, Licht aus
- Bei neuen Geräten auf Energieeffizienz achten, auch abschaltbares Stand-by
- Nachhaltig erzeugten Strom und nachhaltig hergestelltes Gas kaufen
- Elektro-/Gasautos bevorzugen – besonders wegen der Speichermöglichkeiten
- Wärme dämmend (um-) bauen
- Dusche statt Badewanne verwenden
- Diversität im Garten berücksichtigen
- Urlaubsreisen nachhaltig gestalten, zum Beispiel ab und zu Rad und Bahn statt Flieger und Auto
- Im Alltag zu Fuß oder mit dem Rad, sowie Fahrgemeinschaften bilden
- Carsharing nutzen und alle anderen Möglichkeiten des altmodischen Ausleihens oder des modernen Teilens: Bohrmaschine, Küchenmaschine, Bücher, Rasenmäher, …
- Produkte bevorzugen, die »fair« hergestellt wurden, zum Beispiel Schokolade, Kleidung und vieles mehr
- Saisonale Lebensmittel mit kurzen Transportwegen bevorzugen

Darüber hinaus können in allen Lebenskontexten nachhaltige Projekte entstehen: Im ganz privaten Rahmen, wenn sich Menschen verschiedenen Alters zusammentun, als Angebote in Tageseinrichtungen und in Schulen, an Hochschulen, als Aktivitäten von Vereinen und Verbänden, als Innovation von Wirtschaftsunternehmen oder Handwerksbetrieben. Es ist nicht schwer, zumindest drei der vier Komponenten des Kohärenzprinzips – sozial, ökonomisch und ökologisch – so umzusetzen, dass auch für pädagogische Nachhaltigkeit gesorgt ist. Die politische Dimension kann jederzeit hinzukommen. Die folgenden Kurzkonzepte wurden mit Margit Großert aus der Fülle der Möglichkeiten »herausgesiebt«. Gedacht als Ideengeber für alle, die mehr Nachhaltigkeit im Alltag mit jungen Menschen wagen wollen.

Kurzkonzept: *Natürlicher Rohstoff Holz*

Da Bäume nicht nur gepflanzt, sondern auch gepflegt werden müssen, hier der Ausblick für ein Projekt, bei dem auch schon die ganz kleinen Kinder mittun können. Ziel dieses Projekts ist es, dass die beteiligten jungen Menschen den Wert und die Eigenschaften des Rohstoffs Holz sowohl ökologisch als auch ökonomisch als Energiequelle und als Werkstoff verstehen und »be-greifen«. Sie führen die Arbeitsprozesse zur Holzgewinnung durch das eigene Handanlegen, den Gebrauch passender Werkzeuge und Maschinen im Team selbst durch. Dabei werden sie von Fachleuten informiert, angeleitet und eingebunden.

Im Einzelnen:

▶ Ein Garten, eine Streuobstwiese oder ein Wald müssen gepflegt werden. Zuerst findet eine Begehung und Bestandsaufnahme statt. Die TeilnehmerInnen, Fachleute und PädagogInnen überlegen, ob, und wenn ja wie, das Projekt machbar ist. Wenn rechtlich, finanziell und organisatorisch alle Lichter auf »Grün« stehen, beginnen die Beteiligten mit den Arbeiten.

▶ Je nach Alter, Geschlecht, Interessen und Fähigkeiten
  • nehmen die ganz kleinen Kinder teil, indem sie schauen, riechen, hören, krabbeln, gehen, hüpfen, Dinge in die Hand nehmen, sammeln, spielen
  • schneiden bereits Kindergartenkinder kleine Zweige mit der Gartenschere ab, bringen sie zum Kompost oder fertigen daraus eine Dekoration
  • sägen Grundschulkinder mit der Handsäge Äste zu Reisig für den Ofen zu Hause oder das Lagerfeuer nach getaner Arbeit
  • bedienen Jugendliche eine motorisierte Heckenschere und bringen damit vorhandene Gehölze in Form
  • schneiden die jungen Erwachsenen dickere Äste und Stämme mit der Motorsäge oder hacken Brennholz
  • berechnen interessierte Jugendliche die CO_2-Bilanz der ganzen Arbeiten
  • pflanzen alle gemeinsam geeignete Gehölze nach, wenn die CO_2-Bilanz dies erfordert
  • begleitet eine Teilgruppe die Aktion betriebswirtschaftlich.

▶ Da die einzelnen Arbeitsschritte aufeinander bezogen sind, müssen sich alle, die mitmachen, abstimmen. Dadurch findet ein altersübergreifendes Lernen statt, bei dem es notwendig ist, aufeinander zu achten und das gemeinsame Ziel im Blick zu haben.

Kurzkonzept: *Schallschutz*

Auch dieses Projekt ist so angelegt, dass alle Altersgruppen beteiligt sein können. Ziel ist es, dass die jungen Menschen erfahren, dass sie sich bis zu einem gewissen Grad selbst gegen die vielfältigen zivilisationsbedingten Umweltbelastungen durch Lärm und Licht schützen können.

Im Einzelnen:

▶ In der Umgebung der jungen Menschen fällt eine Belästigung durch Schall auf. Wie beim Projekt »Holz« informieren sich junge Leute auch in einem Schallprojekt zunächst bei Experten und überlegen, ob sie aktiv werden wollen und können. Sind alle Bedingungen für eine Aktion gegeben, dann startet das Projekt.

▶ Je nach Alter, Geschlecht, Interessen und Fähigkeiten
- lauschen schon die Kleinen auf Vogelstimmen, Blätterrauschen, Schall von Motoren und Reifen; sie imitieren Laute und Geräusche und lernen dadurch, zwischen natürlichen und technischen Schallquellen bzw. zwischen Geräusch und Lärm zu unterscheiden. (Umgebungslärm)
- messen Kinder im Grundschulalter die Lautstärke von Alltagsgeräuschen, Musik, Naturgeräuschen und erkennen den Unterschied zwischen objektiver und subjektiver Lärmbelastung. Sie informieren sich über gesundheitliche Folgen und Risiken für Menschen und für die Kommunikation im Tierreich
- bringen Jugendliche ihre Fähigkeiten aus dem Physikunterricht ein und erweitern ihre Kenntnisse in der Akustik. Angeleitet von Experten wenden sie ihr Wissen an, um geeignete Schallschutzmaßnahmen in ihrer Umgebung zu planen und bei deren Bau mitzuwirken, zum Beispiel einer »grünen Wand«
- begleitet auch diese Aktivitäten eine Teilgruppe betriebswirtschaftlich
- führen die Kinder und Jugendlichen die analogen Schritte in Bezug auf Lichtkontamination durch.

▶ Die Menschen führen solche Projekte gemeinschaftlich durch, zum Beispiel bringen Mütter und Väter in Elternzeit ihr Expertenwissen ein und leiten größere Kinder/Jugendliche an. Inzwischen betreuen andere Jugendliche die ganz Kleinen. Es ist immer eine Fachkraft oder eine erfahrene erwachsene Person in der Nähe, die Unterstützung geben kann. So lernen alle etwas und jede/r etwas Unterschiedliches. Da können auch Menschen mit Behinderung gut mitmachen.

Kurzkonzept: *Nachhaltig bauen*

Ziel dieses Projekts ist es, dass die beteiligten Kinder und Jugendlichen sich der globalen Rohstoff-, Energie- und Finanzkreisläufe bewusst werden. Sie planen ein konkretes Bauwerk in ihrer Lebenswelt bzw. wirken an der Erneuerung eines vorhandenen Bauwerks mit.

Im Einzelnen:

► Auch bei diesem Projekt sind alle Altersgruppen beteiligt und der Auslöser liegt in der Lebenswelt der jungen Menschen, weil es dort einen Bedarf für eine Baumaßnahme gibt. Wiederum ist eine entsprechende Machbarkeitsprüfung und Vorplanung notwendig, in die junge Menschen von Anfang an einbezogen sind.

► Je nach Alter, Geschlecht, Interessen und Fähigkeiten
  • probieren die Kleinen verschiedene Materialen aus, die warm halten oder geeignet sind, Feuer zu machen; sie untersuchen, wie sich Luft und Wasser bewegen und ob sie Wärme »tragen« können. Sie finden heraus, wie sich Wärme »aufbewahren« lässt – zum Beispiel in der Kochkiste.
  • beschäftigen sich die Grundschulkinder – analog zum Schulstoff – mit primären Energieträgern zur Gewinnung von Wärme und Elektrizität. Sie verstehen, wie die Isolation und Haustechnik funktionieren. Sie beteiligen sich am Projekt, indem sie zum Beispiel Holzverkleidungen mit dem Akkuschrauber befestigen.
  • sind Jugendliche bereits in den Planungsprozess des Bauwerks einbezogen, indem sie unter Anleitung von Fachleuten Heizungssysteme und Baustoffe hinsichtlich ihres Wirkungsgrads, ihrer Umweltbilanz und ihrer Kosten vergleichen. Sie sind in den Entscheidungsprozess für die schließlich gewählte Lösung einbezogen.
  • unterstützen sie in der Bauphase die Fachleute und erweitern ihre praktischen Fertigkeiten, indem sie z. B. helfen, Material abzuladen und fachgerecht zu lagern oder sogar zunächst einen Schweißkurs absolvieren, um bei Installationsarbeiten »richtig« mitwirken zu können.

► So ließen sich gemeinschaftlich Vereinsheime sanieren, Schulräume gestalten, kleinere private Bauvorhaben organisieren und vieles mehr. Die interkulturelle Kommunikation gelingt beim praktischen Tun oft leichter, als wenn man »nur« spricht. Menschen im Ruhestand können sich – je nach ihren Kompetenzen und ihrer Belastbarkeit – individuell einbringen: von der architektonischen Planung bis zum Äpfelschälen.

Alternativlos und voller Möglichkeiten – Zukunft jetzt

Verein »Zukunft jetzt«

Aus den bisherigen Projekten im Rahmen der Nachmittagsbetreuung und aus der Schreibwerkstatt hat sich ein Kreis von Menschen unterschiedlichen Alters gefunden, die Lust auf mehr haben – auf mehr Engagement für Nachhaltigkeit. Um alle Aktivitäten in einer passenden Rechtsform zu bündeln und noch mehr nachhaltige Pädagogik zu ermöglichen, gründeten einige Familien im Januar 2013 den Verein »Zukunft jetzt«. Schon bei der Gründung waren Kinder und Jugendliche beteiligt. Partizipation ist ihnen durch die Satzung zugesichert – und zwar mit dem maximalen Umfang, den der Gesetzgeber für Minderjährige einräumt. So haben sie – das Einverständnis der Eltern vorausgesetzt – ein eigenes, personengebundenes Stimmrecht. Drei Jugendliche sind Mitglieder des Vorstands. Ein Jugendlicher wünschte sich, der Kassenprüferin zugeordnet zu werden. Zahlen, so sagte der Zwölfjährige, finde er cool.

Homepage

Schon in den Projekten im Sommer 2012 hatte sich eine Gruppe mit der Erstellung einer PDF-Datei über das NAWARO-Fahrgestell beschäftigt, die dann online gestellt wurde (Gebhardt-Esser 2012). Da kam die Idee auf, einen ganz eigenen Internetauftritt zu entwerfen, mit dem die Jugendlichen andere junge Menschen erreichen und informieren können. Gesagt, getan: Unter der Anleitung eines wenig älteren Tutors wurde noch im Herbst 2012 mit den Arbeiten begonnen. Ein Teil der Teilnehmer/innen aus der Schreibwerkstatt wechselte in die Homepage-Gruppe. Dort sollen alle nachhaltigen Aktivitäten der jungen Leute vorgestellt werden. Sobald alles online ist, lässt sich die Seite über Zukunft-jetzt-Straubing.de aufrufen. Ansonsten kann man die neue Seite ab Frühjahr 2013 natürlich auch googeln, wenn man den Namen des Vereins eingibt: »Zukunft jetzt«, Straubing. Bereits im Sommer 2012 haben die Mitglieder der Schreibwerkstatt den nächsten Schritt formuliert: eine Präsenz bei Facebook.

Bioenergie

Anfang 2012 hatte die Bioenergieregion Straubing-Bogen (Bioenergieregion 2013) Exkursionen zu nahegelegenen Biogasanlagen organisiert. Nachdem ich selbst an einer solchen Besichtigungstour teilgenommen hatte, schwärmte ich den Familien der Schreibwerkstatt, der Nachmittagsbetreuung und des Aufmerksamkeits-

und Motivationstrainings von der Energieproduktion aus Abwasser vor, dem eingangs schon erwähnten »Sludge-to-Energy«. Einige der jungen Leute waren interessiert, die Mitarbeiterinnen der Bioenergieregion und des Klärwerks hilfsbereit und flexibel, so dass eine Führung speziell für Familien stattfinden konnte, worüber die lokale Presse berichtete (Gabauer 2012). Mit Laura Osterholzer von der Bioenergieregion wurde anschließend ein Projekt konzipiert, das im Frühjahr 2013 begann: »Fahren mit Biogas – ein Beitrag für unsere nachhaltige Zukunft«. Hier sind Schülerinnen und Schüler eingeladen, sich mit Biogas als Treibstoff für Autos zu beschäftigen. Unter anderem werden sie recherchieren, welche KFZ-Modelle es zu kaufen gibt, mit welchen Preisen zu rechnen ist, wie die Sicherheit und Zuverlässigkeit dieser Fahrzeuge ist, ob es tatsächlich eine CO_2-Einsparung gibt, was Biomethan mit Energiespeicherung zu tun hat und wie es mit der Konkurrenz zwischen Nahrungsmittel- und Energieproduktion aussieht. Die Ergebnisse werden in einer Präsentation zusammengestellt, mit der die Teilnehmerinnen und Teilnehmer dann das neu erworbene Wissen in ihrer Schule weitergeben können. Natürlich mit der Hoffnung, dass sich immer mehr Leute dafür entscheiden, ihre Mobilität möglichst nachhaltig zu gestalten. Das TFZ Straubing (Technologie- und Förderzentrum 2013) und C.A.R.M.E.N.e.V. unterstützen die jungen Leute mit ihrer Fachkompetenz, die Mitarbeiterinnen der Bioenergieregion tragen mit ihrem Know-how und ihren Kontakten ebenfalls ganz entscheidend zum Gelingen des Projekts bei.

NAWARO-Wagen

Im Sommer 2012 hatten Schüler – wie bereits erwähnt – ein Fahrgestell für eine Infrarotheizplatte konstruiert. Als Werkstoff diente ein Material aus nachwachsenden Rohstoffen. Die Aktion wurde als Einzelbeitrag zur Weltdekade der Vereinten Nationen »Bildung für nachhaltige Entwicklung« anerkannt und von Firmen durch Sachspenden unterstützt. In diesem Rahmen hatte auch eine Fachfrau von C.A.R.M.E.N.e.V. ein Referat über Kunststoffe gehalten, die ohne Erdöl hergestellt werden. Nach den Sommerferien kamen einige interessierte Kinder neu in die Gruppe. Nun wollen sie einen Fahrradanhänger bauen, in dem ein Kind mit Behinderung mitfahren kann. Der Werkstoff für den Wagen hat ähnliche Eigenschaften wie Aluminium, kann aber später wie Holz entsorgt werden. Zurzeit führen die

Nachhaltigkeit lernen

Weltdekade der Vereinten Nationen 2005-2014
Bildung für nachhaltige Entwicklung
UNESCO

Ein Beitrag zur Weltdekade

Kinder und Jugendlichen kleinere Reparaturen durch, um handwerkliche Grundkompetenzen zu erwerben. Ein Schreiner leitet sie dabei an. Parallel basteln sie Modelle, um sich über die Technik eines Fahrradanhängers klar zu werden: Wie funktioniert eine Achse? Wie lässt sich ein Rad an der Achse befestigen? – Viele weitere Fragen müssen gestellt und beantwortet werden, ehe es an den Bau des Wagens geht. Schließlich soll das Ergebnis bei »Schüler experimentieren« vorgestellt werden. Wobei sich insbesondere bei den Grundschülern zeigt, wie wichtig für sie informelles Lernen ist: Die Modelliermasse, die sie zur Herstellung eines Modells verwenden konnten, war einigen von ihnen als stoffliche Erfahrung so interessant, dass sie das Ziel völlig aus den Augen verloren haben. Ganz vertieft erkundeten sie, wie sich das Material anfühlte und wie sie damit umgehen konnten. Sie hatten Zeit und Ruhe zum Ausprobieren.

Obstbäume veredeln

Seit Herbst 2012 gibt es eine informelle Zusammenarbeit mit dem Kreisverband für Garten- und Landespflege e. V. des Landkreises Straubing-Bogen (siehe dort). Im Frühjahr 2013 zeigte Pomologe Franz Bornschlegl Kindern und Eltern, wie man einen Obstbaum veredelt. Sie können den selbst veredelten Baum dann zu Hause im Garten einpflanzen oder in einem Topf auf den Balkon stellen.

Schnecken

Die Firma Aeskulap GmbH aus der Region, die sich mit der Entwicklung von Produkten aus nachwachsenden Rohstoffen beschäftigt und entsprechende Pflanzen züchtet, hat den Schülerinnen und Schülern Forschungsprojekte in diesem Bereich vorschlagen. Eltern haben sich bereit erklärt, geeignete Vorhaben zu begleiten, so dass eine Teilnahme im Rahmen von »Jugend forscht« bzw. »Schüler experimentieren« möglich ist. Die jungen Leute wollen ab Frühjahr 2013 untersuchen, wie bestimmte Pflanzen es schaffen, Unmengen von Schnecken anzulocken und weshalb andere für die schleimigen Tierchen völlig unattraktiv sind. Die Hoffnung ist, damit den biologischen Schutz von Nutzpflanzen verbessern zu können (Straubinger Tagblatt 2013).

Garten AG

Wie bereits in den letzten zwei Jahren wird auch 2013 Ingrid Kusserow wieder mit einer vierten Grundschulklasse am Rande eines traditionellen Marktes in Hohenlohe selbst eingetopfte Staudenpflanzen und selbst gesammelte Samen von Gartenblumen verkaufen. Eltern und Großeltern steuern alljährlich selbstgemachte Gartenaccessoires bei. Den Erlös verwenden die Kinder für eine schulnahe Veranstaltung, zum Beispiel eine Autorenlesung. Einen Teil des Erlöses spenden sie alljährlich für einen guten Zweck (Holz- und Krämermarkt 2012).

Schlussgedanken:
Global denken, lokal handeln

Diese Maxime, die die Vereinten Nationen vor gut 20 Jahren auf dem ersten Weltgipfel für Umwelt und Entwicklung in Rio de Janeiro anstrebten, hat nichts an ihrer Aktualität verloren. Allerdings interessieren sich die Medien nur noch mäßig für die alljährlichen Welt-Klimakonferenzen. Und die Veranstaltungen selbst sind eher geprägt von Stillstand. So bleibt es auch deswegen Aufgabe der Menschen vor Ort, Veränderungen auf den Weg zu bringen. Auch das forstwirtschaftliche Konzept von Hans Carl von Carlowitz verbreitete sich langsam, ist aber heute aus der staatlichen Waldwirtschaft vieler Länder nicht mehr wegzudenken. Und in Deutschland handeln die privaten Waldbauern seit Generationen nach diesem Prinzip. Doch ausgerechnet unter dem Begriff »Waldsterben« wurden die Probleme der Luftverschmutzung, des Klimawandels und einer dann doch wieder kurzsichtigen Waldwirtschaft in den 1980er Jahren einer breiten Öffentlichkeit bewusst. Heute ist das Waldsterben totgesagt. Dass trotzdem nicht alle unsere Bäume den Klimawandel gut vertragen, ist in das Projekt »Obstbäume veredeln« eingeflossen. An den Bäumen allgemein und an der veränderten Vorstellung von umweltgerechter Waldwirtschaft speziell zeigt sich, dass Nachhaltigkeit ein Thema ist, das sich jeder Generation neu stellt und mit dem jede Generation zeitgemäß umgehen muss und kann. Das schafft immer wieder neue Handlungsoptionen – individuell und institutionell, lokal und global.

Im März 2013 jagte, ausgelöst vom Motto der CeBIT, der Begriff ▶ *»Sharing«* durch die Medienwelt. »Musikteilen« ist eine der Lieblingsbeschäftigungen der Generation Globalisierung und unsere Tutoren schreiben von ihren Auslandsaufenthalten, dass sie beim »Couchsurfen« allerbeste Erfahrungen gemacht haben. In ihrem ersten Praktikum Anfang des 21. Jahrhunderts beim »Wuppertal Institut für Klima, Umwelt, Energie« hat unsere Tochter für eine Studie zum »Carsharing« Daten gesammelt. Die waren damals noch recht überschaubar. Heute sind Mitfahrzentralen bei den Babyboomern gefragt und Autos zu teilen, statt sie privat zu besitzen, ist eine Form der nachhaltigen Mobilität, die die städtische Generation Y gerne nutzt. In diesem Buch wurden Formen des Teilens aufgegriffen und vorgeschlagen, um den Alltag von Familien und Singles neu zu gestalten, um Projekte zu organisieren und damit Betreuung, Erziehung und Bildung nachhaltiger zu machen. Das Verhältnis zwischen Privatsphäre, Wirtschaft und öffentlichen Räumen wird neu ausgelotet. Das birgt – bezogen auf die wirtschaftliche Ausbeutung der privaten Ressourcen – neue Risiken. In dem Maße, wie sich Arbeit und Privatsphäre in ganz neuer Weise annähern, wird auch die Beschreibung von

Professionalität als Bedingung für gute Qualität in der Pädagogik überarbeitet werden müssen. Bezogen auf Nachhaltigkeit liegt in der Verbindung zwischen den Spiel-, Schul-, Familien- und Arbeitswelten viel Potential, ebenso wie in der Verknüpfung zwischen den physischen Lebenswelten und der digitalen Realität. Durch ihre informelle »Ausbildung« am Smartphone und am Tablet ist die Generation Globalisierung bestens vorbereitet, neue Wege für ihre ressourcenschonende Lebensgestaltung zu finden. Sie wird wie alle Generationen seit Adam und Eva ihren Weg gehen. Sie wird allerdings in demokratischen Prozessen und im Alltag durch ihre zahlenmäßige Unterlegenheit darauf angewiesen sein, dass die älteren Generationen – und darunter besonders die rüstigen Babyboomer – ihre Enkelgeneration im Sinn der Nachhaltigkeit unterstützten.

Anhang

Dank

Mein Dank

gilt all den Menschen, die mir in den letzten 15 Jahren immer wieder bewusst gemacht haben, dass in jedem Moment der Gegenwart sehr viel Zukunft steckt, für die wir verantwortlich sind und die wir mitgestalten können und müssen. Menschen, die in sehr unterschiedlicher Form selbst auf Nachhaltigkeit achten. Das sind vor allem die Familien des Aufmerksamkeits- und Motivationstrainings, der Nachmittagsbetreuung. Dazu zählen auch meine Kollegen/innen, alle Fachleute, die mit den Kindern, Jugendlichen und Familien arbeiten, sowie Vertreter/innen des lokalen Lebens, mit denen eine konstruktive Vernetzung möglich war und ist.

Ausdrücklich bedanke ich mich – und zwar sehr herzlich – bei allen Kindern und Jugendlichen der Generation Globalisierung, die mich täglich informell weiterbilden. Das ist wunderbar!

Und natürlich ein ebenso herzlicher Dank an alle, die sich in der Schreibwerkstatt engagiert haben und an all jene, die sich in ihrer Freizeit weiterhin oder ganz neu für Nachhaltigkeit einsetzen.

Und einen ebenso herzlich Dank an den oekom verlag für seine Unterstützung!

Ein besonderes Dankeschön

geht an Willi Braumandl, ein Mitglied der »Kriegsgeneration«, der vor über zwanzig Jahren zum Straubinger »Leihopa« für unsere Zweigenerationenfamilie wurde und seitdem dafür sorgt, dass rund ums Haus und beim Recycling alles in Ordnung ist. Der uns mit seinen Erzählungen aus seiner Kindheit und Jugend viel Heimatgefühl und Geschichtsbewusstsein vermittelt hat und im Moment als Zeitzeuge diese Erinnerungen in die Seminararbeit eines unserer Tutoren einbringt.

Ein besonderes Dankeschön geht auch an Elfriede Lermer, die uns seit Jahren beim Sauermachen unterstützt.

Ein besonderes Dankeschön an alle Tutor/innen und Mentor/innen für ihr Engagement. Gerade auch durch sie verbinden sich schulbezogenes und informelles Lernen – wodurch nachhaltige Bildung entsteht.

Last but not least geht ein ganz besonderes Dankeschön an Silke Schütz mit ihrer ganz neuen kleinen Familie. Als Diplompädagogin und Mitarbeiterin war sie vom Beginn an durch anregende Gespräche und die alltägliche Zusammenarbeit an der Entstehung dieses Buches beteiligt und natürlich immer eine wichtige Begleiterin für die Familien unserer Angebote.

Dankbar

denke ich an meine weitverzweigte Familie – seien wir nun verwandt oder auch nicht, an alle Freunde und Freundinnen, manche mit ihren Kindern und Enkeln. Dankbar denke ich auch an meine Eltern und Großeltern, die meine Neugier unterstützt und mir die Freude an der Bildung vermittelt haben. Die mir mit auf den Weg gegeben haben, mich immer wieder von Neuem von unserer natürlichen Umwelt, der Schöpfung, faszinieren zu lassen. Die mir außerdem die Begeisterung für den naturwissenschaftlich-technischen Fortschritt – wenn er nachhaltig ist – vererbt haben.

Dankbar und liebevoll

denke ich an meine Kinder Florian und Hanna und an die Menschen, durch die sie unsere kleine Familie erweitert und globalisiert haben: Marcelo, Carlos, Christina und Marina. Es tut gut, von Euch zu lernen. In jedem Lebensabschnitt ein bisschen anders, meistens nachhaltig. Und ich denke an so viele Momente, die wir bisher schon gemeinsam erlebt und gelebt haben.

Schön, dass es Euch gibt :-)

Quellen

Bücher

Lieselotte Ahnert. Wieviel Mutter braucht ein Kind? Heidelberg: Spektrum Akademischer Verlag 2011

Peter Bentele, Thomas Metzger. Didaktik und Praxis der Heilerziehungspflege. Ein Lehrbuch. Freiburg: Lambertus, 4. aktualisierte und erweiterte Auflage 2008

Bertelsmann Stiftung (Hrsg.). Ganztagsschule als Hoffnungsträger für die Zukunft? Gütersloh: Verlag Bertelmann Stiftung 2012

Daniel Boese. Wir sind jung und brauchen die Welt. Wie die Generation Facebook den Planeten rettet. München: oekom verlag 2011

Kathryn Cave, Chris Riddell. Irgendwie anders. Hamburg: Verlag Friedrich Oetinger 2010

Douglas Coupland. Generation A. 1. Auflage. London: William Heinemann-Verlag 2009

Douglas Coupland. Generation X. Geschichten für eine immer schneller werdende Kultur. München: Goldmann Verlag 1995

Mihaly Csikszentmihalyi. Das flow-Erlebnis. 8. Auflage. Stuttgart: Verlag Klett-Cotta 2000

Hans-Peter Dürr. Warum es ums Ganze geht. München: oekom verlag 2009

Wolf Durian. Kai aus der Kiste. Eine ganz unglaubliche Geschichte. Hamburg: Klopp Verlag1972.

Dietrich Eggert. Theorie und Praxis der psychomotorischen Förderung. Textband. Dortmund. borgmann publishing 3. Aufl. 1998

Renate Feyl. Die profanen Stunden des Glücks. 3. Auflage. München: Wilhelm Heyne Verlag 1998

Eberhard von Kühnheim Stiftung (Hrsg.). Wie wollen wir leben? Kinder philosophieren über Nachhaltigkeit. München: oekom verlag 2012

Franz Josef Görtz, Hans Sarkowicz. Erich Kästner – Eine Biographie. München/Zürich: Piper 2003

Florian Illies. Generation Golf. Eine Inspektion. 10. Auflage. Frankfurt am Main: Fischer Taschenbuch Verlag 2001

Janosch. Oh wie schön ist Panama. 7. Auflage. Weinheim und Basel: Beltz & Gelberg 1980

Robert Kegan. Die Entwicklungsstufen des Selbst. 3. Auflage. München: Kindt Verlag 1994

Georg Kerschensteiner. Staatsbürgerliche Erziehung der deutschen Jugend. Neunte Auflage. Erfurt: Verlag von Karl Villaret 1928

James Krüss. Mein Urgroßvater und ich. Hamburg: Verlag Friedrich Oetinger 1986

Remo Largo. Babyjahre. 19. Auflage 2009. München: Piper Verlag 2001

Remo Largo. Kinderjahre. 15. Auflage 2008. München: Piper Verlag 2000

Remo Largo. Die Individualität des Kindes als erzieherische Herausforderung. CD 1: 2005 und: Warum gehorchen Kinder? CD 2: 2007. Mühlheim/Baden: Jokers Edition. Auditorium Netzwerk 2008

Claus Leggewie. Mut statt Wut. Hamburg: edition Körber-Stiftung 2011

Meinhard Miegel. Exit. Wohlstand ohne Wachstum. Berlin: Propyläen Verlag 2010

Christa Müller (Hrsg.). Urban Gardening. München: oekom verlag 2011

Rolf Oerter, Leo Montada. Entwicklungspsychologie. München/Weinheim: Beltz 1987

Margret Rasfeld, Peter Spiegel. EduAction. Wir machen Schule. Hamburg: Muhrmann Verlag 2012

Thomas Rauschenbach. Aufwachsen in Deutschland, AID:A – Der neue DJI-Survey. Walter Bien (Hrsg.) Weinheim & Basel: Beltz Juventa 2012

Jens Rosch. Kerschensteiners Starenhaus. Eine Fallstudie zur Problematik projektorientierten Unterrichts. Opladen & Farmington Hills: Verlag Barbara Budrich 2009

Gerhard Roth. Bildung braucht Persönlichkeit. Wie Lernen gelingt. 4. Auflage. Stuttgart: Klett-Cotta 2011

Gerhard Roth. Aus Sicht des Gehirns. Vollständig neu überarbeitete Neuauflage. Frankfurt am Main: Suhrkamp Verlag 2009

Shell Deutschland Holding (Hrsg.). Jugend 2010. Eine pragmatische Generation behauptet sich. Frankfurt am Main: S. Fischer Verlag 2010

Manfred Spitzer. Lernen. Gehirnforschung und die Schule des Lebens. Heidelberg/Berlin: Spektrum Akademischer Verlag 2003

Andreas Steinhöfel. Ricco, Oskar und die Tieferschatten. Carlsen Verlag: Hamburg 2008

Ute Stoltenberg, Ralf Thielebein-Pohl. KITA21 – Die Zukunftsgestalter. München: oekom verlag 2011

Zeitungen und Zeitschriften

Katharina Adami. Power ME. 09.09.2012
www.br.de/fernsehen/bayerisches-fernsehen/sendungen/geld-und-leben-das-wirt-schaftsmagazin/power-me-jugendliche-ausbildung-100.html#c_tb_print; 04.03.2013

Ärzte Zeitung. Ansteckende Ängste. 23.06.2012
www.aerztezeitung.de/medizin/krankheiten/urologische-krankheiten/article/816393/ansteckende-aengste.html; 04.03.2013

Dilbahar Askari. Oh spießige Jugend von heute! 2012
http://fudder.de/artikel/2012/04/05/oh-spiessige-jugend-von-heute-ein-plaedoyer-fuer-mehr-freiheit/; 04.03.2013

Varinia Bernau. Fairphone statt iPhone. 27. Februar 2013
http://www.sueddeutsche.de/digital/2.220/fairphone-statt-iphone-wie-gerechte-smart-phones-produziert-werden-sollen-1.1610920; 04.03.2013

Michael Blume. Wenn Kinder ein Segen sind. 16. Februar 2010
http://pdf.zeit.de/gesellschaft/generationen/2010-02/religion-valentin-kinder.pdf; 04.03.2013

Fritz Breithaupt. Wenn Mama zur Sprechstunde kommt. 16. Oktober 2012
http://pdf.zeit.de/campus/2012/06/professoren-eltern-mitsprache.pdf; 04.03.2013

David Brooks. The Organization Kid. 2001
www.theatlantic.com/magazine/archive/2001/04/the-organization-kid/302164/; 04.03.2013

Eva Buchhorn, Klaus Werle. Generation Y. 07. Juni 2011
www.spiegel.de/karriere/berufsstart/generation-y-die-gewinner-des-arbeitsmarkts-a-766883-druck.html; 22.02.2013

Kerstin Bund, Uwe Jan Heuser & Anne Kunze. Wollen die auch arbeiten? Die Zeit. 7. März 2013.

Matthias Drobinski. Die Ketzerei des Fundamentalismus. 8. April 2012 www.sueddeutsche.de/kultur/2.220/die-ketzerei-des-fundamentalismus-hoeher-als-gott-1.1326913; 04.03.2013

Tanja Dückers. Kinder – nur eine niedliche Nebensache. 09. Mai 2011 http://pdf.zeit.de/gesellschaft/familie/2011-05/kinder-paare-erziehung.pdf; 04.03.2013

Tanja Dückers. Kinderlosigkeit. 03.06.2011 www.zeit.de/gesellschaft/familie/2011-06/kinderlose-befruchtung-adoption; 04.03.2013

Arnd Florack, Oliver Genschow. Mimikry. Gehirn und Geist. 4 / 2010 www.gehirn-und-geist.de/alias/spiegelneurone/die-entdeckung-des-anderen/851800; 04.03.2013

Thomas Fuchs. Kultur existiert zwischen Gehirnen. Gehirn und Geist. Dossier 1/2013. Heidelberg: Verlag Spektrum der Wissenschaft 2013

Julia Gabauer. iPhone und Klärschlamm. Lokales. Straubinger Tagblatt 14.05.2012

Sunna Gieseke. Barmer GEK beklagt zu viel Medizin für Kinder. 05.10.2010 www.aerztezeitung.de/medizin/krankheiten/schmerz/rueckenschmerzen/article/622672/rueckenschmerzen-plagen-oft-schon-kinder.html; 04.03.2013

Iris Gutiérrez. Musikalität. Der Fluch des Kammertons. 27.07.2009 www.faz.net/aktuell/wissen/mensch-gene/musikalitaet-der-fluch-des-kammer-tons-1825981.html#Drucken; 04.03.2013

Stefan Handel. Inklusion im Unterricht. 17.07.2012 www.sueddeutsche.de/bildung/inklusion-im-unterricht-wenn-lehrer-an-ihre-grenzen-stossen-1.1414457; 04.03.2013

Andrea Huber. Konsum-Kids sind in Deutschland auf dem Vormarsch. 08.08.2012 www.morgenpost.de/politik/inland/article108517377/Konsum-Kids-sind-in-Deutschland-auf-dem-Vormarsch.html#; 04.03.2013

Jens Jessen. Zum Unwort des Jahres 2004. 2005 www.zeit.de/2005/03/Unwort/komplettansicht?print=true; 04.03.2013

Lydia Klöckner. Pferdefleisch-Skandal. 18. Februar 2013 http://pdf.zeit.de/wissen/umwelt/2013-02/Pferdefleisch-Kommentar-Verbraucherschutz.pdf; 20.02.2011

Theresa Klüber. Das Ich braucht dich. In: Bild der Wissenschaft. Ausgabe: 12/2010 http://www.bild-der-wissenschaft.de/bdw/bdwlive/heftarchiv/inc/popup_print.php?object_id=32455528; 04.03.2013

Vivien Kring. Fit im Kopf ist, wer Turnschuhe trägt. 08.02.2010 www.spektrum.de/alias/dachzeile/fit-im-kopf-ist-wer-turnschuhe-traegt/1019951?_druck=1; 04.03.2013

Karen Krüger. Kinder einer Generation. Warum wir ein neues Mutterbild brauchen. In: Frankfurter Allgemeine Sonntagszeitung. Nr. 51. 23. Dezember 2012. Seite 17/18

Christine Mattauch. Krise der US-Universitäten. 07. März 2012 www.spiegel.de_karriere_ausland_krise-der-us-universitaeten-deutsche-forscher-wol-len-heim-a-817869-druck; 04.03.2013

Maak Niklas. Ungewohnte Nähe. De heilige Kleinfamilie gibt es nicht mehr: Japanische Architekten bauen Häuser für die Familien der Zukunft. In: Frankfurter Allgemeine Sonntagszeitung. Nr. 51. 23. Dezember 2012

Bertram Nold. Von wegen Gastfreundlichkeit. 03.10.2012
www.oberpfalznetz.de/zeitung/3426547-142-von_wegen_gastfreundlichkeit_kinder_nicht_willkommen,1,0.html; 04.03.2013

Jasmin Off. Minderjährige Studienanfänger. 26. April 2012
www.sueddeutsche.de/karriere/minderjaehrige-studienanfaenger-mit-mama-zur-ein-schreibung-1.1142025; 04.03.2013

Petra Pinzler. Kapitalismus. Abschied vom Wachstum. 12.12.2011
www.zeit.de/2011/50/Kapitalismus-Wachstum/komplettansicht?print=true; 04.03.2013

Uta Rasche. Sinkende Geburtenrate. 17.12.2012
www.faz.net/aktuell/gesellschaft/familie/sinkende-geburtenrate-immer-weniger-deut-sche-wollen-kinder-11996498.html; 04.03.2013

André Reichel. Schöpferische Zerstörer. Kommentar. 27.02.2012
http://www.taz.de/!88526/; 04.03.2013

Charlotte Röhner. »Jetzt bin ich starke Männer!«. 2007/3, S. 323–343. In: peDOCS. Deutsches Institut für Internationale Pädagogische Forschung (DIPF). Heft 3-2007. Jahrgang 2. Frankfurt am Main

Nikolas Rose. Mancher leidet am Gehirn-Übertreibungs-Syndrom. Interview von Steve Ayan. Gehirn und Geist. Dossier 1/2013. Heidelberg: Verlag Spektrum der Wissenschaft 2013
www.pedocs.de/volltexte/2009/1015/pdf/Roehmer_Jetzt_bin_Diskurs_2007_3_D.pdf; 04.03.2013

Sandra Schäfer, Alexander Mohr. Shoppen statt Engagement. 29.04.2012
www.mopo.de/nachrichten/shoppen-statt-engagement-die-neue-ego-jugend,5067140,15043028.html; 04.03.2013

R. Schlack, H. Hölling, B.-M. Kurth & M. Huss. Springer Medizin Verlag (Hrsg.). Die Prävalenz der Aufmerksamkeitsdefizit-/ Hyperaktivitätsstörung (ADHS) bei Kindern und Jugendlichen in Deutschland 2007.
www.kinderumweltgesundheit.de/index2/pdf/gbe/6201_1.pdf; 04.03.2013

Doris Schneyink. Die Rückkehr der »German Angst«. 10. Oktober 2012
www.stern.de/politik/deutschland/stern-sorgenbarometer-die-rueckkehr-der-german-angst-1907249-print.html; 04.03.2013

Schuh-Hofer/Treede. Nervenheilkunde 3/2012
www.schattauer.de/de/magazine/uebersicht/zeitschriften-a-z/nervenheilkunde/inhalt/archiv/issue/1519.html; 04.03.2013

Der Spiegel. Die Familienfamilie. 23.03.1970
www.spiegel.de/spiegel/print/d-45225850.html; 04.03.2013

Tom Stafford. Why we want to feast on food. 18 December 2012
www.bbc.com/future/story/20121218-the-psychology-of-food-cravings/print; 04.03.2013

Straubinger Tagblatt (Hrsg.) Bubble Tea gegen Schneckenplage? 18.02.2013

Süddeutsche Zeitung. Studie zu Gewalt an Kindern. 12.03.2012
www.sueddeutsche.de/leben/studie-zu-gewalt-an-kindern-viele-eltern-schlagen-immer-noch-zu-1.1306909; 04.03.2013

Danuta Szarek. Ver.di bestreikt Niedersachsen und Bremen. 19.03.2012
www.focus.de/finanzen/news/arbeitsmarkt/tid-25265/miese-bezahlung-kaum-anerken-
nung-warum-die-kita-mitarbeiter-auf-die-strasse-gehen-_aid_723692.html;
26.01.2013

Viktoria Unterreiner. Konsumverzicht ist Blödsinn und schadet allen. 28.11.2008
www.welt.de/wirtschaft/article2799979/Konsumverzicht-ist-Bloedsinn-und-schadet-
allen.html?config=print#; 04.03.2013

Gerlinde Unverzagt. Arbeitende Kinder Deutschlands. 15.07.2012 ·
www_faz.net_aktuell_wirtschaft_menschen-wirtschaft_arbeitende-kinder-
deutschlands-fleißige-kids-11820484.pdf; 04.03.2013

Lew Semjonowitsch Vygotski. Interaction between learning and development.
From: Mind and Society (pp. 79–91). Cambrige, MA: Havard University Press 1978.
Reprinted in: Mary Gauvain, Michael Cole (edit.): Readings on the Development of
Children. 2nd ednition. New York: WH Freeman and Company
www.psy.cmu.edu/~siegler/vygotsky78.pdf; 04.03.2013

Christian Weber. Der Mythos vom Elternglück. 4. März 2011
www.sueddeutsche.de/leben/2.220/familien-studie-der-mythos-vom-eltern-   ·
glueck-1.1067681; 04.03.2013

Wirtschaftwoche. MINT-Report. 23.05.2012
www.wiwo.de/erfolg/trends/mint-report-fachkraeftemangel-auf-neuem-
hoechststand/v_detail_tab_print/6665716.html; 04.03.2013

Zeit Online. Urban Gardening. 2013
www.zeit.de/themen/lebensart/urban-gardening/index; 10.02.2013

Internet und sonstige Medien

AGFS. Bundes Arbeitsgemeinschaft Freier Schulen. 2013
www.agfs.org/; 21.02.2013

Lieselotte Ahnert, Maika Gappa. Entwicklungsbegleitung in gemeinsamer
Erziehungsverantwortung. In: J. Maywald & B. Schön (Hrsg.), Krippen: Wie frühe
Betreuung gelingt (S. 74–95) Weinheim: Beltz 2008
www.lieselotte-ahnert.de/publika/180408/Erziehungspartnerschaft.pdf; 25.02.2013

Liselotte Ahnert. Expertise für den Landtag Nordrhein-Westfalen 2007
http://spdnet.sozi.info/nrw/bonn/renhendricks/dl/Gutachten_-_Prof._Ahnert_-_
Entwicklungspsychologische_Aspekte_der_Erziehung,_Bildung_und_Betreuung_von_
Kleinkindern.pdf; 04.03.2013

Arbeitsgemeinschaft Schacht Konrad e.V. Startseite am 25.02.2013
http://ag-schacht-konrad.de/index.php?option=com_frontpage&Itemid=1; 25.02.2013

Stefan Aufenanger. Sozialisation. 17.11.2005
www.medienpaed.fb02.uni-mainz.de/stefan2005/Sozialisation_171105.pdf; 24.02.2013

Franziska Badenschier. Schalter für die Gene – Die Geheimnisse der Epigenetik.
WDR/SWR/BR-alpha 26.12.2011
www.planet-wissen.de/natur_technik/forschungszweige/epigenetik/index.jsp;
04.03.2013

Babyfan. Alles fürs Baby. 2013
www.babyfan.de/babyspielzeug; 04.03.2013

Die bayerischen Metall- und Elektro-Abreitgeber. Bayme vbn. Aktionsfeld Fachkräftesicherung. Zuwanderung gezielt gestalten. www.baymevbm.de/agv/bayme-vbm-Aktionsfelder-Fachkraeftesicherung-Zuwanderung--46695.htm; 04.03.2013

Bertelsmann Stiftung (Hrsg.). Gemeinsam leben – gemeinsam lernen mit und ohne Behinderung 2013 www.jakobmuthpreis.de/neuigkeiten/detail/artikel/jakob-muth-preis-sucht-gute-beispiele-inklusiver-schulen/36/; 28.02.2013

Bertram et al. siehe: Robert Bosch-Stiftung 2012

Bildungszentrum Gesundheit und Soziales. Kanton Solothurn. Die vier Wissensarten www.bz-gs.ch/bildungszentrum/lernen-am-bz-gs-1/die-vier-wissensarten; 04.03.2013

Ferdinand Binkofski. Das Spiegelneuronensystem und die zwischenmenschliche Interaktion. Fachtagung für basale Stimulation 17.05.2009 www.fachtagung-basale-stimulation.de/index.php?id=66; 04.03.2013

Bioenergieregion. Straubing-Bogen http://www.bioenergie-regionen.de/index.php?id=2118&region=51; 04.03.2013

Margarete Blank-Mathieu. Frühkindliche Geschlechtsidentität. 2013 www.kindergartenpaedagogik.de/746.html; 04.03.2013

BMFSF (Hrsg.) Elternchance ist Kinderchance. aktuelles. 21.02.2013 www.elternchance.de/elternchance/aktuelles.html; 21.02.2013

BMFSFJ (Hrsg.) Familie. Ein Viertel der Väter bezieht Elterngeld. 26.06.2012 www.bmfsfj.de/BMFSFJ/familie,did=187186.html?view=renderPrint; 04.03.2013

BMFSFJ (Hrsg.). Erster Engagementbericht 2012. www.bmfsfj.de/RedaktionBMFSFJ/Broschuerenstelle/Pdf-Anlagen/Engagementmonitor-2012-Erster-Engagementbericht-2012,property=pdf,bereich=bmfsfj,sprache=de,rwb=true.pdf; 04.03.2013

BMFSFJ (Hrsg.). Elternchance ist Kinderchance. Berlin, April 2012 www.elternchance.de/RedaktionBMFSFJ/RedaktionElternChance/Pdf-Anlagen/Wiss-Hintergrund-Elternchance,property=pdf,bereich=elternchance,sprache=de,rwb=true.pdf; 04.03.2013

BMFSFJ (Hrsg.). Familienreport 2011. Januar 2012 www.bmfsfj.de/BMFSFJ/familie,did=176180.html; 04.03.2013

BMFFJ (Hrsg.). Familien mit Migrationshintergrund. Berlin 2011 www.bmfsfj.de/RedaktionBMFSFJ/Broschuerenstelle/Pdf-Anlagen/Familien-mit-Migrationshintergrund,property=pdf,bereich=bmfsfj,sprache=de,rwb=true.pdf; 27.02.2013

BMFSFJ (Hrsg.). Bildungs- und Teilhabepaket für Kinderzuschlags- und Wohngeldempfänger. Stand: Juli 2011 www.bmfsfj.de/RedaktionBMFSFJ/Broschuerenstelle/Pdf-Anlagen/Jedes-Kind-kommt-mit-PDF,property=pdf,bereich=bmfsfj,sprache=de,rwb=true.pdf; 11.02.2013

BMFSFJ (Hrsg.) Achter Familienbericht. Zeit für Familie 2011 www.bmfsfj.de/RedaktionBMFSFJ/Abteilung2/Pdf-Anlagen/Achter-familienbericht,property=pdf,bereich=bmfsfj,sprache=de,rwb=true.pdf; 27.02.2013

BMFSFJ (Hrsg.). Familie – Wissenschaft – Politik. Oktober 2010. www.ffp-muenster.de/tl_files/dokumente/familie_wissenschaft_politik.pdf; 04.03.2013

BMFSFJ (Hrsg.). Zwölfter Kinder und Jugendbericht. München 2005
www.bmfsfj.de/doku/Publikationen/familienbericht/download/5_Familienbericht.pdf;
04.03.2013

BMFSFJ (Hrsg.). Fünfter Familienbericht. Zukunft des Humankapitals 1994
www.bmfsfj.de/doku/Publikationen/familienbericht/download/5_Familienbericht.pdf;
04.03.2013

bne. Bildung für nachhaltige Entwicklung. Weltdekade der Vereinten Nationen 2005–2014
www.bne-portal.de/; 12.02.2013 und
www.bne-portal.de/coremedia/generator/unesco/de/02__UN-Dekade_20BNE/01__
Was_20ist_20BNE/Was_20ist_20Nachhaltigkeit_3F.html; 27.02.2013

Karl Brenke. Deutsches Institut für Wirtschaftforschung. 2012
www.diw.de/documents/dokumentenarchiv/17/diw_01.c.398015.de/stellung-
nahme%20_bundestag_hochqualifiziertenrichtlinie_april2012.pdf; 04.03.2013

Bundesagentur für Arbeit. Arbeitsmarktberichterstattung. 2009
http://statistik.arbeitsagentur.de/Statischer-Content/Arbeitsmarktberichte/Berichte-
Broschueren/Arbeitsmarkt/Generische-Publikationen/Arbeitsmarkt-Deutschland-
Kurzarbeit-Aktuelle-Entwicklungen.pdf; 04.03.2013

Bundesministerium für Gesundheit. Ambulante Pflege. 2013
www.bmg.bund.de/pflege/leistungen/ambulante-pflege/senioren-wohngemeinschaft.
html; 17.02.2013

Bundesamt für Migration und Flüchtlinge. Presse 0006/2013. 18.02.2013
www.bamf.de/SharedDocs/Pressemitteilungen/DE/2013/20130218-0006-
pressemitteilung-bmi-Blaue-Karte.html; 20.02.2013

Bundesamt für Migration und Flüchtlinge. Pressemitteilung 18.02.2013
www.bmi.bund.de/SharedDocs/Pressemitteilungen/DE/2013/02/asylzahlen_Jan_2013.
html;jsessionid=49617BA1A759CC20DB5C2FEAB75E515D.2_cid287?nn=3314842;
20.02.2013

BIB. Bundesamt für Bevölkerungsforschung (Hrsg.). (keine) Lust auf Kinder? Dezember 2012
www.bib-demografie.de/SharedDocs/Publikationen/DE/Download/Broschueren/keine_
lust_auf_kinder_2012.pdf?__blob=publicationFile&v=5; 27.02.2013

Das Bundesarchiv. Kabinettsprotokolle 1963. 102. Kabinettssitzung. 3. Einführung der
Fünf-Tage-Woche in der Bundesverwaltung, BMI
www.bundesarchiv.de/cocoon/barch/0000/k/k1963k/kap1_2/kap2_50/para3_8.html;
04.03.2013

Bundesministerium für Bildung und Forschung. Pressemitteilung. 12. Dezember 2012
www.bmbf.de/_media/press/Pm_1212-156.pdf; 04.03.2013

Bundesministerium für wirtschaftliche Zusammenarbeit und Entwicklung (BMZ).
Zukunftsentwickler. 2013
www.bmz.de/de/was_wir_machen/themen/umwelt/biodiversitaet/grundlagen/index.
html; 04.03.2013

Bundesministerium für wirtschaftliche Zusammenarbeit und Entwicklung (Hrsg.).
Orientierungsrahmen Lernbereich Globale Entwicklung. 2007
www.eineweltfueralle.de/fileadmin/user_upload/Orientierungsrahmen/
Orientierungsrahmen_Globale_Entwicklung.pdf; 04.03.2013

Bundesrat. Betreuungsgeld kommt. 12. Dezember 2012.
www.bundesrat.de/nn_2291536/DE/presse/pm/2012/205-2012.html; 20.02.2013

Bundeszentrale für politische Bildung. Familienpolitik. 20.03.2009
www.bpb.de/izpb/8047/familienpolitik-geschichte-und-leitbilder?p=1; 04.03.2013

Monika Buscher. Bildung im 18. und 19. Jahrhundert. 1999/2006
www.planet-schule.de/index.php?id=3124; 04.03.2013

C.A.R.M.E.N. e.V.
www.carmen-ev.de/dt/portrait/content.html; 04.03.2013

definitiv-inklusiv. Definitioen. 2013
http://definitiv-inklusiv.org/show.php; 22.02.2012

Nina Degele, Nina Reusch, Julia Hafner (Hrsg.). Neuroenhancement und Körpertuning.
2009
www.soziologie.uni-freiburg.de/personen/degele/dokumente-lehre/neuroenhancement.
pdf; 04.03.2013

Der Bundespräsident (Hrsg.). Der Schulwettbewerb des Bundespräsidenten. Perspektive
wechseln. 2013
www.eineweltfueralle.de/; 04.03.2013

Deutsche UNESCO-Kommission e.V. (Hrsg.). Inklusion. 2009
www.inclusive-education-in-action.org/iea/dokumente/upload/6265a_inklusion_
leitlinien.pdf; 04.03.2013

Deutsche Welle. Deutsch lernen. Sprachbar 2012
www.dw.de/wie-geil/a-15840994; 04.03.2013

Deutscher Entwicklungsdienst (Hrsg.). Betrifft Entwicklung. 2012
www.bildung-trifft-entwicklung.de/bte/downloads/Downloads/Unterrichtsmaterialien_
Online.pdf; 04.03.2013

Deutsches Historisches Museum Berlin. 1871–1914. Urbanisierung
www.dhm.de/lemo/html/kaiserreich/alltagsleben/urbanisierung/index.html; 04.03.2013

Deutsches Historisches Museum Berlin. 1871–1914. Die Gründerzeit
www.dhm.de/lemo/html/kaiserreich/industrie/gruenderzeit/index.html; 04.03.2013

Deutsches Historisches Museum Berlin. Gründerkrach
www.dhm.de/lemo/html/kaiserreich/industrie/gruenderkrach/index.html; 04.03.2013

Deutsch Türkische Nachrichten. Studie. 30.06.2012
www.deutsch-tuerkische-nachrichten.de/2012/06/455993/konsum-und-integration-
migranten-in-deutschland-stehen-unter-enormem-druck/; 04.03.2013

DFB. Deutscher Fußballbund. 27.02.2012
http://umwelt.dfb.de/dfb-umweltcup.html; 26.02.2013 und
www.youtube.com/watch?v=rEV9QiiLxQo; 26.02.2013

DIPF. Deutsches Institut für Internationale Pädagogische Forschung Deutscher
Bildungsserver. Kindertageseinrichtungen 2013
www.bildungsserver.de/Bildungsplaene-der-Bundeslaender-fuer-die-fruehe-Bildung-in-
Kindertageseinrichtungen-2027.html; 04.03.2013

DIPF (Hrsg.). Bildungsbericht 2012
www.bildungsbericht.de/daten2012/bb_2012.pdf; 04.03.2013

Dokumentationszentrum Prora. Das Dokumentationszentrum Prora 2013
www.dokumentationszentrum-prora.de/seiten_deutsch/dokuzentrum.html; 19.02.2013

Duden Online. Bibliographisches Institut GmbH. 2013
www.duden.de/rechtschreibung/Inklusion; 04.03.2013

Roderich Egeler. Pressekonferenz. Elterngeld. 27. Juni 2012
www.destatis.de/DE/PresseService/Presse/Pressekonferenzen/2012/Elterngeld/state-
ment_egeler_elterngeld_PDF.pdf?__blob=publicationFile; 04.03.2013

Egmont MediaSolutions. Pressemitteilung. Berlin 7. August 2012
www.egmont-mediasolutions.de/news/pdf/KVA%202012_PM.pdf; 04.03.2013

Barbara Eisenmann. NDR 2012
http://www.ndr.de/info/programm/sendungen/feature/feature509.pdf

Eltern-t-online. Das virtuelle Fitness-Studio für Mamas mit Baby 03.05.2012
www.t-online.de/eltern/gesundheit/id_55715844/fitness-fuer-muetter.html; 17.02.2013

Eltern-t-online. Buggyfitness hält Mütter mit Baby fit 24.01.2012, dapd
http://eltern.t-online.de/fitness-fuer-muetter/id_55715844/index; 04.03.2013

Energy Autonomy – Der Film GmbH. Die 4. Revolution
www.4-revolution.de/; 04.03.2013

Martin Gomilschak. Die Entstehung moderner Gesellschaften und die Transformation
nationaler Charaktere. Familienformen im Wandel der Zeit. Graz: 1995 Uni Graz.
www.uni-graz.at/~gomilsch/publi/dipl/dipl7.html; 24.02.2013

Constanze Fiebach. Sprache. Sprache im Wandel. Mai 2009
www.goethe.de/ges/spa/siw/de4491536.htm; 04.03.2013

FNR. Fachagentur nachwachsende Rohstoffe e.V. 2013
www.nachwachsenderohstoffe.de/basisinfo-nachwachsende-rohstoffe/ueberblick/;
27.02.2013

Matthias Franz. Der vaterlose Mann. Männerkongress 2010
www.maennerkongress2010.de/download/vt_franz.pdf; 04.03.2013

Frenzel. FZ-Foods AG 2012. Quelle: Deutsches Tiefkühlinstitut (dti). www.frenzel-tk.de/
fileadmin/frenzel_tk/images/medienecho/marktuebersicht_01.jpg; 17.11.2012

Eckhard Fuhr. »Humankapital« ist Unwort des Jahres 2004. 19. Januar 2005
www.welt.de/kultur/article365025/Humankapital-ist-Unwort-des-Jahres-2004.html;
04.03.2013

Funktionale Stadtgliederungen. Stadtstruktur. 2013
www.mygeo.info/skripte/skript_bevoelkerung_siedlung/siedl5.htm; 04.03.2013

Gabler Verlag (Hrsg.). Gabler Wirtschaftslexikon 2013
wirtschaftslexikon.gabler.de/Archiv/57532/oekologie-v5.html; 22.02.2013
wirtschaftslexikon.gabler.de/Definition/soziale-nachhaltigkeit.html; 04.03.2013
www.wirtschaftslexikon.gabler.de/Definition/arbeit.html; 05.03.2013

German Scholars Organization e.V. & Alfried Krupp von Bohlen und Halbach-Stiftung.
Symposium Rückkehr deutscher Wissenschaftler aus dem Ausland 23. April 2012.
www.tempuscorporate.zeitverlag.de_pressemitteilung_tempus-corporate-erstellt-
publikation-f%C3%BCr-das-f%C3%B6rderprogramm-%E2%80%9Er%C3%BCckkehr-
deutscher-wi; 31.08.2012

Girls Day. Stand 15.02.2013
www.girls-day.de/; 15.02.2013

Ute Gebhardt-Eßer. 2012
www.gebhardt-esser.de/; 04.03.2013

Green Music Initiative. 2013
www.greenmusicinitiative.de/; 04.03.2013

Grundschulverband e.V. Eine Welt in der Schule. 2013
www.weltinderschule.uni-bremen.de/; 04.03.2013

Helmholtz Zentrum für Umweltforschung (UFZ). Globalisierung belastet kommende
Generationen mit biologischen Invasionen. Pressemitteilung vom 20. Dezember 2010.
www.ufz.de/index.php?de=20893&action=print&print=1; 22.02.2013

Ulrich Heublein, Jochen Schreiber, Christopher Hutzsch. Entwicklung der Auslandes-
mobilität deutscher Studierender. DAAD 2011
www.go-out.de/imperia/md/content/go-out/entwicklung_auslandsmobilit__t_171111.
pdf; 15.02.2013

Christian von Hodenberg. Aufstand der Weber. 2012
www.wissen.de/thema/schlesische-weber-rebellieren-gegen-ihre-verelendung?chunk=
Abh%C3%A4ngigkeiten-der-Weber; 04.03.2013

Uwe Holtz. Die Millenniumsentwicklungsziele – eine gemischte Bilanz. 2010
bpb.de/system/files/pdf/T7TUXN.pdf; 04.03.2013

Holz- und Krämermarkt Adolzfurt 2012
www.stimme.de/hohenlohe/nachrichten/oehringen/Holz-und-Kraemermarkt-in-
Adolzfurt;art1921,2478510; 04.03.2013

Werner Hoyer. Wir sind nicht die Lösung des Problems, sondern wir sind ein Teil der
Problemlösung. 03.06.2012
www.dradio.de/dlf/sendungen/idw_dlf/1771841/; 04.03.2013

Huber Technology. sludge2energy. Klärschlammverwertung. 2010.
www.huber.bg/upload/sludge/sludge_de.pdf; 04.03.2013

Johannes Huinink. Familie: Konzeption und Realität. 20.03.2009
www.bpb.de/izpb/8017/familie-konzeption-und-realitaet?p=all; 04.03.2013

Johannes Huinink. Familienleben und Alltagsorganisation. 20.03.2009
www.bpb.de/izpb/8023/familienleben-und-alltagsorganisation; 04.03.2013

IAB. Institut für Arbeitsmarkt und Berufsforschung IAB-Kurzbericht 03/2012
www.sozialpolitik-aktuell.de/tl_files/sozialpolitik-aktuell/_Politikfelder/Arbeitsmarkt/
Datensammlung/PDF-Dateien/abbIV11.pdf; 11.02.2013

IfP. Bayerisches Staatsinstitut für Frühpädagogik (Hrsg.). Der Bayerische Bildungs- und
Erziehungsplan für Kinder in Tageseinrichtungen bis zur Einschulung. 4. Auflage.
Cornelsen Verlag: Berlin 2010
www.ifp.bayern.de/imperia/md/content/stmas/ifp/bildungsplan.pdf; 02.02.2013

Informationen zur Globalisierung. 2005–2012
www.globalisierung-fakten.de/globalisierung/definition-globalisierung.html; 04.03.2013

KiGGS siehe: Robert Koch-Institut

KKH Kaufmännische Krankenkasse (Hrsg.). Beweglich? Heidelberg: Springer Medizin
Verlag 2008. www.kkh-allianz.de/fileserver/kkhallianz/files/2902.pdf; 04.03.2013

Klett Verlag. Geographie Infothek: Regionalpolitik 2013
www2.klett.de/sixcms/list.php?page=geo_infothek&article=Infoblatt+Cluster&node=
Regionalpolitik; 04.03.2013

Klima – wir handeln. Klimaschulen in Hamburg. 2013
http://li.hamburg.de/klimaschutz/3116098/artikel-klimaschutz-an-schulen.
html?print=true#; 04.03.2013

Eleonora Kohler-Gehrig. Die Geschichte der Frauen im Recht. 2007
www.verwaltungmodern.de/wp-content/uploads/2011/11/skfrauengeschichte_1.pdf,
04.03.2013

KMK. Ständige Konferenz der Kultusminister der Länder in der Bundesrepublik Deutschland.
www.kmk.org/fileadmin/veroeffentlichungen_beschluesse/2010/2010_10_18-
Uebergang-Grundschule-S_el1-Orientierungsstufe.pdf; 11.02.2013

Kreisverband für Gartenbau und Landespflege e.V.
www.kreisverband-straubing-bogen.de/; 04.03.2013

Kreisverband Hochtaunus der Kleingärtner e.V. Kleingarten. Entstehung
http://hessen.abraxas-medien.de/hochtaunus/kleingarten/entstehung?PHPSESSID=
2367ca3afa8e3cf2e9a4c14fb95dc7eb; 04.03.2013

Andreas Kruse. Altern, Kultur und gesellschaftliche Entwicklung. 2006
www.die-bonn.de/doks/kruse0601.pdf; 04.03.2013

Holger Küls. Gehirnforschung, Lernen und Spracherwerb. 2012
www.kindergartenpaedagogik.de/1024.html; 04.03.2013

Helga Kutz-Bauer, Max Raloff. Aufstieg durch Bildung. 2012
http://library.fes.de/pdf-files/historiker/09112.pdf; 04.03.2013

LAUFMAMALAUF
www.laufmamalauf.de/angebot/konzept/; 04.03.2013

Eva-Maria Lerche. Handwerker. 2003
www.uni-muenster.de/FNZ-Online/sozialeOrdnung/laendliche_gesellschaft/unterpunkte/
handwerker.htm; 04.03.2013

Dorothea Lochmann, Brigitte Loreth. Mama lernt Deutsch – Papa auch. Projekthandbuch
für Kursleiter/innen. 2008
www.frankfurt.de/sixcms/detail.php?id=2888&_ffmpar%5B_id_inhalt%5D=4282113;
12.02.2013

Medizinische Einrichtungen des Bezirks Oberpfalz. Forschungsgruppe Neuroplastizität
und Neuromodulation 01.03.2013
www.medbo.de_278.98.html_&L=4; 01.03.2013

Ministerium für Familie, Kinder, Jugend, Kultur und Sport Nordrhein-Westfalen.
Familienzentrum NRW
www.familienzentrum.nrw.de/; 04.03.2013

Doris Maurer. Frauen und Salonkultur. 2001
www.fernuni-hagen.de/imperia/md/content/gleichstellung/heft36mau.pdf; 04.03.2013

Max-Planck-Institut für biologische Kybernetik. Wahrnehmen und Handeln in virtuellen
Umgebungen. 2013
www.kyb.tuebingen.mpg.de/de/forschung/abt/bu/pave.html; 04.03.2013

Johannes Merkel. Gebildete Kindheit. Wie Selbstbildung von Kindern gefördert wird.
Handbuch der Bildungsarbeit im Elementarbereich. Edition Lumière: Bremen 2005.
http://www.handbuch-kindheit.uni-bremen.de/kindheit.pdf

Meinhard Miegel. Wohlstand ohne Wachstum. 2012
www.denkwerkzukunft.de/downloads/Katholische_Akademie_Jan._2012_.pdf;
04.03.2013

MINT. Mathematik, Informatik, Naturwissenschaften und Technik. 2013
www.mintzukunftschaffen.de/; 04.03.2013

MPFS. Medienpädagogischer Forschungsverbund Südwest (Hrsg.). JIM-Studie 2011. November 2011
www.mpfs.de/fileadmin/JIM-pdf11/JIM2011.pdf; 04.03.2013

Mundraub. 2013
www.mundraub.org/uberuns; 04.03.2013

Museum für Gestaltung Zürich. Endstation Meer?. Das Plastikmüll-Projekt.
www.museum-gestaltung.ch/de/ausstellungen/wanderausstellungen/endstation-meer/;
11.02.2013

News4teachers. Koblenz 2013
www.news4teachers.de/2012/11/aufstand-in-der-provinz-eltern-betreiben-schule-in-
eigenregie/; 05.01.2013

Niedersächsischer Industrie- und Handelskammertag (NIHK) Mai 2012
www.nihk.de/linkableblob/1930432/.3./data/NIHK_Umfrage_Was_erwarten_
Jugendliche_von_der_Wirtschaft-data.pdf; 04.03.2013

Sylvia Paletschek. Adelige und bürgerliche Frauen (1770–1870). Aus: Elisabeth Fehrenbach
(Hrsg.). Adel und Bürgertum in Deutschland 1770–1848. Kolloquium zum. Thema
»Adel und Bürgertum in Deutschland 1770–1848« vom 6. bis 9. Juli 1992 im Historischen
Kolleg gehalten.
München: Oldenbourg, 1994, S. 159–185
www.freidok.uni-freiburg.de/volltexte/4727/pdf/Paletschek_Adelige_und_buergerliche_
Frauen.pdf; 04.03.2013

Plant for the Planet. 2013
http://www.plant-for-the-planet.org/de/; 04.03.2013

Nicole Rauch, Melanie Süß, Claudia Kirchner. Das Spiel bei Fröbel und heute 2009
http://dtserv3.compsy.uni-jena.de/ss2009/allgbiku_uj/39634928/content.nsf/Pages/
05F01BA5AFA65158C12575BA0028A4F0/$FILE/PP_Das%20Spiel%20bei%20
Fr%C3%B6bel%20und%20Heute_2.ppt#256,1,DAS SPIEL BEI FRÖBEL UND HEUTE;
03.03.2013

RIMID. Religionswissenschaftlicher medien- und Informationsdienst 2013
www.remid.de/statistik; 04.03.2013

Robert Bosch Stiftung. Der Deutsche Schulpreis 2013
http://schulpreis.bosch-stiftung.de/content/language1/html/13476.asp; 04.03.2013

Robert Bosch Stiftung (Hrsg.). Starke Kinder – Starke Familien 2012
www.bosch-stiftung.de/content/language1/downloads/Studie_WohlbefindenKinder.pdf;
04.03.2013

Robert Koch-Institut. KiGGS. Studie zur Gesundheit von Kindern und Jugendlichen in
Deutschland 2012
www.kiggs-studie.de/; 04.03.2013

Robert Koch-Institut. KiGGS. Projektbeschreibung Welle1. Berlin 2011
www.rki.de/DE/Content/Gesundheitsmonitoring/Gesundheitsberichterstattung/
GBEDownloadsB/KiGGS_welle1.pdf?__blob=publicationFile; 04.03.2013

Robert Koch-Institut. KiGGS. Berlin 2008
www.rki.de/DE/Content/Gesundheitsmonitoring/Gesundheitsberichterstattung/
GBEDownloadsB/KiGGS_SVR.pdf?__blob=publicationFile; 04.03.2013

ruth cohn institite for TCI international. Info-Blatt zu Peergruppen. 2010
www.ruth-cohn-institute.com/files/public/pdf/Infos_Peer-Groups.pdf; 04.03.2013

Elisabeth Sander. Entwicklungspsychologie des Schulkindalters Zusammenfassung und Übungsaufgaben. 16.10.2012
www.uni-koblenz.de/~psy/sander/stuff/schulkindalter.pdf; 04.03.2013

Hans Joachim Schellnhuber. PIK. 06.12.2012
www.pik-potsdam.de/aktuelles/nachrichten/schellnhuber-gives-talk-to-high-ranking-representatives-of-state; 04.03.2013

Hans-Joachim Schemel, Torsten Wilke (Bearb.). Kinder und Natur in der Stadt. 2008
www.bfn.de/fileadmin/MDB/documents/service/skript230.pdf; 04.03.2013

Alexander Schleißinger. Der Kindergarten und die Nationalsozialisten. 2013
www.kindergartenpaedagogik.de/1735.html; 04.03.2013

Elke Schlote, Maya Götz. Was ist Diversität/Diversity?. Televizion 2010
www.br-online.de/jugend/izi/deutsch/publikation/televizion/23_2010_2/diversitaet.pdf; 04.03.2013

Klaus Schubert, Martina Klein. Das Politiklexikon. 2013
www.bpb.de/nachschlagen/lexika/politiklexikon/17577/globalisierung; 04.03.2013

Schülerlexikon. Biologie. Bibliographisches Institut & F. A. Brockhaus AG
http://artikel.schuelerlexikon.de/Biologie/Oekologische_Nische.htm; 22.02.2013

Ingeborg Schüßler. Nachhaltiges Lernen 2001
http://www.die-bonn.de/portrait/aktuelles/DIE_Forum_2005_schuessler_NachhaltigesLernen.pdf; 04.03.2013

Stahlpress Medienbüro (Hrsg.). Das Hamburger Gängeviertel 2010
www.stahlpress.de/index.php?option=com_content&view=article&id=202:das-hamburger-gaengeviertel-der-groesste-slum-europas&catid=36:geschichte&Itemid=55; 04.03.2013

Stangl. Lexikon für Psychologie und Pädagogik 2013
http://psychologie.stangl.eu/definition/Enkulturation.shtml; 04.03.2013

Statistisches Bundesamt (Hrsg.): Schulen auf einen Blick. Wiesbaden 2012.
www.destatis.de/DE/Publikationen/Thematisch/BildungForschungKultur/Schulen/BroschuereSchulenBlick0110018129004.pdf?__blob=publicationFile; 18.02.2013

Statistisches Bundesamt (Hrsg.). Mikrozensus. FS 1, R. 4.1.1. Arbeitstabellen. Nach: Gerhard Bäcker. Lehrstuhl für Sozialpolitik. Universität Duisburg-Essen.
www.sozialpolitik-aktuell.de/tl_files/sozialpolitik-aktuell/_Politikfelder/Arbeitsmarkt/Datensammlung/PDF-Dateien/tabIV32.pdf; 04.03.2013

Statistisches Bundesamt(Hrsg.). Pressemitteilung Nr. 039 vom 02.02.2012
www.destatis.de/DE/PresseService/Presse/Pressemitteilungen/2012/02/PD12_039_225pdf.pdf?__blob=publicationFile; 04.03.2013

Statistisches Bundesamt (Hrsg.). Alleinlebende in Deutschland Ergebnisse des Mikrozensus 2011
www.destatis.de/DE/PresseService/Presse/Pressekonferenzen/2012/Alleinlebende/begleitmaterial_PDF.pdf?__blob=publicationFile; 04.03.2013

Statistisches Bundesamt (Hrsg.). Gesundheitsberichterstattung des Bundes 2007
www.gbe-bund.de/oowa921-install/servlet/oowa/aw92/dboowasys921.xwdevkit/xwd_init?gbe.isgbetol/xs_start_neu/&p_aid=3&p_aid=68821072&nummer=645&p_sprache=D&p_indsp=-&p_aid=79805570; 04.03.2013

Statistische Ämter des Bundes und der Länder (Hrsg.). Kindertagesbetreuung
regional 2011
www.destatis.de/DE/Publikationen/Thematisch/Soziales/KinderJugendhilfe/
KindertagesbetreuungRegional5225405117004.pdf?__blob=publicationFile; 04.03.2013

Technologie- und Förderzentrum (TFZ). Straubing 2013-03–04
http://www.tfz.bayern.de/; 04.03.2013

Thomas Steffens. Geschichtliche Spurensuche. Erlebter Wandel: Unsere Milchhäusle.
Gemeinde March
www.march.de/1076; 04.03.2013

Stiftung Haus der kleinen Forscher. 2013
www.haus-der-kleinen-forscher.de/; 04.03.2013

TfK – Technik für Kinder e.V. An der Hochschule Deggendorf 2013
www.tfk-ev.de/; 04.03.2013

Martin R. Textor. Mutterschaft gestern – heute – morgen. 2013
www.kindergartenpaedagogik.de/2226.html; 04.03.2013

Ariane Thomalla. Söhne ohne Väter und Lehrer. Die langen Schatten der Schlacht an der
Somme. arte tv. Im Focus: Der erste Weltkrieg 09/11/10
www.arte.tv/de/1346324,CmC=3522320.html; 04.03.2013

Hans-Peter Thier. Die Rolle von Spiegelneuronen in der Handlungsbewertung. 05.07.2012
[http://www.medizin.uni-tuebingen.de/Presse_Aktuell/Pressemeldungen/2012_07_05-
EGOTEC-45gireuvh0b6uffmqj1uoos3v1k5htr9-p-51830.html; 29.12.2012]

Umweltbundesamt. Presseinformation Nr. 07/2012. 08.02.2012
www.umweltbundesamt.de/uba-info-presse/2012/pdf/pd12-007_schmerzmittel_belas-
ten_deutsche_gewaesser.pdf; 04.03.2013

Umweltbundesamt (Hrsg.). Das Thema Nachhaltigkeit bei der jungen Generation
anschlussfähig machen. 2011
www.umweltdaten.de/publikationen/fpdf-l/4078.pdf; 27.02.2013

Universität Düsseldorf. Sozialpolitik aktuell. Entwicklung der Wochenarbeitszeit
1960–2010
www.sozialpolitik-aktuell.de/tl_files/sozialpolitik-aktuell/_Politikfelder/Arbeitsmarkt/
Datensammlung/PDF-Dateien/abbV9.pdf; 04.03.2013

Universität Leipzig. Methodenkarten Biologie 2006
http://www.uni-leipzig.de/~didakrom/Methoden/Methoden%20des%20
Studienseminars%20Solingen%20Wuppertal%20Sekundarstufe%20I/Methodenkarten_
Schreibgespraech.pdf; 04.03.2013

Universitätsklinikum Heidelberg. Presse- und Öffentlichkeitsarbeit. 05.07.2012
http://www.klinikum.uni-heidelberg.de/ShowSingleNews.176.0.html?&no_cache=1&tx_
ttnews%5Btt_news%5D=6277; 04.03.2013

Ursulinenschule. Erzbistum Köln. 2013
schule.erzbistum-koeln.de/ursulinenschule_koeln/gymnasium/index.html?print=true;
04.03.2013

Verband kinderreicher Familien Deutschland e.V. Dialog. 2012
www.kinderreichefamilien.de/dialog.html; 20.11.2012

Verband kinderreicher Familien Deutschland e.V. Startseite.
www.kinderreichefamilien.de/; 22.02.2013

Eva Völker. Kampf der Studienabbrecherquote. 31.08.2012
www.ndr.de/info/programm/sendungen/reportagen/ausbildung331.html; 14.02.2013

Kai-Ingo Voigt. Arbeit 2013
http://wirtschaftslexikon.gabler.de/Definition/arbeit.html; 04.03.2013

Birgit Weber. Bundeszentrale für politische Bildung. 19.11.2010
www.bpb.de/izpb/7579/von-der-selbstversorgung-zum-konsum-entwicklung-und-situation-privater-haushalte?p=all; 04.03.2013

WDR1. Stichtag. Die Studentenrevolte in Paris beginnt. 22. März 2008
www1.wdr.de/themen/archiv/stichtag/stichtag3646.html; 04.03.2013

Peter Werner, Rudolf Zahner. Biologische Vielfalt und Städte. 2009
www.bfn.de/fileadmin/MDB/documents/service/Skript245.pdf; 04.03.2013

WHO. Verfassung der Weltgesundheitsorganisation. Stand am 25. Juni 2009
www.admin.ch/ch/d/sr/i8/0.810.1.de.pdf; 04.03.2013

Wikipedia. Freie Enzyklopädie. Empowerment. 18. Februar 2013
http://de.wikipedia.org/wiki/Empowerment; 22.02.2013

Wikipedia. Freie Enzyklopädie. Gartenstadt. 10. Juli 2012
http://de.wikipedia.org/wiki/Gartenstadt; 31.08.2012

Wikipedia. Freie Enzyklopädie. Familienzentrum. 20. August 2012
http://de.wikipedia.org/wiki/Familienzentrum; 04.03.2013

Wikipedia. Freie Enzyklopädie. Kulturtechnik. 4. Februar 2013
http://de.wikipedia.org/wiki/Kulturtechnik; 05.03.2013

Wikipedia. Freie Enzyklopädie. Linksextremismus. 27. Februar 2013
http://de.wikipedia.org/wiki/Linksextremismus; 28.02.2013

Wikipedia. Freie Enzyklopädie. Millenials. 8. Februar 2013
http://de.wikipedia.org/wiki/Millennials; 10.02.2013

Wikipedia. Freie Enzyklopädie. Ökologie. 8. Dezember 2012
http://de.wikipedia.org/wiki/%C3%96kologie_(Begriffskl%C3%A4rung); 20.02.2013

Wikipedia. Freie Enzyklopädie. Rechtsextremismus. 26. Februar 2013
http://de.wikipedia.org/wiki/Rechtsextremismus_in_Deutschland; 28.02.2013

Wikipedia. Freie Enzyklopädie. Soziale Kompetenz. 29. Januar 2013
http://de.wikipedia.org/wiki/Soziale_Kompetenz; 10.02.2013

Wikipedia. Freie Enzyklopädie. Motivation. 7. Februar 2013
http://de.wikipedia.org/wiki/Motivation; 10.02.2013

Wikipedia. Freie Enzyklopädie. Stipendium. 26.02.2013
http://de.wikipedia.org/wiki/Stipendium; 04.03.2013

Wirtschaftlexikon24. 2013
www.wirtschaftslexikon24.com/d/humankapital/humankapital.htm; 04.03.2013

Uwe Wittstock. Die Dichter des Zorns. 25.11.2012
www.dradio.de/dlf/sendungen/essayunddiskurs/1929951/; 04.03.2013

Wohnprojekte-Portal. 2013
www.wohnprojekte-portal.de/startseite.html; 04.03.2013

Würth. Ganzheitliches Lernen steht im Mittelpunkt 10.11.2005
www.wuerth.de/web/de/awkg/presse/pm/pm_detail_836.php; 04.03.2013

Dieter Wunderlich. Buchtipps & Filmtipps. 2008
www.dieterwunderlich.de/Erika_Mann.html; 04.03.2013

Yougov. 2012
http://research.yougov.de/presse/2012/pressemeldung-kreativworkshops

ZDF. Sharing 04.03.2013
http://www.zdf.de/ZDFmediathek/beitrag/video/1853716/Cebit-Sharing-der-Trend-der-
Zukunft#/beitrag/video/1853716/CeBIT-Sharing-der-Trend-der-Zukunft; 05.03.2012

ZDF. heute. Bundestag. Hammelsprung wegen Armutsbericht. 22.02.2013
www.heute.de/Hammelsprung-wegen-Armutsbericht-26719354.html?view=print;
22.02.2013

René Zimmer, Iken Draeger. Projektbericht. November 2009
www.bne-portal.de/coremedia/generator/unesco/de/Downloads/Lehr__und__
Lernmaterialien/Wie_20wollen_20Kinder_20und_20Jugendliche_20das_20Klima_20
retten__Brosch_C3_BCre.pdf; 04.03.2013

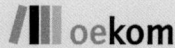

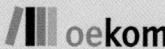